W0250011

Thomas Schrems

PROJEKT IKARUS

Felix Baumgartner – ein Leben zwischen Himmel und Erde

NP BUCHVERLAG

Wir danken den Fotografen:
Stefan Aufschnaiter / Red Bull
Ulrich Grill / Red Bull
Gernot Huemer
Martin A. Jöchl
Konrad Lagger
Wolfgang Luif
Lou Martin
Vern Nobles
Kurt Pinter
Alex Schellbert
Bernhard Spöttel /Red Bull

Bibliografische Information Der Deutschen Bibliothek
Die Deutsche Bibliothek verzeichnet diese Publikation in der Deutschen Nationalbibliografie; detaillierte bibliografische Daten sind im Internet über http://dnb.ddb.de abrufbar.

© 2003 by Niederösterreichisches Pressehaus
Druck- und Verlagsgesellschaft mbH
NP BUCHVERLAG
St. Pölten – Wien – Linz

www.np-buch.at
verlag@np-buch.at

Alle Rechte vorbehalten

Grafische Konzeption & Gestaltung:
Barbara Mungenast | **Mungenast artworks**, Wien
Cover: Elli Ferstl

Gesamtherstellung:
Niederösterreichisches Pressehaus
Druck- und Verlagsgesellschaft mbH
A-3100 St. Pölten, Gutenbergstraße 12

ISBN 3-85326-102-7

Inhalt

Marotten?

„Im Lift zu stehen, sich zu unterhalten und dabei ständig in den Spiegel zu blicken. Es könnte sich in den letzten Minuten ja etwas verändert haben. Dazu ein penetranter Ordnungsfimmel. Für meine Projekte ist das extrem wichtig, das tägliche Leben aber wird dadurch oft zur Qual. Nach jedem Mal Händewaschen muss ich die Armaturen blank polieren. Hätte ich Kinder – sie bekämen ein Riesenzimmer mit allen erdenklichen Raffinessen, um sich auszutoben. Vom Dschungel angefangen. Und dazu Alarmanlagen und Überwachungskameras. Damit sie drin bleiben. Und mir meine heilige Ordnung im Haus nicht über den Haufen werfen."

Extremsport ist ...?

„... was sich nur wenige zutrauen und noch weniger zu tun trauen. Die Angst ist immer dabei und wird auch nicht verdrängt. Was zählt, ist die Gewissheit: Ich habe die beste Vorbereitung, das beste Material und größten Respekt vor dem, was ich zu tun gedenke. Nur so kann ich mich an Grenzbereiche heranwagen."

„Auf meinem Schiff bin ich der Kapitän. Ohne dabei zu vergessen, immer auch mit den Matrosen zu reden.“

Irrwitz und Irrtum

Irrwitz. Das durch und durch passende Wort. Damit war treffend und dem schnellen Geschäft des Tagesjournalismus angepasst beschrieben, was hinter diesem scharfkantigen Gesicht von einem „Sportler“ steckte. Das erste Interview des Endzwanzigers Felix Baumgartner für die größte Tageszeitung des Landes im Spätoktober des Jahres 1997: Bürstenhaarschnitt, drahtiger Gang und ein Repertoire an markigen, stakkatoartig ausgestoßenen Sprüchen, die es seinem im Fitnessstudio gestählten Bizeps gleich taten: aufgeblasen und geschwollen zu sein. Kurzum: ein alpenländischer Self-made-Held, ein James Bond für Arme.

Der erste Eindruck, geprägt durch Augenfälliges. Ein Dampfplauderer höchsten Ranges. Ein Klassiker von einem Klischee, ein Stereotyp. Und dazu noch das Gehabe. Was, wenn nicht irrwitzig, war es, sich als junger Mensch aus freien Stücken tausend Meter ins Nichts abfallende Felswände hinab zu stürzen? Was, wenn nicht anmaßend, war es, sich in jungen Jahren auf der „To-do“-Liste des Lebens schon auf der Habenseite zu wähnen? Was, wenn nicht verrückt, war es, durch das Ausleben persönlicher Aberwitzigkeiten in den Olymp einer breiten Öffentlichkeit steigen zu wollen?

Da war er also, der Fleisch gewordene, leibhaftige Auswuchs einer Spaßgesellschaft, deren einziger und von eigenen Gnaden legitimierter Zweck darin besteht, alles Sein und Treiben auszurichten auf das Meistern neuer so genannter Abenteuer und all dessen, was die ständige Vergewaltigung dieses Wortes bis heute daraus gemacht hat. Von künftigen Vorhaben war da die Rede, fast so etwas wie *Visionen*. Etwa dieser: Ich hechte ohne Fallschirm aus einem Flugzeug, schwimme ein paar Runden durch den Äther, treffe einen Freund, klinke mich bei ihm ein, lande sanft in trauter Zweisamkeit und lasse den Herrgott bei alldem einen guten Mann sein. Dass sich damit auch noch Geld und Anerkennung verdienen ließen – nun, das war ja wirklich Träumerei. Die Flegeljahre eines Achtundzwanzigjährigen, dessen Phantastereien den schalen Geschmack unausgegorenen Käses verströmten. Ein Mangel an Reife in jedem Fall.

Gestählte Muskeln für den Mann mit Nerven aus Stahl

Da war er also, einer dieser Abkömmlinge der neuen Xtrem-Gesellschaft, die in ihrer Flucht vor der Langeweile des Alltags die Lust am Kick, am Thrill, am No-Limits-Erlebnis zur Maxime erklärt haben. Ob Bungee-Jumping, ob River Rafting, ob Apnoi-Tauchen, ob Survival Training oder eben in diesem Fall BASE-Jumping – der kalkulierte Wahnsinn zwischen Himmel und Erde, der Verlust des Augenmaßes für das Mittelmaß.

Irrwitz eben.

Wiewohl: Ein Irrer mit Witz war er schon, dieser Baumgartner. Ein wilder Hund der Extraklasse, der in seinen Schilderungen ab und zu treffliche Vergleiche zog. Vergleiche, die, wenn schon nicht zum Nachdenken, so doch zum Schmunzeln anregten. Und bei allen Vorbehalten in der Sache selbst: Als Objekt journalistischer Neugierde und Begierde war Felix so willkommen wie geeignet. Was es ausmachte? Der Reiz des Neuen zum einen (einhelliger Redaktionstenor: „So einen Verrückten hatten wir schon lange nicht!"), und zum anderen schien ihn eine kräftige Brise des ständig lauernden Todes zu umwehen, in dessen Fahrtwind es sich recht gut die Segel einer sensationsheischenden Journaille setzen ließ.

Irgendetwas von *Projekten*, von *Perfektion* und von einem *professionellen Umgang mit der Gefahr* hatte er gefaselt. Von *Grenzerfahrung* und davon, in allem der *Erste und Beste* zu sein. Bis nach Hollywood wollte er es schaffen, auf den Spuren des großen Arnold Schwarzenegger. Der kleine Felix einmal ganz groß. Wie auch immer – für eine Story war der Mann allemal gut.

Fallschirmsprünge von den Twin Towers in Malaysia, von der Jesus-Statue in Rio de Janeiro, von den unmöglichsten Örtlichkeiten rund um den Erdball … und nun das Überfliegen des Ärmelkanals mit einem Stutzflügel der besonderen Art – nutzlose Aktionen als zeittötender Aktionismus? Das pathologische Bedürfnis, eigene Ängste durch Risikogeilheit zu kompensieren? Oberflächliche Befriedigung eines Massenverlangens nach stetig

wachsendem Extremismus? Ein schnöder Mix aus Show, Sponsoren und Spektakel?

Oder vielleicht doch mehr als nur Mutprobe, Ausloten von Grenzen, kalkulierter Adrenalin-Kick und Sensationssuche? Vielleicht doch mehr als nur der Ausgleich von Herausforderung und Fähigkeiten?

Idee und Konzeption zu diesem Buch entstanden bei einem launigen Gastgartenplausch. Die vermeintlich klare Rollenverteilung, was die intellektuelle Besetzung erster „Kreativsitzungen“ anlangte, wurde alsbald zum Hochseilakt. Aus gesicherter Position heraus hatte es sich leicht urteilen und aburteilen lassen. Schließlich lebt es sich kommod in vorgefassten Bildern, solange deren Rahmen nicht von der Mauer bröckelt. Doch mit jeder Schicht, die von Felix abblätterte, verkehrten sich anfängliche Erwartungen ins Gegenteil. Mit dem Schwinden der Distanz stieg sogar die Gefahr, der nötigen kritischen Distanziertheit verlustig zu gehen und der Faszination eines konsequent geführten Lebens zu erliegen.

Heute, sechs Jahre danach, sind die allermeisten Visionen des Felix B. passé, nein: Geschichte. Greifbar wie unbegreifbar, weil Wirklichkeit. Hirngespinste und Luftschlösser, die der Traumwelt in die Welt des Faktischen, des Tatsächlichen entschwunden sind. Ein kometenhafter Aufstieg, ermöglicht durch eine Mischung aus Beharrlichkeit, Beständigkeit und Besessenheit, gepaart mit der visionären Kraft, die dem Zusammenwirken aus Spinnertum und Pioniergeist zu Eigen ist, begleitet von Geradlinigkeit und Unerschütterlichkeit im Glauben an sich selbst. Vorreiter zu sein, heißt: nicht richtig zu ticken, wider den Stachel zu löcken, wider den Geist der Zeit zu streben.

Das vermeintlich schale Stück Schnittkäse namens Felix hat sich, erst einmal aus spröder Rinde geschält, als Grand Cru entpuppt, weitgehend ausgereift, würzig, vielschichtig, nachhaltig im Geschmack und rassig im Abgang. Nicht flach, vielmehr voller Charakter und Dreidimensionalität.

Wie nahe doch Irrwitz und Irrtum beisammen liegen können. Das war die eigentliche Triebfeder zu diesem Buch.

Absprung zu einem *immensen Flug* über dem Salzburger Flachgau – begleitet von Helmut Tucek (in der Luft „stehend“).

Bericht eines frühen Zeugen

Geräuschlos taucht Mutter Erde unter uns ab. Äcker, Felder, Wälder, Wege, Wiesen – alles scheinbar wahllos übereinander gelegte Bahnen aus samtenem Stoff, anfangs noch voller Raum und Konturen. Mit jedem Meter aber, den unser Korb aufwärts flieht, weichen Ecken und Kanten einem stetig abflachenden, alles vereinenden Flaum. Spitzige Baumwipfel, ins Licht hereinbrechender Abendröte getüncht, werden zur flauschigen Frohlockung, in dessen wohl gebettete Kissen aus Damast es sich geschmeidig tauchen ließe. Vielfalt der Färbung und doch ein Bild aus Einklang und Harmonie. Aber: Die Idylle dieses lauen Mittsommerabends trügt.

3500 Quadratmeter Stoff, aufgebläht zur mächtigen, tragenden Hülle, thronen über uns Winzlingen, und ein ums andere Mal speien metallene, gasgespeiste Mäuler Feuerschübe in den weit geöffneten Schlund, um das Rund aus sechstausend Kubikmeter hitziger Luft himmelwärts zu peitschen.

Heißluftballons haben keine Räder. Felix ist das sprichwörtlich fünfte. Wie er da am äußersten Rand des Korbgeflechts kauert, ans Gestänge unseres aufstrebenden Luftgefährtes gezurrt. Ein fremder Passagier, allen bekannten Szenarien entrückt. Die Aufmachung ist martialisch: schwarz das heruntergeklappte Visier des Helmes; der hautenge, maßgeschneiderte Kunststoffanzug in strengem Blau und Weiß gehalten; am Rücken ein High-Tech-Flügel aus blitzender Kohlefaser, 145 Zentimeter in der Spannweite; und zwischen den Schulterblättern bis tief hinab in die Hüften gezogen die Lebensversicherung: ein Fallschirm.

Ein Wirrkopf?

Ein Phantast?

Ein Ikarus der Moderne?

Einer jedenfalls, der dem uralten Traum des antriebslosen Fliegens ganz, ganz nahe kommen will. Getrieben von der alles beherrschenden Idee, nur ein Flügelchen wie dieses um die Hüfte gegürtet, den Ärmelkanal an seiner schmalsten Stelle zu queren. Im freien Fall – im freien Vorwärtsfall, auf der Achse Dover – Calais.

Also ein Ikarus der Moderne. Bloß: Ikarus scheiterte. Auf der Flucht vor dem Minotaurus auf Kreta stieg er allen Warnungen des Vaters Daedalus zum Trotz zu hoch auf – bis die Sonne das Wachs seines Federkleides schmelzen und ihn ins Meer stürzen ließ.

Felix denkt nicht daran zu scheitern. Nicht der Weg ist das Ziel, nein: das Ziel ist das Ziel, und der Weg dorthin eben nur ein Weg.

Unter dem Korbboden taucht ein goldglänzendes Ährenfeld hinweg und gleicht darin einer dieser ständig verrutschenden Willkommens-Fußmatten. Die kritische Fallhöhe für uns Nichtspringer ist inzwischen weit überschritten.

„Felix, mir ist mein Handy runtergefallen. Kannst du es holen?" Fragen wie diese witzeln durch den Äther.

Dreitausend Meter Höhe über dem Salzburger Flachgau sind unser erklärtes Ziel. Und mit jedem Stück aufwärts rutschen die Herzen der schaulustigen Passagiere abwärts, je weniger greifbar der sichere Boden, je unbegreifbarer die bodenlose Unbeschwertheit, mit der Felix, die menschliche Außenbordschwalbe, dem Abflug entgegenzusehen scheint.

Zehntausend Fuß. Die knarrende Stimme eines Mannes auf dem Airport-Tower plärrt aus dem Funk. Die Männer im Korb schweigen. Neben Felix macht sich Helmut bereit. Helmut, der Begleiter mit der Helmkamera, der Experte in Sachen Foto-Shooting. Jeder Testflug wird dokumentiert und analysiert, fünfzig, vielleicht auch hundert werden es sein. Jeder ein kleines Stück des Weges zum großen Ziel. So arbeiten Profis.

Alle haben es erwartet, und doch trifft es uns ganz unvermutet in dieser angespannten Stille – das Kommando:

„Ready, set … “

„Goooo! “

Blitzschnell tauchen die Körper ab ins Nichts. Da hilft es auch nicht, dass wir die Augen nur so aufreißen, die Hälse in den wulstigen Korbrand drücken. Felix torkelt in der Luft. Und es dauert und dauert. Und er torkelt und torkelt. Fängt er sich noch? Oder sollte er gar … ?

Doch mit einem Mal geht ein Ruck durch Mann und Flügel. Die Flächen spreizen sich in den Wind, heben an zur rasanten Fahrt. Ein Rauschen, dessen Luftzug wir hier heroben zu verspüren meinen. Ja, er fliegt, tatsächlich, er fliegt. Kräftig vorwärts, über Firste und Wege, gut und gerne zweihundert Kilometer pro Stunde schnell, ein Himmelsritt, bis er mit dem drohenden Boden eins scheint.

„Ziehen, Felix, ziehen! Die Leine!“, hören wir uns rufen. Endlich, ein unendlich weit entferntes Flattern und Sich-Aufbauschen, der Schirm stemmt sein konkav gewölbtes Tuch gegen den freien Fall. Rasch noch ein paar enge Spiralen in die Natur gesetzt – und weg ist er.

Das Schrillen des Handys entreißt uns der Atemlosigkeit. Es ist Felix. „Nicht schlecht“, sagt er. „Nicht schlecht. Aber ich muss besser werden.“

Felix mit dem Delta-Wing, dem Traum vom Fliegen ganz, ganz nahe

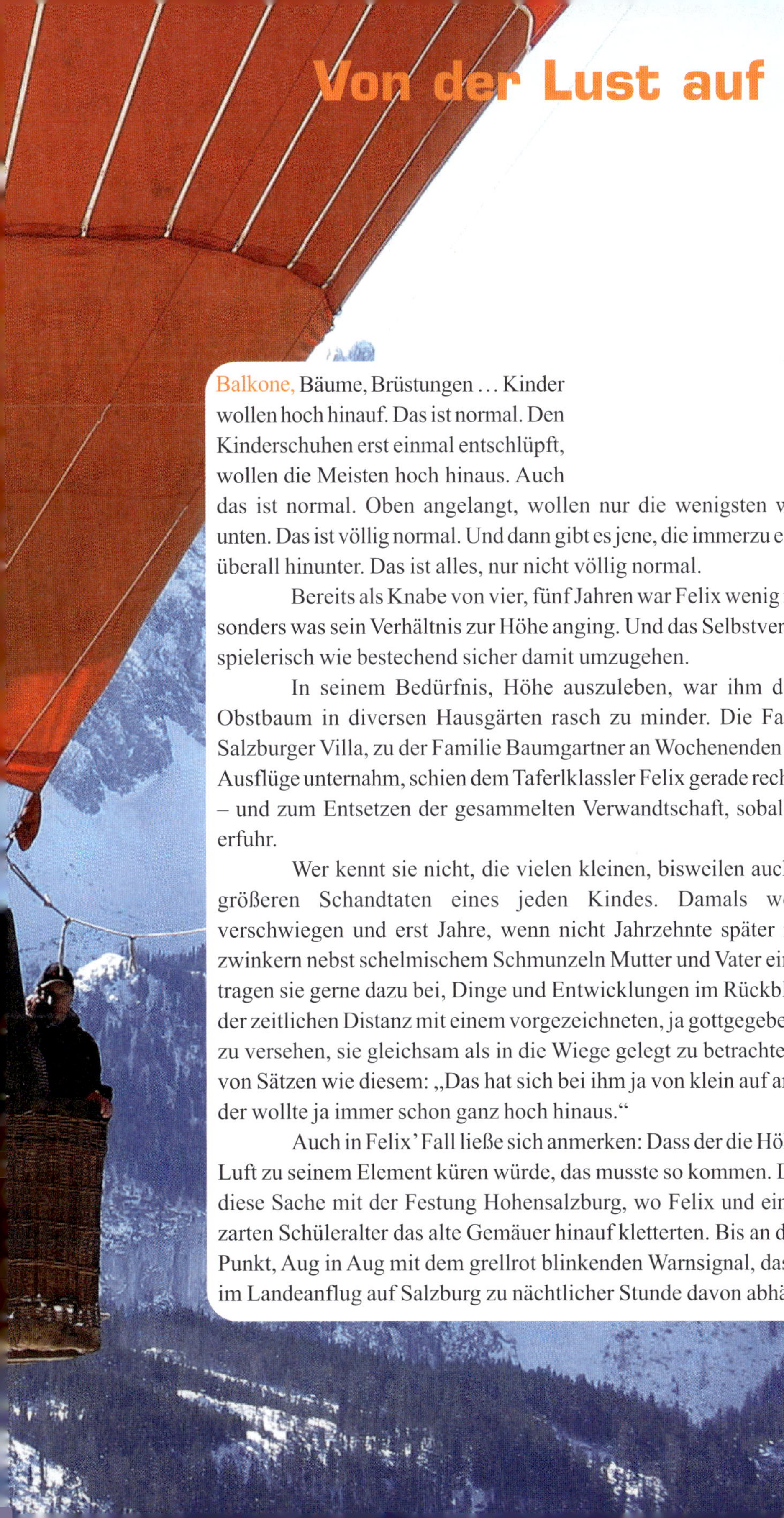

Von der Lust auf Höhe

Balkone, Bäume, Brüstungen … Kinder wollen hoch hinauf. Das ist normal. Den Kinderschuhen erst einmal entschlüpft, wollen die Meisten hoch hinaus. Auch das ist normal. Oben angelangt, wollen nur die wenigsten wieder nach unten. Das ist völlig normal. Und dann gibt es jene, die immerzu eines wollen: überall hinunter. Das ist alles, nur nicht völlig normal.

Bereits als Knabe von vier, fünf Jahren war Felix wenig normal. Besonders was sein Verhältnis zur Höhe anging. Und das Selbstverständnis, so spielerisch wie bestechend sicher damit umzugehen.

In seinem Bedürfnis, Höhe auszuleben, war ihm der gemeine Obstbaum in diversen Hausgärten rasch zu minder. Die Fassade einer Salzburger Villa, zu der Familie Baumgartner an Wochenenden des Öfteren Ausflüge unternahm, schien dem Taferlklassler Felix gerade recht. Vorläufig – und zum Entsetzen der gesammelten Verwandtschaft, sobald sie davon erfuhr.

Wer kennt sie nicht, die vielen kleinen, bisweilen auch ein wenig größeren Schandtaten eines jeden Kindes. Damals wohlweislich verschwiegen und erst Jahre, wenn nicht Jahrzehnte später mit Augenzwinkern nebst schelmischem Schmunzeln Mutter und Vater eingestanden, tragen sie gerne dazu bei, Dinge und Entwicklungen im Rückblick und aus der zeitlichen Distanz mit einem vorgezeichneten, ja gottgegebenen Verlauf zu versehen, sie gleichsam als in die Wiege gelegt zu betrachten. Begleitet von Sätzen wie diesem: „Das hat sich bei ihm ja von klein auf angekündigt, der wollte ja immer schon ganz hoch hinaus.“

Auch in Felix' Fall ließe sich anmerken: Dass der die Höhe, nein: die Luft zu seinem Element küren würde, das musste so kommen. Da war doch diese Sache mit der Festung Hohensalzburg, wo Felix und ein Freund im zarten Schüleralter das alte Gemäuer hinauf kletterten. Bis an den obersten Punkt, Aug in Aug mit dem grellrot blinkenden Warnsignal, das Flugzeuge im Landeanflug auf Salzburg zu nächtlicher Stunde davon abhält, an Stelle

Lachen über einen selbst?

„Nicht bei wichtigen Dingen. Einer Freundin zeigte ich einen Zeitungsausschnitt aus meiner Zeit als Profi-Boxer. In meinem ersten Kampf musste ich gegen einen hartgesottenen Berufsboxer antreten. Demir, die Eisenfaust. Einhundertvierzig Kämpfe, ohne k.o. zu gehen. Mein Trainer riet mir, nur irgendwie über die drei Runden zu kommen. Also rein in den Ring und schon bekam ich den ersten mächtigen Hieb verpasst. Ich dachte: Wenn du nicht sofort konterst und der Eisenfaust die Schneid abkaufst, prügelt dich dieser Kerl auf die Straße hinaus. Also schoss ich zu ihm rüber und erwischte ihn mit einer sensationellen Rechten. Der fiel gestreckt um. Aus und vorbei. Ein abgekartetes Spiel, dachte ich. Wie es beim Boxen üblich ist. Da werden jungen, ehrgeizigen Sportlern gekaufte

auf der Landebahn womöglich auf dem Mönchsberg aufzusetzen. Noch heute stockt uns der Atem beim bloßen Gedanken daran.

Oder die Geschichte mit dem Olympiaturm in München, auf dessen Antennenspitze sich Felix und ein Freund eines Nachts wiederfanden. 285 Meter über dem Abgrund an eine im Abendwind schwankende Konstruktion geklammert, ungesichert und nur die Option vor Augen, über eine klapprige Metallleiter wieder den Weg nach unten suchen zu müssen. Und dann war da noch die Sache mit …

Leicht könnte sich auch Mutter Eva in einer Rückblende über den kometenhaften Aufstieg des Filius zu der Erkenntnis hinreißen lassen, dass er einfach ein Überflieger werden musste. Die zahllosen kleinen Nervenattacken der Frau Mama in den Anfängen seiner Höhenlust wären Indiz genug. Eva Baumgartner begnügt sich jedoch damit zu sagen: „Er hat immer schon diesen Hang zum Wilden gehabt. Aber ich habe mir gedacht: Das wird schon wieder."

Ob Eisspeedway oder Profi-Boxen – Hauptsache Action

Väterlicher Geiz versus jugendlichen Ehrgeiz

Es wurde nicht. Vielmehr folgte Felix einem inneren Trieb. Dort, wo Gleichaltrige durch gesunden Instinkt samt eingetrichterten Verbotsregeln und Erwachsene aus einem Mix von Ratio und Angst schwache Knie bekamen, entwickelte Felix eine Schwäche der anderen Art – jene nämlich, ein, zwei, drei Schritte weiter zu gehen.

Mutter Eva: „Ein wilder Hund war er. Das steckte in ihm. Gott weiß, warum. Von seinem Vater kann er das nicht haben."

Felix, die Kämpfernatur.

Schon in der Volksschule. Ob Eis-

Gegner vorgesetzt, die sich prügeln lassen. Damit die Neuen nicht gleich zu Beginn demoralisiert werden. Aber auf dem Video sah ich, dass ich tatsächlich eine perfekte Gerade ins Gesicht der Eisenfaust gesetzt hatte. Ich zeigte ihr also den Artikel – und sie lachte nur wegen meiner komischen Frisur auf dem Foto."

speedway oder Judo, gekämpft wurde bis zum Umfallen. Einen Gegner um den anderen zwang er beim Training in die Knie. Mit dem kräftezehrenden Erfolg, dass er stets neue Kontrahenten zugeteilt bekam. Bis ihm einer gegenüberstand, der ausgeruhter, besser oder beides war. Doch statt stolz zu sein auf das Erreichte, flossen bittere Tränen der Enttäuschung ob des Nichterreichten, aus Wut, grenzenlosem Antrieb und Ehrgeiz. Schon damals.

Wo Sport war, war Felix. Vor allem, wenn es ein wenig schärfer, ein wenig härter, ein wenig ungestümer zur Sache gehen durfte. Je ungezügelter, je ungebremster, desto besser. Doch hatte der Heranwachsende jemanden mit an Bord, der etwa beim Bobsport die entscheidenden Hundertstel kosten kann – einen zu scharfen Bremser. Felix' Bremser hieß ebenfalls Felix und war sein Vater. Sport im Allgemeinen wurde gerade noch geduldet, Sport im Speziellen, zumal im Übermaß betrieben oder gar als Broterwerb in Erwägung gezogen, war verpönt. Frei nach dem Motto: Körperliche Ertüchtigung ist schön und gut, solange der Bub nur was Ordentliches lernt. Eine Sicht der Dinge, die auch Felix' Bruder Gerald, hoffnungsvolles Nachwuchstalent in Sachen Radsport, am eigenen Leib zu spüren bekam. Die Unterstützung blieb aus – und mit ihr auf Dauer auch Motivation und Erfolg. Pokale für einen zweiten Platz wurden statt mit Lob mit der väterlichen Frage bedacht: „Warum hast du nicht gewonnen?"

Die Geschosse, mit denen Vater Baumgartner die sportlichen Ambitionen seiner Söhne zu erlegen gedachte, gingen beim Erstgeborenen Felix mit aller Wucht nach hinten los. Ein Phänomen als

Begleiter vieler erfolgreicher Menschen: Je stärker eingebremst in der Kindheit, desto stärker Antrieb, innere Kraft und das Bedürfnis, es wem auch immer zu zeigen.

Früher Ehrgeiz und frühes Bremsen: *„In allem, was mit Sport zu tun hatte, wurde ich von ihm gedrückt. Die anderen liefen mit den Hockeyschuhen am Eislaufplatz umher, ich hatte die weißen Ballerina-Schühchen, eine Lachnummer. Die anderen trugen an den Füßen Adidas-Böcke mit drei Streifen, meine Sportschuhe hatten nur zwei. Die anderen hatten topmoderne Skier, meine waren steife alte Bretteln vom Flohmarkt, dazu eine Seilzugbindung und Schnürschuhe. Mit dem Material konnte ich auch als sehr guter Skifahrer nur in der untersten Leistungsgruppe bei den Blindgängern landen. Die anderen wedelten schon den Hang hinab, da band ich immer noch die Schuhbänder. Unsere Familie war nie arm, wir hätten uns auch Besseres leisten können. Ob Geiz, übertriebene Sparsamkeit oder schlichte Missachtung fremder Interessen: Sport durfte nichts kosten. Sport hatte für mich keine Bedeutung, weil er für ihn keine Bedeutung hatte. Und das mir, Felix Baumgartner, der ich mich schon in der Schule immer als Macher präsentiert habe. Dafür habe ich meinen Vater damals gehasst. Aber er lehrte mich auch die nötige Härte. Und gab die Maxime aus: Einem Baumgartner macht man nicht ungestraft auf den Kopf."* *Felix B.*

Der Petrocelli der Alpenstraße

Felix, der Macher. Felix, der Rädelsführer. Felix, der Raufbold. Felix, der Rächer.

Eine Show abzuziehen, das war es, wonach er seit jeher strebte: beim Wandertag in vollem Lauf mit angezogenen Beinen über einen kleinen Hügel hinauszuhechten, beim Schulturnen Vollgas zu geben, mit angeschnallten Skiern vom Bockpferd zu springen, einen vollmundig angekündigten Köpfler vom Zehnmeterturm im Hallenbad (wenn auch mit gestrichen voller Hose) zu vollführen, immer ein bisschen kühner, ein bisschen verwegener zu sein und dafür gebührend bewundert zu werden.

Der Traum von Hollywood ...

Was er sich in den Kopf setzte, musste sofort passieren und dabei Hand und Fuß haben. Was ihm gegen den Strich ging, galt es zu sanktionieren. Ohne Umschweife, ohne Kompromisse. Ob als halbwüchsiger Anführer der „Felix-Bande", die rund um die Alpenstraße im südlichen Salzburg Gleichgesinnten meist rasch die Schneid abkaufte. Oder als Lokalgast mit ausgeprägtem und schlagkräftigem Sinn für Gerechtigkeit. Ein Klassiker schlechthin: die typische Zwei-Starke-gegen-einen-Schwachen-Szene in einem Lokal in Freilassing im benachbarten Bayern. Er hatte eben erst eine Ausbildung zum Profiboxer in Wiener Neustadt begonnen, als seine geballte Rächer-Rechte dem sichtlich stärkeren der beiden Peiniger entgegenschnellte – und dessen Visage einen Feinschliff verpasste, der Felix vor den Richter in Traunstein brachte. Anklage:schwere Körperverletzung.

Mutter Eva: „Er hat gesagt: ‚Mama, ich hab zwar keinen Verteidiger. Aber geh du dafür mit. Wenn ich mit dir dort aufkreuze, macht das sicher einen guten Eindruck. Irgendwie red ich mich da schon raus.' Schon als Kind ist er oft auf der Küchenkredenz gesessen und hat in einem fort auf mich eingeredet. Dass ein so kleiner Mensch so viel plappern kann, hab ich mir damals gedacht. Aber vor dem Richter hat genau das Wunder gewirkt."

Zweierlei kam dem neunzehn Jahre jungen Angeklagten Baumgartner in dieser prekären Situation zugute: sein Faible für Anwaltsfilme, vor allem für den amerikanischen Wohnwagen-Advokaten Petrocelli, und sein unbändiger Wortfluss. Felix hatte vor der Verhandlung auf eigene Faust Recherchen über drei angebliche Augenzeugen seiner Attacke angestellt. Er schaffte es, deren Glaubwürdigkeit vor Gericht in flammender Selbstverteidigungsrede in Zweifel zu ziehen – und wurde frei- gesprochen.

Träumereien und Biederkeiten

Zweifel, ja Zweifel. Die hat wohl ein jeder, der sich erstmals freiwillig aus einem Flugzeug fallen lässt, die ganze Leibesfülle nur durch ein paar filigran anmutende Gurte an ein Stück Stoff gezurrt, das sich mit lautem Getöse über einem gegen den Himmel stemmt und dann in

Balance ist harte Arbeit. Ob am Boden oder in der Luft ...

flotter Fahrt Mutter Erde zustrebt. So plagten auch Felix diese Zweifel, als er mit siebzehn Jahren seinen ersten Fallschirm-Tandemsprung absolvierte. Zwar hatte er zuvor bereits den einen oder anderen Gedanken daran verschwendet, doch ist der bloße Gedanke noch lange nicht der Vater der Tat. Vielmehr und meist eine Zufälligkeit. Wie jene, dass Felix' Mutter über drei Ecken den Salzburger Kripo-Beamten Roland Rettenbacher kennen lernte, einen mit Zigtausenden Sprüngen auf diesem Gebiet äußerst erfahrenen Mann.

Die erste Erfahrung in derart hohen Sphären verfehlte ihre Wirkung auf Felix nicht. Was nicht weiter Wunder nimmt. Wer könnte denn allen Ernstes von sich behaupten, seinen Jungfernfallschirmsprung ungerührt und unbeeindruckt absolviert zu haben? Dennoch ist eine kosmetische Korrektur eines Lebenslaufs zwecks Legendenbildung à la „Das erste Mal – und er wusste, das war sein Leben" auch im Baumgartnerschen Curriculum vitae fehl am Platz.

Denn so übertrieben seine jugendliche Neigung zur Höhe verlaufen sein mochte, so gewöhnlich, ja bieder gestalteten sich Felix' Ambitionen, die seinen Werdegang betrafen: gelernter Maschinenschlosser, das erste Geld als Mechaniker verdient, Gedanken an eine eigene Motorradwerkstätte mit dem damaligen Schwiegervater in spe, dem Besitzer einer Werkstatt in bester Bundesstraßenlage in Henndorf im Salzburger Flachgau, vielleicht Hochzeit, Kinder, das volle Programm. Das erste Mal, dass Felix fernab seiner Kindheitsträumerei, Hubschrauberpilot zu werden, eine konkrete Richtung für sich und seinen Beruf sah. Bloß eine Vorstellung passte nicht zu dem Ganzen, bei aller Neigung zum Handwerklichen, die Felix zweifelsohne gegeben schien.

Lifestyle und der Wunsch, das Element Luft vollständig zu beherrschen

Besprechungsneid: *„Was mich gestört hat, waren diese Halbreichen, die lässig mit einem Kaffeetscherl in der Hand im Verkaufsraum herumhingen, während ich hinten im Dreck an ihren Motorrädern schrauben durfte. Die hatten fesche Kleidung, ein fesches Auto und ständig ein ‚Meeting'. Ich musste nach der Arbeit eine Stunde lang an mir schrubben, bis ich halbwegs sauber war. Da waren diese Typen längst schon beim nächsten ‚Meeting'. Damals habe ich mir gedacht: Wie gerne würde ich auch in so einer Position sein und eine Besprechung haben."*

Besprechungen hatte Felix in den kommenden Jahren viele, doch zumeist in einer Art und Weise, wie sie ihm nicht vorschwebten. Bei der Einberufung zum Wehrdienst hatte er sich als Achtzehnjähriger, nicht zuletzt in Ermangelung anderer Alternativen und Vorstellungen, auf fünf Jahre beim Bundesheer verpflichtet. Drei Jahre bei der Truppe als Panzerfahrer und Ausbildner, dann der Wechsel zur Heeressport- und Nahkampfschule, kurz HSNS, in Wiener Neustadt. Vieles kam ihm dort entgegen, vor allem das System, das dahinter zu stecken schien. Kurze, wenn möglich präzise Angaben, kein unnötiges Herumreden, ein perfekter Grundstock in Sachen Organisation. Eine erlernte Fähigkeit, die ihm Jahre später äußerst wertvoll und von größtem Nutzen sein sollte.

Wehrmann Felix B. – ein unangenehm kritischer Geist

Jedenfalls wollte Felix nicht zu jenen gehören, denen das Heer als willkommener Unterschlupf diente, um ab sechzehn Uhr in die Kantine abzutauchen, dort zu bechern und über das Militär herzuziehen. Anstatt andere zu schikanieren, um „drinnen" einer zu sein, der er „draußen" nicht war, wollte er sich die Institution Heer zunutze machen. Bei Dienstschluss

hatte er einen Großteil seines persönlichen Tagesplans bereits erfüllt – laufen, Kraftkammer und dazu die Möglichkeit, gratis die Ausbildung zum Fallschirmspringer zu absolvieren. Und er hatte es recht bald zu beachtlichen Leistungen beim Zielspringen gebracht.

Der Gedanke einer Militärkarriere lag nahe. Doch gerade die hierarchischen Strukturen und ihre Protagonisten torpedieren bisweilen das Bestreben eines vernünftigen Geistes, auch Vernünftiges zu erreichen und dabei die blanken Stellen des Systems offen zu legen. Der Reibebaum, an dem Felix sich regelmäßig wetzte, war ein ihm vorgesetzter Spieß, eine Art Mensch, die man getrost als sturen alten Bock bezeichnen durfte. Wer etwa in falscher Adjustierung eine defekte Panzerkette wechselte, bekam eine „Besprechung", im Dienstjargon Rapport genannt, verordnet. Beim Kompaniekommandanten. Dieser Mann, selbst Sportler, war dem Soldatensprecher Felix gewogen, zumal er dessen Ansichten durchaus teilte, was den Schwachsinn mancher Mitarbeiter betraf. Doch je mehr sich solche „Meetings" häuften, desto mehr sanken Bereitschaft und Möglichkeit des Kommandanten, den Aufsässigen weiter in Schutz zu nehmen. Bis eines Tages der Überweisungsschein in ein ziviles Leben ohne Uniform eintrudelte: Der „Querulant Baumgartner ist militärisch ungeeignet", hieß es darin sinngemäß. Weil er (wenn auch widersinnige) Befehle nicht befolgte.

Nach so viel dicker Luft im Staatsdienst kam der Folgejob in einer Firma für Belüftungstechnik wie gerufen. Der neue Boss erkannte Felix' Umtriebigkeit und deren Nutzen für den Betrieb. Und da der neue Boss sein eigener Boss war, musste er keinen fragen, ob er einen jungen Mitarbeiter mit eigenen Ideen auch fördern durfte. Nach einem Monat hatte Felix die halbe Firma weggeworfen, sprich: überflüssige Materialien und Altbestände in einem riesigen Container entsorgt und die serienmäßige Lüfterproduktion auf die halbe Arbeitszeit reduziert. Hinzu kam das Baumgartner-Mundwerk, das den Chef fortan bei Kundenbesuchen begleitete und für beste Resonanz sorgte. Wieder tat sich eine neue, unvermutete Perspektive für die Zukunft auf. Wäre da nicht eine Fahrt ins bayerische Bad Tölz gewesen.

Sprung vom Felsen: eine von vier BASE-Disziplinen

Der Weißbierschwamm

Ein drahtiger Kerl, sportlich, jedem Laster entsagend, energisch und in Topform: Solche Vorstellungen hatte Felix im Kopf, als er sich von seinem klapprigen orangefarbenen Mercedesbus, dessen Kaufpreis von sechzigtausend Schilling er der Mutter monatlich in kleinen Tranchen abzustottern gedachte, zu jener Wohnungstür in Bad Tölz aufmachte, wo er eine neue Dimension des Fallschirmsports kennen zu lernen hoffte. Erstmals Lunte gerochen hatte er irgendwann im Jahr 1995, als ihm ein Video in die Hände fiel, das unter der Rubrik „Die Gesichter des Todes, Teil XXI" hätte laufen können. Zwei junge Männer stürmten darauf unaufhaltsam vorwärts, dicht gefolgt vom Filmenden. Und mit einem Mal entschwanden die beiden nach unten ins Nichts. Bruchteile von Sekunden danach kippte auch der Kameramann – und mit ihm die Perspektive der Aufnahme – eine tausend Meter hohe Felswand hinab.

B.A.S.E. lautete die Zauberformel; abgekürzt und aus dem Englischen übersetzt bedeutet das Gebäude (Building), Antenne (Antenna), Brücke (Span) und Fels (Earth). Eine in europäischen Landen dazumal weitgehend unbekannte Form von Adrenalinausschüttung. Menschen, die offenbar mit Spezialschirmen von irgendwelchen festen „Hindernissen" sprangen. Je geringer die Höhe, desto besser, desto reizvoller, desto tödlicher.

Der Kick an der Sache war, soweit Felix dies auf den ersten Blick erkennen konnte, ein mehrfacher. Die oft extrem niedrig gelegenen Absprungplätze erforderten eine raschestmögliche Öffnung des Schirms. Prinzipiell war dies auf zweierlei Art zu erreichen: zum einen mithilfe eines winzigen Hilfsschirms, der sich – beim Absprung vom Sportler geworfen – blitzartig aufblähte und den Hauptschirm ungleich schneller zu öffnen half, als dies bei gewöhnlichen Fallschirmen machbar war. Zum anderen durch die Unterstützung eines Gehilfen, der, speziell bei Hardcore-Sprüngen aus Distanzen von sechzig Meter oder weniger, den Hilfsschirm so lange festhielt,

bis der Hauptschirm gänzlich aufgegangen war. Kick Nummer zwei: Die Angelegenheit war bis auf wenige Ausnahmen strengstens verboten. Kick Nummer drei: Anders als bei herkömmlichen Absprüngen gab es beim BASE-Springen keine zweite Chance, weil nur einen Schirm. Öffnete sich dieser nicht oder zu spät …

Drahtig, energisch, sportlich, lasterfrei, topfit.

Die Nummer von Tracy Lee Walker hatte Felix in einem Fallschirm-Fachgeschäft erhalten. Er würde hier gelegentlich jobben, hieß es, und er sei ein Experte in Sachen BASE, ein Guru quasi. Lange Zeit trug Felix die Telefonnummer unverrichteter Dinge in der Geldbörse mit sich. Sollte er es auf eigene Faust wagen oder lieber doch um Rat fragen? Als Fallschirmspringer war er ein Profi, doch was diesen neuen Sport betraf, hatte er nicht die geringste Ahnung. Nach Wochen des Zauderns und Haderns griff er zum Telefon und vereinbarte ein Treffen für Anfang August 1996. Mutter Eva hatte mit Felix' bisherigen Aktionen schon Sorge genug gehabt. Mit dieser Art von Sport jedoch würde sich eine neue, andere, erstmals wirklich extreme Dimension mütterlicher Ängste auftun. Also schien es angeraten, ihr anfangs nur das Notwendigste zu erklären. Und erst dann nachzulegen. Politik der kleinen Scheibchen quasi.

Einhundert Kilogramm in einem prall gespannten, blau-weiß gestreiften Bademantel, das Haarkostüm eines Igels, der in eine Zwanzig-Kilovolt-Leitung geraten war, und ein gefülltes Weißbierglas in Händen – das war das unrasierte Wesen, dem Felix an diesem Spätvormittag in der offenen Türe gegenüberstand. Die Bad Tölzer Antwort auf „Gesichter des Todes".

„Wohnt hier ein gewisser Tracy?"

„That's me."

Kehrtwende. Genau das schwebte Felix in diesem Moment vor. Er wollte etwas erlernen, was an Gefährlichkeit kaum zu überbieten war – und beibringen sollte es ihm dieser wandelnde Weißbierschwamm? Nicht auszudenken.

Tracy & Felix – der Guru und sein Schüler. Der Blick geht nach oben

Aber wenn er schon einmal da war …

Mit jedem Video und den begleitenden Erklärungen, die Tracy aus offenbarer Fachkenntnis heraus parat hatte, wichen die anfänglichen Bedenken. Die Euphorie ob dieser unbekannten Herausforderung überwog von Mal zu Mal, von Bild zu Bild, von Sprung zu Sprung. Über BASE-Jumper gab es in Österreich praktisch noch keinerlei Material. Weder auf Film noch auf Fotos. Heroes waren sie alle in Felix' Augen, die einfachsten Gemüter mit den einfachsten Sprüngen, Hauptsache BASE. Ein einziger Wahnsinn. Der Entschluss, diesen Zwei-Tages-Wochenendkurs durchzuziehen, war längst gefallen. Trotz aller Vorbehalte, die Tracys Erscheinung an der Türschwelle aufgeworfen hatte.

Packen, packen, packen. Nichts als packen. Immer wieder. Stundenlang.

Der wandelnde Weißbierschwamm entwickelte sich zur Nervensäge. Jedes Mal aufs Neue ließ er Felix den BASE-Schirm akurat falten. Sieben-, achtmal.

„Würdest du damit springen?" Felix kam eben von einer Pinkelpause zurück ins Wohnzimmer.

Kurzer Blick. „Natürlich!"

„Congratulation. You're dead!"

In Abwesenheit seines Schülers hatte Tracy mit flinkem Handgriff nur minimal und kaum merklich an dem fertig gepackten Schirm manipuliert – und Felix zugleich die erste und wichtigste Lektion erteilt: Kontrolle ist besser. Und: Routine ist, was sich von selbst einstellt und worauf man sich nicht einstellen, nicht verlassen darf. Als BASE-Springer schon gar nicht. Bei jedem Sprung muss gepackt werden, als wäre es der erste. Eine kleine Unachtsamkeit und der Schirm öffnet gar nicht, zu spät oder in solcher Abfolge, dass er unerwünschte Drehungen vollführt, dass er spiralisiert. Ein Absturz wäre die Folge. Endstation Straßenverkehr, Endstation Felswand, Endstation Tod.

Das erste Blutlecken

Nach eineinhalb Tagen war die prinzipielle Einführung in Sachen BASE abgeschlossen. Grau aber ist alle Theorie, die nicht baldige Praxis folgen lässt. Wenige Wochen nach Felix' erstem Schnupperlehrgang bot sich die Gelegenheit, das Grau der Theorie mit der Farbe der Praxis zu übertünchen.

Felix' extreme Sparsamkeit – eine anerzogene Mitgift für den Bund mit dem Leben – ließ ihn dieses Mal das Nützliche mit dem Angenehmen verbinden. Trotz geringer Einkünfte konnte er es sich leisten, für diesen ersten Sprung die Reise über den großen Teich anzutreten. Nach West Virginia in den USA wollte Tracy seinen Schüler mitnehmen. Zum Bridgeday, dem einzigen Tag im Jahr, an dem BASE-Springen in den Vereinigten Staaten nicht verboten war. Und das auch nur in Fayetteville auf der New River George Bridge, der längsten Einzelbogenbrücke der Welt, auf Fahrbahnniveau in 274 Meter Höhe über Wasser geführt.

Der ideale Ort für einen Beginn: *„Das ist der ideale Ort für dich, um deinen ersten BASE-Sprung zu machen. Dort sind Hunderte, aus deren Können, aber auch Fehlern du etwas lernen kannst. Du hast nicht den Stress des Verbotenen. Und es stehen Krankenwagen und Rettungsboote parat. Es gibt also ein Maximum an Sicherheit, soweit das bei diesem Sport möglich ist."* Tracy Lee Walker

In voller Fahrt vom Dach eines Lkw
über die Europabrücke bei Innsbruck

Der erste – damals noch illegale – Sprung von der New River George war im Jahr 1980 erfolgt. Drei Jahre danach gab es bereits zweihundertvierzig Verwegene, die sich mit ihren BASE-Schirmen vor vierzigtausend Zusehern in die Tiefe stürzten. Heutzutage sind es bis zu vierhundert Sportler unter den Augen unglaublicher zweihunderttausend Fans.

Bridgeday: das größte Extremsport-Event weltweit, ein Fest der Superlative, wie es in dieser Form und Ausprägung einzig in den USA anzutreffen ist. Austragungszeitpunkt ist jedes Jahr das dritte Wochenende im Oktober. Zu Ehren des Bauwerks, wie gesagt wird. Auch Brücken feiern in den USA Geburtstag.

Gesprungen wird jeweils am Samstag, von neun Uhr vormittags bis drei Uhr nachmittags, sechs Stunden lang. Sechs Stunden, in denen der Verkehr über die Brücke von vier Spuren auf eine kanalisiert wird, um die übrige Fläche ganz dem Riesenspektakel zu widmen. Selbst das nahe Holiday Inn zollt dem Event Respekt: Eigens für den Bridgeday wird das ganze Hotel mehr oder minder ausgeräumt und zu (immer noch exklusiven) Sonderkonditionen an die Sportler aus aller Welt, vornehmlich aber aus den USA vermietet. Statt auf Tischen wird zumeist auf dem Boden gegessen, die Lobby gleicht dann einer einzigen, riesigen American Pizza. Schirme werden gepackt, Joints werden geraucht, Heldenmärchen werden aufgetischt. Ein Schmelztiegel der Charaktere.

Bridgeday – ein Fest der Superlative, ein Fest der Selbstdarsteller. Ideenreichtum der Kostümierung und Überdrehtheit der Kostümierten kennen keine Grenzen, wenn es darum geht, Aufmerksamkeit zu heischen. Der eine springt als Captain America verkleidet, der andere lässt sich, in einen Karton verpackt, hinabwerfen, um sich im freien Flug aus dem „Käfig" freizuboxen und als Entfesselungskünstler der etwas anderen Art frenetischen Applaus zu ernten.

Ein unzertrennliches Trio: Tracy, Felix und Felix the Cat. Das Maskottchen darf nie fehlen

Der Stress des ersten Mals: *„Jeder macht einen auf wichtig. Ob als Weihnachtsmann, als Clown oder in Reizwäsche. Vor dem Sprung wird zelebriert, als ginge es ums Ganze. Und du stehst als Greenhorn dahinter in der Warteschlange, hast mächtig Stress vor dem ersten Mal und denkst dir nur: Spring endlich, du Arschloch!"* *Felix B.*

Stunden vor Felix' Jungfernsprung zeigte sich erstmals, was es wert war, als BASE-Neuling durch Tracys Schule gegangen zu sein. Unter all den schrägen Vögeln, die sich rund um die New River George Bridge tummelten, verstanden es nur die allerwenigsten, einen Schirm perfekt zu packen. Vielmehr bediente sich ein Gros der Springer abgewrackter Seelen, wie Tracy eine war, um ihre Schirme für eine Handvoll Dollars sprungbereit machen zu lassen.

So etwas wie einen fixen Job hatte Tracy nie gekannt, weshalb er sich in Amerika als Fallschirmpacker verdingte. Zudem hatte er sämtliche Zertifikate und Lizenzen erworben, die man als „Rigger", eine Art Servicemann für Fallschirme, erwerben konnte. Viele dieser überlässigen Ahnungslosen, die sich von ihm gegen schmales Entgelt bedienen ließen, wussten nicht zu schätzen, dass ihr Leben bei der Leichtfertigkeit und Lockerheit, mit der sie damit umzugehen pflegten, längst schon in einem Flussbett oder an einer Felswand zerschellt wäre – wären nicht Perfektionisten wie Tracy hinter ihnen gestanden, die ihr Minimum an Verantwortung und Sorgfalt durch ein Maximum an möglicher Sicherheit auszugleichen wussten.

Ehe er ihn erstmals von der Rampe lassen wollte, hatte Tracy Felix in Sachen Schirmpacken bis aufs Blut gequält. Im Gegensatz zu allen anderen war Felix schon vor dem ersten Sprung ein perfekter Packer. Beim Falten seines Schirms in der Hotellobby bildete sich rasch eine Menschentraube hinter ihm. Wie er die Nasen einrollte, die Flaps legte, all das ergab für einen, der ein wenig Bescheid wusste, absoluten Sinn. „Das muss ein Vollprofi sein. Der hat sicher schon ein paar Hundert Sprünge", ließ sich hinter der einen oder anderen vorgehaltenen Hand vernehmen. Bis Tracy mit stolz geschwellter Brust dazwischenfunkte: „Es ist sein erster!"

Das Um und Auf: die perfekte Körperhaltung beim Absprung

274 Meter waren eine ideale Arbeitshöhe, um sich BASE-Sporen zu verdienen. Hoch genug, um dem Springer ein Gefühl der Sicherheit zu geben, was die Öffnungszeit seines Schirms betraf. Tief genug, um nicht ein wichtiges Charakteristikum dieses Sports auszublenden: Nähe und Bindung an Mutter Erde. So war es Tracy erschienen, und so erschien es auch Felix, als er sprungbereit auf der Rampe stand. Hinter ihm sein Lehrer und Mentor. Links und rechts zwei weitere Luftakrobaten, die sich ungefähr zeitgleich mit Felix abstoßen wollten.

Dass von drei Basen parallel gesprungen wurde, hatte einen organisatorischen Grund: Der enorme Ansturm an Springern wäre in den sechs Stunden, die als offizielle Zeitspanne vorgegeben waren, nicht zu bewältigen gewesen. Zumal sich die meisten mehrmals das Vergnügen geben wollten, wenn sie schon einmal angereist waren. Außerdem war ein Absprungpunkt dem eigentlichen Zweck dieses Wochenendes vorbehalten – der Weltmeisterschaft im BASE-Springen, einer Kombination aus Figuren-

und Zielspringen. Welche Pirouetten ein jeder wie perfekt oder stümperhaft vor dem Ziehen des Fallschirms in die Luft setzte, wurde, ähnlich dem Turmspringen, von Wertungsrichtern benotet und galt als Kür. Die Pflicht bestand darin, möglichst nahe einem vorgegebenen Punkt zu landen. Unterschiedliche Interpretationen waren dabei ausgeschlossen, der Zielpunkt wurde elektronisch und zentimetergenau überwacht. Wer springen wollte, musste nicht automatisch an der Weltmeisterschaft teilnehmen. Viele taten es dann aber doch. Wenn sie schon einmal da waren …

Nervosität: *„Tracy schien nervöser zu sein als ich. Schon eine halbe Stunde vor meinem Sprung tänzelte er ständig um mich herum und zupfte unentwegt an meiner Ausrüstung, um alles wieder und wieder zu checken. Am liebsten wäre es ihm gewesen, ich hätte Helm und Schutzausrüstung schon beim Frühstück angelegt."* *Felix B.*

Im monotonen Rhythmus einer tibetanischen Gebetsmühle versuchte Tracy Felix die immergleichen Warnungen einzutrichtern: „Hör nicht auf die anderen, wenn es um deine Sicherheit geht. Lass dich nicht verleiten, ebenso lässig und cool sein zu wollen. Wenn dir jemand Tipps geben kann, dann diejenigen, die heute nicht hier sind. Weil sie querschnittgelähmt oder tot sind."

Felix kam gut weg, sehr gut sogar. Ein Raumgefühl für den Körper hatte er seit jeher gehabt, beim Turnen wie beim Turmspringen. Und auch hier, zumal er bereits zuvor in Gedanken viele Male gesprungen war. Und dabei einen typischen Anfängerfehler um jeden Preis zu vermeiden gedachte: Kopflastigkeit. Gerade bei unerfahrenen Luftakrobaten war sie häufig anzutreffen. Kopflastigkeit hieß Gefahr, weil bei zugleich angezogenen Beinen der Hilfsschirm in der Kniebeuge hängen bleiben und das Öffnen des Hauptschirms um den entscheidenden Bruchteil verzögern konnte. Kopflastigkeit hieß, wenn nicht mit Spott und Häme, so doch mit mitleidigen Blicken der Kollegen bedacht zu werden. Kopflastigkeit hieß, mit einem Porsche an der Kreuzung das M-3-Cabrio einer Blondine verblasen zu wollen und dabei den Motor abzuwürgen.

So gelungen und kopfunlastig der erste Sprung war, so verpatzt war die Landung. Aus Ehrfurcht, die ihm als Nobody aus dem kleinen Österreich angemessen schien, überließ Felix zwei Lokalmatadoren, die zeitgleich unterwegs waren, den Vortritt, und fand selbst kein Plätzchen mehr auf der schmalen Landeplattform. Stattdessen setzte es ein eisiges Flussbad. Die Hoffnung auf einen weiteren Versuch war damit zunichte gemacht. Bis die Ausrüstung halbwegs trocken war, würden Stunden vergehen. Am ganzen Leib bibbernd, machte er sich auf den Weg ins Hotel. Wobei ihn zweierlei wärmte und die nasse Kälte dieses frostigen Herbsttages in West Virginia vergessen ließ: die Gewissheit, zwar noch kein BASE-, aber zumindest ein S-Springer zu sein und die übrigen Buchstaben bald folgen lassen zu wollen. Und dazu ein Video seines ersten Sprunges, ein Juwel von unschätzbarem Wert, das er am liebsten in einem Tresor in Sicherheit gewusst hätte.

Wäre es nach Felix gegangen, er wäre gleich beim ersten Mal in der Konkurrenz angetreten. Vielleicht mit einem schlichten Rückwärtssalto, wie er ihn am Dreimeterbrett im Hallenbad praktiziert hatte. Tracy wiegelte ab, schlug ihm aber im Gegenzug vor, gleich am nächsten Tag eine zweite Brücke zu springen. In Piny Creek, ebenfalls über Wasser, aber nur siebzig (!) Meter hoch. Von 274 auf siebzig. Ein Quantensprung. Nur ein Viertel der Anfangshöhe, was simpel umgelegt ein zumindest Vierfaches an Stress bedeutete. Zudem war die Sache nun wieder illegal. Eine zusätzliche Belastung für einen Youngster, wie Felix einer war. Polizeikräfte waren an diesem Wochenende rund um alle Brücken und Hochhäuser in der Gegend naturgemäß stark präsent. Welcher BASE-Springer war schon gekommen, um einzig und allein von der New River George Bridge zu hechten?

Der Tunnelblick

Ein wackeliger Gitterrost auf dem Catwalk unterhalb der Trasse; an der Außenseite des Geländers ein Häufchen nervöser Mensch; der Rücken ein einziges Hohlkreuz, Schultern und Arme nach hinten gestreckt; zehn klamme Finger, an eine schmale Stange aus Eisen geklammert; der Blick starr auf eine mächtige, in zwei

„Wenn du BASE-Springer wirst, verlierst du alles – den Job, die Freundin … Felix verstand diese Verbindung nicht. Bis er den Job verlor und die Freundin auch. Er rief mich an und sagte: ‚Tracy, ich bin jetzt ein echter BASE-Springer.'" Tracy Lee Walker

Meter Entfernung horizontal verlaufende Traverse gerichtet, zweifelsohne der Unterbau einer Brücke.

Piny Creek.

Gekrümmte Haltung im Innenleben der Stahlkonstruktion, der Blick ringsum schweifend auf der Suche nach den Balkenlichtern auf dem Dach eines Funkstreifenwagens, oder vielmehr darauf hoffend, bei dieser Suche erfolglos zu bleiben. Das Gefühl eines ständig Gehetzten. Wie ein Verbrecher kam Felix sich vor – obwohl keiner Jagd auf ihn machte.

Außer vielleicht er selbst. Felix war auf der Jagd. Gewissermaßen. Auf der Jagd nach dieser Siebzig-Meter-Brücke, die er in wenigen Augenblicken zu erlegen gedachte.

Erstmals hing Felix' Leben ganz und gar in Tracys Händen. Siebzig Meter waren zu tief, um allein damit fertig zu werden. Tracy musste den Hilfsschirm halten. Der Vorabend, vielmehr die Vornacht hatte Felix' Vertrauen in seinen Lehrer jedoch geschmälert. Er war stockbetrunken und erst im Morgengrauen in einem Ausnahmezustand zu Bett gegangen , dieser Tracy.

In den Händen eines Junkies: *„Wie hält der das bloß aus? Das habe ich mich ständig gefragt. Zwei Stunden zuvor noch halb im Delirium – und kaum mit der Materie BASE befasst, ist er topfit. Als könnte er einen Schalter im Gehirn umlegen. Hätte ich jedoch damals schon gewusst, dass er total eingeraucht war … meinen Schirm hätte Tracy niemals gehalten."* *Felix B.*

Siebzig Meter. Aus dieser Höhe ließ es sich bequem und ohne übermäßiges Gebrüll mit einem Untenstehenden unterhalten. Siebzig Meter, das war so gut wie nichts. Der Gedanke, aus siebzig Meter im Falle des Falles eher zu überleben als aus 274 war ein Trugschluss. Höhe bedeutete Sicherheit, ein ungeschriebenes Gesetz, im Fallschirmsport im Allgemeinen und im Extremfallschirmsport im Speziellen.

Tracy begann langsam einzuzählen.

Fünf, vier …

Wo war er auf einmal? Seine Stimme wurde immer leiser. Hatte er sich etwa verdrückt? Er würde doch nicht …?

… drei, zwei …

Dumpf und entfernt klang sie, die Stimme.

Der Tunnelblick. Oft gehört, nie erlebt. Eingeengtes Gesichtsfeld. Dazu kaum noch akustische Wahrnehmungen, nur ein fernes Zählen. Nicht Tracy war weit weg. Er, Felix.

… eins, gooooo.

Sinn für Inszenierungen bewies Felix schon damals. War er eben noch heilfroh, heil am Boden angelangt zu sein, so wollte er schon im nächsten Moment einen dritten Sprung, einen zweiten in Piny Creek. Der Hintergrund war klar: Seine mitgereiste Freundin hatte ihn von der Brücke aus gefilmt. Zumindest eine weitere Perspektive, etwa jene vom Boden aus, musste her, um dem Video bei richtigem Schnitt Dynamik zu verleihen.

Wolkenkratzer und ihr Reiz

„Gib mir einen Schirm mit, ich will packen üben!“ Felix wollte noch ein paar Tage nach New York, ganz auf Tourist getrimmt. Doch Tracy roch den Braten. Er willigte zwar ein, warnte aber eindringlich: „Finger weg von Wolkenkratzern!“ Zwischen Hochhäusern herrschten unberechenbare Winde und Turbulenzen, die das BASE-Kücken Felix das Leben kosten konnten.

Er sollte nicht ins gleiche Fahrwasser geraten wie jene Ignoranten, die sie beim Bridgeday zu Dutzenden getroffen hatten. Jene, die schon eine fünfzigprozentige Chance als ausreichend empfanden. Wind war immer

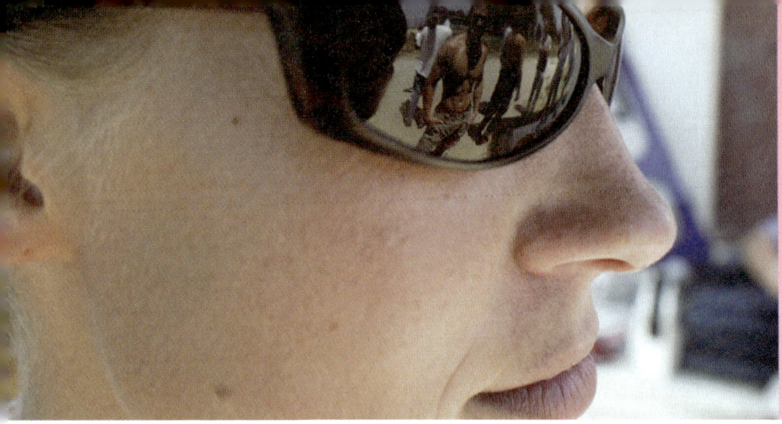

schlecht. Bei Wind musste die Chance zumindest neunzig zu zehn lauten! Das hatte Tracy ihm eingehämmert. Neunzig zu zehn!

Dennoch: Die Verlockung, den eingerüsteten Trump Tower unter den Füßen zurückzulassen und mit einem B den zweiten der vier Buchstaben als Trophäe einzuheimsen, war enorm. Woran es letztlich scheiterte, war das zu massive Aufgebot wachsamer Sicherheitskräfte. Und Felix' Ahnungs- sowie Planlosigkeit, bei welchem Wind es sich wo landen und wie am besten verschwinden ließ.

Die gute Rosi

Mit diesem Triple in den USA war der Damm gebrochen. Nach der Rückkehr häuften sich die Einträge ins Sprungbuch, jede Gelegenheit galt es zu nutzen. Selbst wenn Eisregen die Straßen in ein Spiegelparkett verwandelte und die Fahrt zu einem Sprung und retour zwölfhundert Kilometer Strapazen nach sich zog. So geschehen am Heiligen Abend 1996.

Tracy hatte Felix die Reise zur 127 Meter hohen Neckartalbrücke im deutschen Bundesland Baden-Württemberg schmackhaft gemacht. Kein Kunststück bei einem so sprunghungrigen Burschen. Tatsächlich hatte er bloß einen Chauffeur gebraucht, um wegen irgendwelcher Geschäfte günstig nach Stuttgart zu gelangen. Felix' Freundin hatte wenig Sinn für Hauruck-Aktionen dieser Ausprägung, schon gar nicht am 24. Dezember. Stattdessen ließ sich eine Bekannte zu dem Trip überreden. Sie hatte ebenso wie Felix ein distanziertes Verhältnis zu der Verquickung aus Weihnacht und Familienfest. Eine Abwechslung dieser Art schien ihr als alternative Bescherung geradezu ideal.

„Vermissen Sie Ihre Freundin?"

„Hängt davon ab, wie sie aussieht."

Der beginnende Kurzdialog mit einem Polizisten entwickelte sich zur Nervenschlacht. Felix hatte Rosi mit auf die Brücke genommen, wo sie ihn beim Absprung filmen sollte. Tracy hatte beim Wagen gewartet und vom

Talboden aus gedreht. Als Treffpunkt danach war ein kleiner Autobahnparkplatz direkt vor der Brücke vereinbart. Dort sollte Rosi auf Felix und Tracy warten. Wer sie empfing, war jedoch die Besatzung einer Funkstreife.

„Ihre Freundin hat gesagt, sie wollte Panoramaaufnahmen machen mitten auf der Brücke. Sie und Ihr Freund seien inzwischen auf einen Kaffee gefahren und wollten sie dann wieder abholen."

Die gute Rosi.

„Ja, genau so war's!" Felix war erleichtert. Schließlich musste er befürchten, dass Rosi im geheizten Streifenwagen zu singen begonnen und seine Aktion aus Angst vor Repressalien verraten hatte. Er hätte es ihr nicht einmal verübeln können, wo er sie doch in diese Situation hineinmanövriert hatte. Das Fazit wäre wohl gewesen: Schirm weg, Video weg und dazu eine saftige Strafe.

„Sie können doch die junge Dame nicht einfach da oben zurücklassen. Da muss man ja glauben, sie will sich was antun. Jedes Jahr springen weiß Gott wie viele Leute hier runter. Vor allem zu Weihnachten."

Die meisten ohne Fallschirm.

Ein eigener Schirm um fremdes Geld

Felix' Schirm war ein Thema für sich. Seine ersten Sporen auf dem glatten BASE-Parkett hatte er sich mit einem „ausgelutschten weißen Fetzen" verdient, den ihm Tracy immer wieder geborgt hatte. An einen eigenen Sponsor war aber noch lange nicht zu denken. Zwar hatte er bereits in frühen Jahren beim Heeressportverein Red Bull Salzburg erste zarte Bande zum Geld- und Namensgeber geknüpft, die Kontakte beschränkten sich jedoch auf ein besseres Vom-Sehen-Kennen, seit Red Bull im Frühjahr 1997 für den ersten Flugtag in Wien ein paar Springer benötigt hatte und dabei auf den Heeresverein zugekommen war. 1997, Jahre später, führte Felix seine gesammelten Videos dem damaligen Chef für Sportlermanagement, Raymond Dulieux vor. Verglichen mit dem, was sonst oft in den Postfächern für Bittsteller landete, waren seine Clips bereits hoch

professionell. Raymond zeigte sich begeistert. „Du musst einen guten Schirm haben, nicht so einen Lappen Stoff."

Vorbehalt und Überzeugungskraft: *„Überhaupt war Raymond einer, der schnell zu begeistern war. Und so bekam ich einen neuen BASE-Schirm. Raymonds Nachfolger bei Red Bull war Thomas Überall. Ein bröseltrockener Mensch, der bei meinen wildesten Stunts mit keiner Wimper zuckte. Als wir gemeinsam meine Videos ansahen, beobachtete ich ihn von der Seite. Nicht die kleinste Regung. Genau wie mein Vater. Ich musste bei Null beginnen. Ich musste Tom erst auf einem sehr, sehr langen Weg zeigen, was in mir steckte. Er hatte Vorbehalte, was die Illegalität meiner Aktionen betraf. Und wohl auch meine Flegeljahre , als ich glaubte, mit einem Flinserl im Ohr und frechen Sprüchen alles niederzureißen. Tom war von Anfang an ein zäher Bursche, nicht schnell für etwas zu begeistern. Dafür aber stand er felsenfest hinter mir, als ich ihn erst einmal von mir überzeugt und für mich gewonnen hatte. Er wurde zum wichtigen Bestandteil meines Reifungsprozesses." Felix B.*

Die guten Folgen eines bösen Unfalls

„Lass nur jemand deinen Schirm halten, der selbst Springer ist. Einer, der weiß, was alles schief gehen kann." Diese Worte Tracys hatte Felix noch im Ohr, als er mit seinem Bruder im Schlepptau auf einer Brücke in Eisentratten in Kärnten stand. Keine megatiefe Sache, dachte Felix. Und sein Bruder war ein cooler Typ, der würde das schon hinkriegen, die Sache mit dem Hilfsschirm.

Die Gewissheit, das Schicksal des Bruders in Händen zu halten, war Gerald Belastung genug. Hinzu kam der Stress, verursacht durch Lkw-Fahrer, die im Vorbeibrausen Warnsignale aus ihren Lasterhupen abgaben. Felix kippte vom Geländer weg.

Rrrrrratsch. Das Ratschen des Gurtzeugs. Der Hauptschirm begann sich herauszuschälen. Gerald ließ los. Um einen Deut zu früh, ehe die Leinen straff gezogen waren. Woher hätte er den richtigen Zeitpunkt kennen sollen?

Punktgenaue Landung in Messina

Spät, verdammt spät ging der Schirm endlich auf. Zu spät. Dreißig Meter über dem Boden war blitzschnelles Handeln angesagt. Felix steuerte haargenau auf eine Hochspannungsleitung zu. Er zuckte zusammen: „Wenn der Schirm zu brennen beginnt, kann mich die Feuerwehr runterlöschen."

Die letzte Chance: ein radikaler Schwenk, direkt in den parkenden Anhänger eines Lastwagens.

Die Diagnose im Spital war niederschmetternd: Der Fuß war mit großer Wucht nach vorne durchgebogen worden, ein komplizierter Bruch der Gelenkskugel im rechten Knöchel war die Folge.

Das frühe Ende einer Laufbahn, die noch gar nicht begonnen hatte?

Zumindest das Ende eines Dienstverhältnisses. Der Chef der Belüftungstechnikfirma, wo Felix für eine Blitzentrümpelung alter Bestände gesorgt hatte, musste sich von ihm trennen. Ein halbes Jahr Krankenstand eines Mitarbeiters konnte sich ein Betrieb dieser Größenordnung beim besten Willen nicht leisten.

Stattdessen Aushilfsjobs auf Baustellen und als Fliesenschlepper, Messestände auf- und abbauen. Da ein Tausender, dort ein Tausender, dafür ließ es sich wieder ein paar Tage leben. Und Felix begann mit den ersten Verkäufen von Videomaterial. Da einmal ein paar Sekunden in einer TV-Sendung, ab und zu sogar ein Fünftausend-Schilling-Sponsoring. Darauf ließ sich aufbauen. Wozu eigentlich einen fixen Job suchen?, dachte Felix. Für die Sozialversicherung reichte es allemal, bei der Pension würden ihm die paar Jahre auch nicht abgehen, und wer einen ganzen Abend bei einem einzigen Drink Vergnügen haben konnte, war zwar der Todfeind eines jeden Gastronomen, aber der Blutsbruder des eigenen Geldbeutels.

Die Lehre, die Felix aus der unliebsamen Bekanntschaft mit dem Laster gezogen hatte, war nachhaltig und prägend: Bei diesem Sport fremde Hilfe in Anspruch zu nehmen, bedeutete, einen Tanz auf einer doppelschneidigen Klinge zu vollführen. Das Risiko, durch das Unvermögen des anderen draufzugehen, war groß genug. Der Kernpunkt war jedoch ein anderer: Es durfte niemandem zugemutet werden, diese Verantwortung zu

Red Bull

übernehmen und im schlimmsten Fall auch damit leben zu müssen. Dann nämlich, wenn es zu spät war. Felix' Bruder traf keine Schuld. Die Schuld war vielmehr bei Felix selbst zu suchen. Er hatte mehr von Gerald verlangt, als er hätte verlangen dürfen. Das wusste er inzwischen. Kein Sprung durfte so wichtig sein, dafür Außenstehende in die moralische Pflicht zu nehmen. Und kein Sprung durfte so wichtig sein, dafür zu sterben. Die eindringlichen Warnungen Tracys hatte er in den Wind geschlagen. So schmerzhaft der Gelenkbruch war, er kam zu einem guten Zeitpunkt.

Anflug und Abgang

Und noch einen positiven Nebeneffekt hatte der Crash: Ohne ihn hätte sich der Sicherheitsdenker Baumgartner auf fünf Wochen Urlaub und vierzehn Monatsgehälter jährlich zurückgezogen. Ohne den Crash hätte er den Belüftungsjob nicht leichtfertig an den Nagel gehängt. Wochenlang ohne Garantie auf Erfolg einem Sprung nachzureisen, wie er es aus seiner geänderten Lebenssituation heraus später noch tun sollte? Niemals.

Erstmals keimte in Felix der Gedanke, aus seinem bisherigen Springertreiben auch auf Dauer Kapital zu schlagen. Der Unfall hatte ihm ein halbes Jahr Arbeitslosigkeit beschert. Der nächste Schritt wäre die Sozialhilfe gewesen. Der Gang zum Sozialamt? Undenkbar. Das durfte nicht sein, solange es andere Möglichkeiten gab. Wie eben jene, seine Stunts zu vermarkten und dabei den Traum eines Luftakrobaten und Weltenbummlers zumindest ein wenig anzuträumen. Red Bull stellte sich mit gelegentlichen Sponsorings ein. Und so tat sich unverhofft zum zweiten Mal eine Richtung auf, in die Felix gehen wollte. Die anfängliche Vision nahm mehr und mehr greifbare Konturen an. Wenngleich Felix nicht im Entferntesten erahnen konnte, welche Überraschungen und Erfolge die kommenden Jahre für ihn bereit halten würden.

Eines hatte er zumindest erreicht: Auch er hatte nun ab und zu seine „Besprechungen“.

Ein Greenhorn als Trophäendieb oder: Wie heißt mein Sprung eigentlich?

Husarenstück: Sprung aus einem Heißluftballon und Landung auf demselben, nur wenige Minuten danach

Das närrische Treiben in West Virginia wollte Felix nicht mehr aus dem Kopf. Je näher das dritte Oktoberwochenende kam, desto intensiver trainierte er für den Bridgeday. Mit Sprüngen aus einem Heißluftballon. Zumindest wollte er eine sehr gute Figur abgeben und die Phalanx der erfolgsverwöhnten Amerikaner kräftig durchbeuteln.

„Ich bin hier, um zu gewinnen."

Natürlich, das waren sie ja alle. Die einen mehr, die anderen weniger. Großmaul Baumgartner wusste instinktiv, was er dem Fernsehteam des Germanen-Privatsenders Pro 7 zu bieten hatte. Auf der Suche nach einem Landsmann waren die Filmer auf ihn gestoßen, den einzig deutschsprachigen Teilnehmer der Bridgeday Championships 1997. Ein Österreicher unter knapp dreihundert Amis. Ein paar Flapsigkeiten in die Kamera gegrinst, gepaart mit alpenländischem Schmäh – und beide Seiten hatten ihr Vergnügen. Die Journalisten bekamen ihren Sager, und Felix, der in ständigem Wettstreit mit sich selber lag, ob nun seine Brille, sein Ohrflinserl oder seine Sprüche am allercoolsten wirkten, war ein, wenn vermutlich auch kurzer, TV-Auftritt gewiss. Ein Geschäft, bei dem es bei allen Beteiligten nur Profiteure gab.

Gesprungen wurde in zwei Klassen: eine für Anfänger unter dreißig und eine von dreißig Sprüngen aufwärts, die offene Klasse, die Königsdisziplin der BASE-Jumper. Felix hatte bis dahin exakt dreiunddreißig Sprünge absolviert, konnte also in der offenen, der für ihn einzig wahren Klasse an den Start gehen.

Seine Startnummer lag irgendwo im Mittelfeld. Womit sich reichlich Gelegenheit bot, geraume Zeit zu betrachten, was die Konkurrenten an Kunstsprüngen in den Äther setzten. Mit jedem Springer, der die Massen zu frenetischem Jubel trieb, wurde Felix immer klarer: Er musste eine Figur hinlegen, die um das berühmte bisschen besser war. Zumal er als Ausländer

gegen den Heimvorteil der lokalen Größen anzutreten hatte. Dabei entsann er sich einer Vorliebe aus Jugendzeiten, die er über die Jahre hinweg bewahrt und in den Fallschirmsport mitgenommen hatte: Turmspringen. Bei weitem nicht professionell, aber doch so sehr entwickelt, dass sich damit Eindruck schinden ließ. Bloß mit den Namen hatte er es nicht so.

„Wie nennt sich das – zwei Rückwärtssalti mit einer Drehung?“, fragte er an der Absprungrampe eine Amerikanerin, deren Gehabe wie Outfit erahnen ließen, dass sie eine „Offizielle“ war und zum Organisationsstab des Bewerbs gehörte.

„Two backloops with a twister.“

„Ja, ja, genau das will ich machen!“

Felix spürte den mitleidigen Blick, der mit einem Mal auf seinen Schultern lastete. „Ist das dein Ernst?“

Jetzt konnte er wohl kaum noch zurück.

„Wie viele Sprünge hast du denn?“

Ein männliches Augenpaar schob sich in Felix’ Blickfeld. Das Zusammenspiel aus gehobenen Brauen, leicht geblähten Nasenflügeln und sichelförmig emporstrebenden Mundwinkeln verriet eine Mischung aus Neugierde, Spott und Überheblichkeit. Die Stimme hinter der grinsenden Visage gehörte Dennis McGlynn. Er war das, was man einen Platzhirsch nannte. Der Sieger der vergangenen fünf oder sechs Jahre, ein Champion mit weit über sechshundert BASE-Sprüngen, ein Held der BASE-Association, eine Berühmtheit in der Szene – und als Topfavorit mit dem Privileg ausgestattet, alle Mitbewerber vor sich springen zu sehen und erst als Letzter über die Rampe zu gehen.

„Vierunddreißig.“

„Vierunddreißig? Gra-tu-liiiiere!“

Da gab es ganz andere Kaliber am Start als diesen Halblustigen aus dem fernen Europa. Leute mit Erfahrung, mit Hunderten Sprüngen. Aber keiner von ihnen hätte mit solchem Brustton der Überzeugung ihn, Dennis McGlynn, herausgefordert. Na dann: „Gutes Gelingen!“

Felix mit den Weltmeister-Trophäen und Lehrer Tracy

Wer nichts hat, kann auch nicht viel verlieren. Felix konnte also trotz allem nur gewinnen. Und sprang.

Erst die Schraube, dann der erste Rückwärtssalto. Beim zweiten musste er in halber Umdrehung stoppen. Das war abgesehen von möglichst perfekter Köperhaltung die eigentliche Herausforderung. Beim Fallschirmspringen aus großer Höhe wäre es kein Problem gewesen. Durch die enormen Strömungsgeschwindigkeiten reichten im freien Fall minimale Bewegungen und Drehungen mit den offenen Handflächen, um Richtungsänderungen welcher Art auch immer zu vollführen. Felix kannte das zur Genüge. Hier jedoch war die Situation eine gänzlich andere, da es wegen des geringen Tempos keinerlei Anströmung gab. Wie beim Turmspringen. Bloß mit dem feinen Unterschied, dass Felix die zweite Hälfte des zweiten Saltos genau dann beendet haben musste, wenn sein Hauptschirm vollständig aufgegangen war. Nur so würde er die zwei Umdrehungen in perfekter Position und Haltung beenden. Schleuderte er den Hilfsschirm um den Bruchteil einer Sekunde zu früh, wären es vielleicht nur eineinhalb oder eindreiviertel Backloops, schleuderte er ihn zu spät, würde es ihn überdrehen.

Die gellenden Schreie Tausender Zuseher schufen Gewissheit: Der Moment war absolut perfekt gewesen. Auch die Landung war alles andere als kritikwürdig. Seine Erfahrung als Zielspringer beim Heer machte sich nun doppelt bezahlt. Ganze acht Zentimeter neben dem Mittelpunkt setzte Felix auf der elektronischen Scheibe auf.

Felix hatte ihn zwar nicht gesehen, aber aus der frenetischen Reaktion am Boden schloss er sofort: Dennis musste einen Wahnsinnssprung hingelegt haben. Beim Aufsetzen jedoch tippten seine Füße einen ganzen Meter daneben.

Es kam, wie es kommen musste: Trotz Punktegleichheit mit achtundneunzig von einhundert möglichen hatte der Lokalmatador Dennis im Figurenbewerb die Nase vorn. Felix lag auf Platz zwei. Wie auch beim Zielspringen.

Bei der Siegerehrung an diesem Abend zeigte sich eine tiefe Kluft in der Springer-Gemeinde: da die Dennis-McGlynn-Jünger, die ihr Idol hofierten. Dort die Dennis-McGlynn-Häscher, die es kaum erwarten konnten, den längst ein wenig überheblich gewordenen Stern am BASE-Himmel verglühen zu sehen.

Der Fixstern implodierte, torpediert von einer Sternschnuppe aus Österreich. Ein enttäuschender siebter Platz im Zielspringen, bedingt durch die Unbestechlichkeit der Elektronik, und die Unverfrorenheit eines Rookies namens Felix hatten Dennis aus dem Olymp geschossen. Nur Platz zwei in der Gesamtwertung, dem Mittel aus Zielsprung- und Figurenbewerb. Der neue Weltmeister im BASE-Springen hieß Felix Baumgartner. Oder Felix Treegarden, was den Freunden überm Teich einprägsamer schien und ihnen überdies einen Zungenbruch weniger bescherte.

Kraft suchen und dabei der Natur sehr nahe sein

Ein Weltmeistertitel als die Auszeichnung schlechthin in diesem Sport und dazu zwei zweite Plätze in den Einzelwertungen – welch unglaublichen Verlauf hatte diese Reise nach West Virginia genommen. Felix' Höhenflug kannte kaum Grenzen. Unaufhörlich hatte er die versteinerten Mienen der Vereinsmeier rund um Superstar Dennis McGlynn vor Augen. Es war, was nicht sein durfte: Ein Nichtamerikaner hatte geschafft, was ein Nichtamerikaner gar nicht schaffen durfte. Aber so war es nun eben einmal – im Land der unbegrenzten Möglichkeiten.

Eine Antenne mit Tücken

Zwei Buchstaben auf dem Weg zu einem echten BASE-Springer hatte Felix vor Antritt dieser Amerikareise bereits sicher: das S für Span und das E für Earth. Das A für Antenna hatte er schon wenige Tage vor seinem Weltmeistertitel eingeheimst: an einem sich vierhundertfünfzig Meter in den Himmel über Florida bohrenden Monstrum, an dicken Stahlseilen, so genannten *guidewires*, in alle Richtungen mit der Erde verspannt. Eine mächtige Erscheinung mit Tücken.

Da war zum einen der schweißtreibende Akt, überhaupt einmal nach oben zu gelangen. Tracy hatte im Wissen um seine körperliche Konjunkturflaute auf diesen Trip verzichtet und ein Rendezvous mit großen Mengen Gerstensaft vorgezogen. Begleitet wurde Felix stattdessen vom Deutschen Wolfgang, einer flüchtigen Springerbekanntschaft.

Dann war da die Gefahr zahlreicher ominöser schwarzer Kästchen, die in regelmäßigen Abständen den Weg nach oben säumten. Niemand vermochte genau zu sagen, was es mit diesen Kästchen auf sich hatte – nur so viel: In ihnen herrschten exorbitant hohe Spannungen und die konnten der Gesundheit auf keinen Fall zuträglich sein. Daher galt es, sie so rasch wie möglich zu passieren und am besten auf maximaler Distanz, also auf halbem Weg zur nächsten Blackbox, eine der vielen nötigen Pausen einzulegen, um die kochenden Bizepse wieder ein wenig zu kühlen. Und um Lungen und Puls von ihrer Maximaltätigkeit herunterzuholen.

Und da war – so „nebenbei" – auch noch das tödliche Risiko, beim Absprung durch Seitenwind in einen der *guidewires* zu driften, sich darin zu verfangen und an ihnen in rasanter Talfahrt ins Verderben zu gleiten.

Wolfgang hatte sich in fünfzig Meter Höhe zittrigen Fußes wieder nach unten verabschiedet. Zum einen war das nicht „seine Geschichte", und zum anderen wollte er nicht Gefahr laufen, von den Bullen erwischt zu

Antennensprung an der Straße von Messina in Sizilien

werden. Auch bei den Cops waren Antennen inzwischen als beliebte Sprungobjekte bekannt. Ständiges Patrouillieren um die Konstruktionen war die logische Konsequenz.

Zwei Stunden größter Anstrengung brachten Felix zur Antennenspitze. Noch fünfundvierzig Minuten, dann würde die Sonne aus dem fernen Boden, diesem Ende der Einöde, tauchen. Zeit der Muße und Vorbereitung zur Genüge. Wären da nicht zwei Lichtkegel am Fuß der Antenne aufgetaucht.

Verdammter Mist! Die Cops. Wer sonst konnte sich zu dieser nachtschlafenden Stunde dort unten herumtreiben. Zweimal umkreisten die Wagenscheinwerfer den An-

Ikarus aus Österreich auf der Sonnenseite des Lebens

tennensockel – und erloschen. Sie sind auf der Pirsch, durchzuckte es Felix. Woher auch immer sie es wussten – sie machten Jagd auf ihn.

Viele Möglichkeiten standen nicht gerade zur Auswahl. Noch bei Finsternis zu springen und im Dunkel der Nacht das Weite zu suchen, lautete die eine. Mitsamt dem Risiko, dabei draufzugehen.

Sich an den *guidewires* abwärts zu hanteln, lautete eine andere. Auch keine rosigen Aussichten. Zwar verliefen die Stahlseile schräg nach unten und endeten in komfortabler Entfernung zum vermuteten Stützpunkt der Bullen, dafür aber würden Felix wohl bereits nach ein paar Metern die Kräfte verlassen. Den Rest müsste er im freien Fall zurücklegen. Keine Option, auf die sich bauen ließ.

Wie geplant erst im Morgengrauen zu springen und erwischt zu werden, hieß die dritte. Zwar verhießen amerikanische Gefängnisse kein Ferienparadies, dem Nimbus eines coolen Burschen tat eine kleine Verhaftung aber keinerlei Abbruch. Bloß den Bridgeday durfte er hinter Gittern nicht verpassen.

Gar nicht zu springen und womöglich eine Ewigkeit auf der Spitze eines surrenden und sirrenden Metallungetüms auszuharren, bedeutete die vierte.

Felix wählte Nummer drei. In Empfang nahmen ihn aber nicht die Bullen, sondern Wolfgang. Der Streifenwagen, dessen Lichter er aus luftiger Höhe ausgemacht zu haben vermeinte, entpuppte sich als Vehikel zweier Gleichgesinnter. Die beiden BASE-Springer hatten die Antenne jedoch nur bis auf einhundert Meter Höhe erklommen. Und sie hatten gewartet, bis Felix an ihnen vorbeigesegelt war, um sich hernach selbst in die Tiefe zu stürzen.

Bürodamen mit Logenplatz

Ein Banküberfall, das war die Lösung!

Die Lage, in der sich der frisch gebackene Bridgeday-Champion befand, schien in der Tat prekär. Nur noch ein kleiner Schritt trennte ihn vom perfekten Springerglück, dem B wie Building, dem vierten und letzten Buchstaben, um offiziell von der BASE-Association eine Mitgliedsnummer zugeteilt zu bekommen. In Gedanken sah er sich schon die Kopien seines Logbuchs an die Vereinigung senden. Dafür aber brauchte er diesen einen Sprung, dieses große B. Mogeln war Selbstbetrug und kam nicht in Frage. Der Eintrag in die Riege der Auserwählten war zum Greifen nahe. Wäre da nicht zweihundert Meter unter ihm ein dicker Polizist gewesen, der es sich in seinem Streifenwagen zu einem ausgiebigen Mittagsschläfchen bequem gemacht hatte. Das Swiss Hotel nahe dem Lake Michigan im Bundesstaat Illinois, oder vielmehr das Hoteldach, war der perfekte Ort, um das B zu ergattern. Und dann thronte dort unten dieser träge Kerl und drohte in seiner Untätigkeit, Felix den perfekten Abschluss einer perfekten Amerikareise zu verpatzen. In wenigen Stunden mussten Tracy und er auf dem Flughafen sein, bis zur geplanten Abfahrt dorthin blieb erdenklich wenig Zeit.

Daher die Idee mit dem Banküberfall. Felix griff bereits zum Handy, um den uniformierten Faulpelz mit einem fingierten Alarm von seinem Standort wegzulocken. Ein Funkspruch aus der Zentrale erlöste ihn aber just in diesem Augenblick aus seiner Lauerstellung. Der Gesetzeshüter klemmte sich nach zwei Stunden der Muße hinters Steuer, setzte sich gemächlich in Trab – und Felix köpfte vor den Augen hellauf begeisterter Bürodamen, die dem Schauspiel an den Fenstern des gegenüberliegenden Bürohauses beiwohnten, in die Tiefe. Einzig ein Golfspieler, über dessen Kopf Felix' Fallschirm mit Getöse aufsprang, zeigte sich unbeeindruckt. Von Hochhäusern hechtende Menschen, ob mit oder ohne Fallschirm, waren keine Besonderheit im Land der unbegrenzten Möglichkeiten.

Drei Monate danach flatterte Felix Post aus den USA ins Haus. 5 0 2 lautete der Eintrag auf den Namen Baumgartner. Endlich! Da war es, das heiß ersehnte Zertifikat, seine ganz persönliche BASE-Nummer, auf die er so intensiv hingearbeitet hatte. Felix ließ sich den Klang der Ziffern auf der Zunge zergehen. Fünf null zwei, oder nein: five-o-two, das klang eindeutig nach mehr. 502 – anfangs nur eine Zahl, bald aber auch Symbol und Logo für die *Marke Baumgartner*.

Der Sprung ins Herz einer Metropole

Wieder und wieder las Felix die ersten großen Presseberichte heimischer Medien über seinen triumphalen Auftritt in den Vereinigten Staaten. Wort für Wort vibrierten die Texte am Gaumen, strichen geschmeidig über die Lippen. Wenngleich er das Ziel nicht auszumachen vermochte – der Weg zeigte sich ihm nun klarer denn je. Das Springen war sein Leben, wohin auch immer es ihn führen mochte. Zumal auch Red Bull signalisierte, Felix bei weiteren Aktionen unterstützen zu wollen, und somit eine dauerhafte Zusammenarbeit in Aussicht stellte. Das war die Art von Job, die ihm nie vorgeschwebt war, weil es undenkbar scheinen musste, diese Art von Job ausüben und dabei auch noch überleben zu können. Das war die Art von Job, die er von jetzt an auszuüben gedachte. Und das war die Art von Job, die Felix' Vater damals wie heute mit ungläubigem Kopfschütteln quittierte: mit dem Fallschirm irgendwo und womöglich verbotenerweise runter zu springen und dafür auch noch ganz anständig bezahlt zu werden, war weit weg von der Vorstellung dessen, was landläufig als rechtschaffenes Arbeiten Geltung hatte.

Job hin, Rechtschaffenheit her: Bei aller Aufmerksamkeit, die Felix Dank seines Weltmeistertitels auch im eigenen Land erstmals medial genießen durfte, hatte er doch bloß einen ersten winzigen Schritt getan. Den ersten Schritt auf seinem Weg zur Spitze, wenngleich er nicht den blassesten Schimmer davon hatte, wie dieser Weg aussehen könnte. Geschweige denn die Spitze. Er wusste ja nicht einmal, dass er sich überhaupt auf diesem Weg befand.

Das Bild eines gewissen Rainer Novak hatte Felix tief beeindruckt. Die Zeitungsaufnahme aus der Mitte der Achtzigerjahre zeigte Novak beim Absprung von einer hölzernen Plattform, 186 Meter über dem Boden. Ein Bild wie eine Versuchung. Nicht die Höhe machte den Reiz aus, sondern der Ort, an dem die Plattform zu finden war: der Olympiaturm im Herzen von München. Der Olympiaturm, das hieß, dem eindimensionalen Raum des bloßen Springens zu entsteigen. Nicht, dass Felix nach ein paar Dutzend

BASE-Sprüngen den Reiz der Anspannung nicht mehr liebte. Das durfte auch nach Hunderten nicht passieren. Fällt erst die Spannung ab, dann wächst die Gefahr, der zunehmenden Routine und ihrem trügerischen Komfort des Sich-sicher-Fühlens zu erliegen. Nein, der Olympiaturm hieß, in die Dimension der Kreativität vorstoßen zu müssen, um überhaupt an den Ort der Begierde zu gelangen. Eine Reihe kniffliger Fragen galt es zu erörtern: Wie ließ sich der Fallschirm dort hinauf bringen? Wie die Sicherheitsleute austricksen? Wie den hohen, nach innen weit überhängenden Maschendrahtgitterzaun auf der Besucherplattform überhaupt einmal und auch noch vor den Augen Dutzender Zeugen erklimmen, ohne dass sich ein paar Wohltäter an Felix' Hosenbeine klammerten, den vermeintlich Lebensmüden herunterrissen und hernach davon zu überzeugen versuchten, dass es für alle Probleme eine Lösung gebe, ja sogar für die seinen?

Die anfängliche Idee, all diese Unabwägbarkeiten zu umschiffen und von der für Besucher unzugänglichen, acht Meter weiter oben liegenden Plattform zu springen, verwarf Felix rasch wieder. Sein Zugang zu dieser Lösung war ein pragmatischer und hieß Überlebenswille. Gemeinsam mit Tracy hatte Felix eines Abends bei Regen und mäßiger Besucherfrequenz auf dem Wahrzeichen der Millionenstadt die Gunst des Augenblicks genutzt und über eine schmale Leiter die darüber befindliche Plattform erklommen. Dort oben zu übernachten und im Morgengrauen zu springen, war der ursprüngliche Plan. Nach einer Sondereinlage, die Tracy und Felix ohne jegliche Sicherung bis hinauf zur beleuchteten Antennenspitze in knapp dreihundert Meter Höhe und zugleich in rasende Wallungen führte, sah sich Felix im Geist schon von dem Betonrund hechten, aus der Perspektive der Turmbesucher auf Video gebannt. Eine Wahnsinnsoptik, wie er da über die Köpfe einer schrill aufjohlenden Menschenschar hinwegsegelte!

Der Schönheitsfehler: Die obere Plattform wies einen weitaus geringeren Durchmesser auf als die untere. Selbst bei impulsivem Anlauf und mächtigem Absprung würde Felix unweigerlich im Schutzgitter der Besucherplattform einschlagen. Der Höhenunterschied war weit zu gering,

„Du kannst körperlich ein Wrack sein, was zählt, sind die Nerven.“ Felix B.

um im freien Fall ausreichend Abstand von der Turmfassade zu erlangen. Zwar ließ sich die Plattform elektronisch steuern und auch ausfahren – bloß nicht für ungebetene Gäste.

Was blieb, war der Klassiker über den Zaun. Das zum Besucherbereich hin geneigte, zweieinhalb Meter hohe Gitter (womit potentielle Kandidaten von einer leichtfertigen Verzweiflungstat abgehalten werden sollten) ließ sich per spezieller Aufstiegshilfe der Marke Eigenbau überwinden: eine Strickleiter, deren oberes Ende in einer Alu-Miniplattform bestand, die, mit nach unten gewundenen Haken, auf dem Gitter aufliegen und Felix genügend Halt für den Absprung bieten sollte. Das Ganze musste in einen unauffällig kleinen Rucksack passen, wie ihn Touristen und Tagesausflügler für gewöhnlich bei sich trugen. Auch der Startpunkt durfte nicht beliebig gewählt werden. In ihren verspiegelten Sonnenbrillen, die Tracy und Felix bei einer Vorbereitungstour auf den Olympiaturm durch das grobmaschige Gitter hindurch schräg nach unten gehalten hatten, waren ihnen zahllose Satellitenschüsseln ins Auge gesprungen. Bei allem Nutzen brachten die Schüsseln einen entscheidenden Nachteil: Trugen unberechenbare Luftturbulenzen Felix näher als gewollt an die Betonmauer heran, konnten sie seinen Sprung jäh bremsen und zur tödlichen Falle werden. Daher das Ausspionieren mit den Spiegelbrillen. Je nach freier oder blockierter Falllinie erfolgte die Markierung an der Brüstung – ein Plus für einen günstigen, ein Minus für einen ungünstigen Sprungpunkt.

Anfangs hatte es Felix gar nicht gemerkt, doch je detaillierter die Planung, je ausgereifter die Aktion Olympiaturm war, desto mehr gedieh die Chose zu einem regelrechten Projekt. Ein Projekt, bei dem es auf einmal Besprechungen gab, wie Felix sie schon in Mechanikertagen haben wollte. Und ein Projekt, bei dem sich der heranreifende Profi Baumgartner auf professionelle Hilfe von außen stützen konnte, etwa zwei Kamerateams, die ihm sein nunmehr fixer Sponsor Red Bull zur Verfügung stellte.

Wer keinen Stress hat, hat einen Auftrag

„Was wird hier gedreht, ein Werbespot? Eine Stuntaufnahme für einen Actionfilm?"

Die Fragen und möglichen Antworten, die zahllose Umstehende an diesem strahlenden Julitag des Jahres 1998 sich stellten und auch gleich selbst gaben, waren der Lohn für eine perfekte, wochenlange Vorbereitung. Mit Ausnahme von Felix trug die gesamte Crew weiße T-Shirts, auf deren Rücken die Aufschrift „Kamerateam" prangte. Wenn schon auffallen, dann mit System, hatte die Überlegung gelautet. Je weniger Hektik bei der Montage der Strickleiter aufkäme, desto geringer der Verdacht, dass diese Burschen etwas Verbotenes im Schilde führen könnten. Frei nach dem Motto: Wer keinen Stress hat, hat einen Auftrag. Ein Volltreffer in Sachen Massenpsychologie.

Thema Massen: Dass Felix' akrobatische Turneinlage auf dem wackeligen Zaun dennoch beinahe geplatzt wäre, war einer für ihn völlig unerwarteten „Konkurrenz" zuzuschreiben: dem weltweit größten Breitensportfestival namens Deutsches Turnerfest. Just nahe der Landeposition, wo sich der zweite Kameramann postiert hatte, stand geraume Zeit ein Streifenwagen der Münchner Polizei, der als einer von vielen zur Sicherung der Veranstaltung im Olympiapark abkommandiert war. Wieder so ein Zeitung lesender Uniformträger, wie ihn Felix schon am Michigan-See verflucht hatte. Während er und sein Team oben auf dem Turm Blut schwitzten, schien der gute Mann seine Lektüre auswendig lernen zu wollen, anstatt im Sinne des turnenden Volkes dort unten für Recht und Ordnung zu sorgen.

Endlich. Endlose sechzig Minuten waren ins Land gezogen, ehe das grün-weiße Patrouillenfahrzeug abzog und aus dem Park über Funk das Okay kam. Alles lief wie am Schnürchen. Einzig die Federwirkung des Zauns hatte

Felix grob unterschätzt. Er legte einen lupenreinen Katapultstart hin, der seine Füße zu weit nach vorne schnellen ließ. Ein Dolchstoß für das Selbstbewusstsein eines nach Perfektion strebenden Sportlers.

Ego und Perfektion: *„Es war zum Verzweifeln. Alles war bestens organisiert – und dann rudere ich die Turmwand hinunter. Bis ich das kaschiert und das Videomaterial so geschnitten hatte, dass meine schlechte Haltung nicht mehr zu sehen war …“ Felix B.*

Zudem hatte sich sein Schirm nach dem Öffnen in Richtung Turm gedreht. Ein brenzliger Moment, den Felix aber instinktiv und blitzschnell auszugleichen wusste. Alles in allem ein perfekter Ablauf – und vor allem die erste regelrechte Profi-Produktion eines illegalen Sprungs, die im gesamten deutschsprachigen Raum in die Fernsehnachrichten hinausging.

Auf der Erfolgsleiter grenzenloser Luftakrobatik

Zwei Türme – eine einzige Herausforderung. Da bleibt nur der Griff in die Trickkiste.

Twin Towers

Nicht x-beliebige Metallpokale für Vitrine oder Bücherbord gelten in BASE-Springerkreisen als die größten Trophäen – nein: Ziel ist das Wissen, etwas nach menschlichem Ermessen Unvorstellbares vollbracht zu haben. Wie das *Springen eines Gebäudes*, das noch nie zuvor gesprungen worden ist. Meist, weil der Zutritt für nicht autorisierte Personen eine absolute Unmöglichkeit und eben darum für einen *High-profile*-Springer, wie Felix mittlerweile einer war, eine absolute Herausforderung darstellt. *High profile* hieß, durch das Ereignis des Sprungs an sich ein verwegener, tollkühner Hecht zu sein. *High profile* machte jedoch den Weg zum Sprung erst zur eigentlichen Story hinter der Story: Das Ausspionieren der Örtlichkeit, das Austüfteln eines gefinkelten Plans, der Griff in die Trickkiste – all das und einiges mehr machte es aus. Nur die Wenigsten verfügten über ausreichend Format wie auch finanzielle Mittel, die eine Umsetzung erlaubten. Brücken waren für jeden Springer erreichbar. Felswände brachten keinen hohen Kurswert, was die Publicity betraf. Ähnliches galt für Antennen wie jene in den USA. Zwar maßen manche dieser Giganten Hunderte Meter – so auch Felix' Buchstabe A –, doch mehr als das anerkennende Schulterklopfen der Kollegenschaft und ein Fingertippen an die Stirn aller andern ließen sich damit nicht einfahren. Bestenfalls noch die Erkenntnis, in der Riege jener Glücklichen zu stehen, die nicht einer kleinen Unaufmerksamkeit wegen das Schicksal zahlloser Insekten in lauen Sommernächten teilten und bei lebendigem Leib gegrillt wurden. Ein Ende, das so mancher Antennenakrobat gefunden hatte.

Ein Gebäude musste es also sein, ein berühmtes, ein ausgefallenes, ein jungfräuliches, ein unbesprungenes. Öffentlich zugängliche Objekte erschienen dabei wenig reizvoll. Zumeist waren sie, wie das World Trade Center in New York oder der Sears Tower in Chicago, bereits „entjungfert". Große Besucherströme verhinderten ein lückenloses Kontrollsystem, der Weg für Trophäenjäger lag frei.

Selbstverliebtheit?

„Ein Sprung, bei dem keine Kamera mitläuft, interessiert mich nicht. Schon als Kind wollte ich bei jeder Gelegenheit fotografiert werden. Der Wunsch, Schauspieler zu werden, war nahe liegend. Die Linse auf mich gerichtet zu sehen, ist das Um und Auf meines Sports. Sogar einmal zu Weihnachten, als ich mir selbst das schönste Geschenk bereitete, musste die Videokamera mit. Ein Sprung von der Drachenwand in Mondsee sollte es sein. Ganz allein, am Nachmittag des Heiligen Abends. In einem Kostümverleih borgte ich ein Weihnachtsmann-Kostüm. Darin warf ich mich vom Felsen und richtete die Kamera mit gestrecktem Arm auf mein Gesicht. Ein Bild für Götter. Der nach oben flatternde weiße Bart, das gesamte Outfit bis hin zu weißen Handschuhen. Mir geht es darum, alles dokumentiert zu haben. Egal, ob die Aufnahmen um die ganze Welt gehen oder unveröffentlicht in der Schublade bleiben. Wie in diesem Fall."

Nicht so bei den Twin Towers in Kuala Lumpur, Könige der Wolkenkratzer mit dem Gardemaß von 452 Meter. Riesen aus Stahl und laminiertem Glas in silber-bläulichem Schimmer mit der Grundrissform eines achtzackigen Sterns, den Prinzipien islamischer Architektur nachempfunden und in Rekordzeit (alle vier Tage eine Etage!) aus dem Boden gestampft. Achtundachtzig Stockwerke hoch, im einundvierzigsten mittels Brücke verbunden. Blickfang und Wegweiser ins neue Jahrtausend im Herzen der Hauptstadt Malaysias. Auswuchs menschlicher Gigantomanie. Schauplatz des Thrillers „Entrapment", eines Hollywood-Actiongeplänkels um den besten Dieb der Welt (Sean Connery) und dessen verführerische Gegenspielerin (Katherine Zeta-Jones). Und im Besitz der staatlich kontrollierten Ölgesellschaft Petronas. Alle Gleichgesinnten, die es vor Felix versucht hatten, waren daran gescheitert. Die Twin Towers – ein Hochsicherheitstrakt pur, wie es schien. Eine Verlockung pur.

Eine Verlockung, der zu erliegen sich Felix, zweieinhalb Jahre nach seinem ersten BASE-Sprung, im Kopf reif genug fühlte. Der Plan fand auch beim Sponsor rasche Zustimmung: erst eine Erkundungstour nach Kuala Lumpur, mit Tracy die Lage sondieren, ein detailliertes Konzept erarbeiten, Heimkehr, Vorbereitung bis ins Kleinste und dann der neuerliche Trip nach Malaysia zum großen Show-down.

Die in den Kragenaufschlag reden

Eine geschlagene Woche lang lungerten Tracy und Felix vor den beiden mächtigen Türmen in Kuala Lumpur herum. Es galt einen Weg zu finden, diese Heerschar von Sicherheitsleuten zu überwinden. Die einen waren rasch auszumachen, weil in Uniform samt martialischem Blick und an der Hüfte baumelndem Schlagstock. Doch auch die Gesichter der anderen, jener in Zivil, waren den beiden Amateurspionen rasch vertraut. Wer den Kopf gelegentlich zur Seite neigte und Lippenbewegungen in Richtung Kragenaufschlag vollführte, war enttarnt. Gewonnen war damit aber noch gar nichts, bis auf die Erkenntnis, den Feind in seiner gesamten numerischen Überlegenheit besser einschätzen zu können.

Beobachtet wurde alles und jeder: wann rund um die als Bürozentrum genutzten Tower die Stoßzeiten vorherrschten; wie das Gros der Angestellten sich zu kleiden pflegte – ganz auf privat? Ganz auf Tourist in Sandalen und kurzen Hosen? Ganz im Business-Look? Wie die Masse von Menschen sich in das Stahlmonstrum hinein- und aus ihm herausbewegte, welche Nationalitäten dem Augenschein nach auszumachen waren. Sollte es Felix gelingen, über die Lobby samt Einkaufszentrum hinaus und durch die streng bewachten Drehkreuze hindurch ins Innerste vorzudringen, so wollte er wegen seines Teints nicht als das gelten, was ein Eisbär am Äquator darstellte: ein Exot. Hier jedoch gingen nebst Malaysiern auch viele Deutsche ein und aus. An diesem Ort eine durchaus angenehme Erscheinung, dachte Felix. Als Bleichgesicht unter vielen würde er kaum auffallen. Und Auffälligkeiten waren strikt verboten, Anpassung war angesagt. Doch woran, an wen und wie?

Musste er Schmiergeld parat halten, um sich im Fall der Fälle freizukaufen? Wo konnte er landen? Wo Kameraleute und Fluchtfahrzeug positionieren? Welche saisonbedingten Windrichtungen herrschten rund um die Türme vor?

Ein Fedex-Wagen? Vielleicht war das die Lösung. Felix als Paketbote. Der Paketbote als Turmgladiator. Bloß dass er das Päckchen nicht abliefern, sondern den Fallschirm darin verbergen würde. Eine Uniform zu besorgen war nicht das Problem. Was aber, wenn bei der Anmeldung an der Rezeption nachgefragt würde? Ja, das passierte bestimmt. Anruf bei Mister Sowieso im so und so vielten Stockwerk – aus der Traum. Selbst wenn er den Namen irgendeines Mitarbeiters in Erfahrung brachte – warum sollte gerade der ein Päckchen bestellt haben? War er überführt, dann war seine Visage im Foyer fürs Erste bekannt und die Aktion für lange Zeit auf Eis gelegt – ja, er musste womöglich mit Gesichtsplastiken arbeiten. Zweifelsohne zu viel des Guten.

Da schon lieber www.cleaningwindow.com. Felix und Tracy hatten den Putztrupp bereits seit geraumer Zeit als Option ins Auge gefasst, schnell und bequem in die höchsten Sphären eines der beiden Türme zu gelangen. Von oben bis unten vermummt waren diese ausdauernden Kerle, mit Overalls, Kapuzen und dunklen Brillen zum Schutz vor gleißender Sonne und UV-Strahlung. Als Tarnung ideal. Ein Plätzchen im Fensterputzerkorb gegen ein Jahressalär, nicht in malaysischen Ringgit, nein: in feinen, soliden Dollars. Für beide Seiten ein lohnendes Geschäft. Wäre da bei der Kontaktaufnahme nicht eine kleine Barriere gewesen: drunten Deutsch, Englisch, und ein paar Brocken anderer gängiger Weltsprachen – droben im Korb Malaiisch alias Bahasa Malaysia und sonst nichts. Ein bisschen Augenzudrücken hätte den Burschen eine saftige Ernte beschert. Stattdessen ernteten Felix und Tracy auf Zuruf stets nur bedauerndes Achselzucken.

Die Nummer mit der Dienstleistung zog nicht. Nicht Bote, nicht Fensterputzer, nicht sonst wer, der nur gelegentlichen Zutritt zum Heiligen Schrein erhielt. Unauffälligkeit lautete die Maxime. Und was war da nahe liegender, als einer von ihnen zu sein, einer der das Ein- und Ausgehen tagein tagaus als Selbstverständlichkeit betrieb. Ein Geschäftsmann eben. Nicht overdressed, doch in feines Businesstuch gehüllt, Krawatte, eine Brille als intellektuelle Note und dazu ein geräumiges Aktenköfferchen, in dem sich bequem alles Nötige verwahren ließ.

Blieb nur noch das Problemchen der Zutrittsgenehmigung.

Abhilfe konnte die Touristenmasche leisten. Bei seinen Belagerungstouren hatte Felix heischende Blicke auf die Ausweise der Uniformierten geworfen, die per Clips gut sichtbar an Jacken- oder Hemdtaschen befestigt waren. Einmal waren sie in lateinischer, einmal in arabischer Schrift gehalten. Dazu ein eigenes Logo, ein Zahlencode und ein Foto des Trägers, alles fein säuberlich in Plastikfolie eingeschweißt. Letzte Details waren auch beim oftmaligen Hinsehen nicht klar erkennbar. Was er brauchte, war eine Kopie einer solchen Karte, um auf Nummer sicher zu gehen.

Der Trick war ein denkbar einfacher: Während sich Felix mit freundlich-fragendem Gesicht einem Security-Mann näherte, ihm durch Gestik und Mimik sein Begehr signalisierte und zugleich den Fotoapparat für ein „Erinnerungsfoto" entgegenstreckte, war es bereits passiert. Einmal künstlich gehüstelt, dabei das Klicken der Kamera übertönt – und schon war ein Brustbild des Wachmanns im Kasten. Das wiederholte sich einige Male, auf den ganzen Tag und verschiedene Opfer verteilt.

Die Ausbeute dieser Foto-Shootings war ergiebig. Mitunter befand sich unter den „Security-Models" auch ein Aufseher, der den Idealtyp abgab – „All Areas", alle Bereiche, stand auf seiner Karte. Die perfekte Vorlage für Felix' Zutrittserlaubnis. Daheim in Salzburg fertigte er in stundenlanger Arbeit auf dem PC die Kopie eines Ausweises an, die sein eigenes Bild trug und auf den ersten Blick einer Echtheitskontrolle wohl stand hielt.

Ein Turm wie ein Staatsgeheimnis

Felix hatte in Malaysia ausgekundschaftet, was auszukundschaften war. Er kannte alle potenziellen Landeplätze, wusste um die massive Präsenz von Sicherheitsleuten und hatte aus dem Studium der täglichen Abläufe rund um die Türme erfahren, dass die beiden Fensterputzerkräne, jeweils von der Kuppel aus gesteuert, sich werktags auf die Minute genau um sieben Uhr früh in Bewegung setzten, um die Putztrupps an ihre Schwindel erregenden Arbeitsplätze zu hieven. Was er aber nicht kannte, war das Innenleben der Türme. Wie würde er bis ins achtundachtzigste Stockwerk und in weiterer Folge zur Kuppel gelangen, um dort über den Kranausleger, der ihm als Absprungbasis dienen sollte, ins Freie zu balancieren? Alle Versuche, an Konstruktionspläne oder auch nur vage Details über Raumaufteilungen zu kommen, waren gescheitert. Die imposanten Zwillingstürme waren der ganze Stolz – und zugleich das Staatsgeheimnis der Nation. Alles, was Felix über die Twin Towers in Erfahrung gebracht hatte, stammte aus dem Guinness-Buch der Rekorde und vermittelte mit Ausnahme von entbehrlichem Wissen der Superlative wenig.

Doch gab es einen weiteren großen Unsicherheitsfaktor: Felix' einstiger Lehrmeister Tracy. Mit der Professionalität der Geschichten wuchs die Ungewissheit, was den Alkoholzuspruch das Amerikaners und dessen Auswirkungen auf seine Zuverlässigkeit betraf.

Augenmaß fürs Risiko: *„Tracy war der Grundstein meiner Erfolge, die ich bis dahin erzielt hatte. Er hat mir ein vernünftiges, ein lebenserhaltendes Augenmaß für die Faktoren Risiko und Sicherheit vermittelt. Er lehrte mich, nicht all den Wahnsinnigen nacheifern zu wollen, die diesen Sport dominierten. Aber durch seine ständige Sauferei nahm er sich zusehends selbst aus dem Rennen."* *Felix B.*

Es stand bereits zu viel auf dem Spiel, als dass Felix es den Eskapaden seines Freundes hätte opfern können. Tracys Sondereinlagen der vergangenen Jahre kamen Felix in den Sinn. Wie jene im italienischen Arco am Gardasee, wo Felix sich zum Geburtstag einen Sprung von einem Dolomitenfels geschenkt hatte. Ein Schwarzafrikaner hatte Tracy für fünfzehn D-Mark eine Kassette mit Bob-Marley-Songs angedreht. Auf dem Band war alles drauf, nur nicht Bob Marley. Tracys Sinn für Gerechtigkeit schlug alles. Und so schlug auch Tracy jenen, der dieses Empfinden für Recht und Unrecht herabzuwürdigen wagte. Als Tracy den Schwarzen tags darauf zufällig in einem Lokal wiedertraf und mehrmals vergeblich sein Geld zurückverlangte, zertrümmerte er einen Sessel auf dem Kopf des Straßenhändlers und schmiss ihm kurzerhand dessen Bauchladen um die Ohren. Eine wüste Schlacht mit Zaunlatten war die Folge.

Sanitäter Felix: *„Wenig später lag Tracy blutüberströmt im Hotelzimmer und brüllte vor Schmerzen. Bis ich ihn ins nächste Spital schleppte. Das Erste, was wir dort im Warteraum zu sehen bekamen, war ein weißer Turban. Und darunter das verschwollene Gesicht seines Kontrahenten. Ein Anblick für Götter. Am nächsten Tag hielt Tracy es vor Schmerzen nicht mehr aus. Wir mussten wieder ins Krankenhaus. Sie wollten* *ihn gleich dort behalten. Stattdessen zweigte ich ein paar Ampullen mit Schmerzmitteln ab und jagte Tracy jedes Mal, wenn die Wirkung der vorherigen nachließ, eine Injektion in den Hintern.“* Felix B.

Und da war die Sache mit dem Messer. Bei einer ihrer Amerikareisen hatte Tracy Felix aus nichtigem Anlass in einem Lokal plötzlich das Messer angesetzt. Um hernach mit der Bitte um Vergebung bittere Tränen zu vergießen. Tracy hatte ein gutes Herz. Und eine böse Kindheit. Eine Kindheit, die von Alkohol- und Gewaltexzessen des Stiefvaters geprägt war und von mütterlicher Leichtfüßigkeit, was den freizügigen Umgang mit Männern anging. Eine Kindheit, die Tracy die Mitgliedschaft in der „Bad-boys-School“ für schwer erziehbare Jugendliche eingetragen hatte, nachdem er den verhassten Freund der Mutter beinahe abgestochen hatte. Ein Heranwachsen zwischen Prügeln und Flucht. Danach ein Nomadenleben im Wohnwagen. Bis ihn das geplante Projekt eines Films über BASE-Springer nach Deutschland führte. Aus dem Film wurde nichts, dafür aber aus dem Aushilfsjob in einem Fachgeschäft für Fallschirmzubehör. Dessen Eigentümer streckte Tracy Geld für ein neues Gebiss vor, das er bei einer seiner zahllosen Schlägereien eingebüßt hatte. Der neue Chef war ein Mann mit Prinzipien: „Ich weiß nicht, wie das bei euch in Amerika ist“, sagte er. „Aber wer bei mir arbeiten will, hat Zähne im Mund.“

Tracy der Profi, Tracy der Gutmensch, Tracy der Unberechenbare, Tracy der Psychopath. Schweren Herzens entschloss Felix sich dazu, ihn nicht erneut mit nach Kuala Lumpur zu nehmen. Dieses Mal würde er es ohne Tracy schaffen. Oder ohne Tracy scheitern. Er konnte ihm nicht helfen. Wie Felix in den Turm gelangen wollte, stand fest. Und dort oben war er ohnedies allein auf sich gestellt. Doch es sollten schon bald Tage folgen, an denen er Tracys Ratschläge brauchen würde wie einen Bissen Brot.

Ohne Tracy also. Stattdessen holte er einen Mann an Bord, der wie Felix Fallschirmspringer mit Leib und Seele war. Und, wie Felix, sich so gut wie keinem Scherzchen zu verwehren wusste: Helmut Tucek, Eigentümer

Der neue Mann im Baumgartner-Team: Helmut Tucek

Die perfekt gefälschten ID-Cards

der Balloon & Airship Company in St. Wolfgang am Wolfgangsee. Abseits aller spaßigen Attitüden brachte Tucek auch jene Ernsthaftigkeit und professionelle Einstellung mit, die in Kuala Lumpur dringend vonnöten war. Felix brauchte jemanden, der über perfekte Englischkenntnisse verfügte und ihm womöglich alles vom Leibe hielt, was organisatorischen Kram betraf. Tucek kannte sich in filmischen Belangen gut aus. Und er schien einer zu sein, auf den sich in Krisensituationen bauen ließ. Einer, dessen Nerven nicht sofort blank lagen, wenn es ein wenig heißer herging. Malaysia samt Sitten und Gebräuchen waren ihnen völliges Neuland; nur so viel ahnten die beiden: In einem malaysischen Gefängnis schmachten zu müssen, wäre weiß Gott kein Honiglecken. Wenn nur zehn Prozent von dem stimmten, was Felix im Kino-Schocker „Midnight Express" gesehen hatte … nicht auszudenken. Daher galt: Bei illegalen Aktionen wie dieser war ein vernünftiger Mix aus Risikofreude und Bedachtheit gefragt.

Als Zeitfenster für den Sprung hatten sie die Spanne zwischen dem 12. und 20. April 1999 gewählt. Zu dieser Zeit fand in Sepang ein internationales Motorradrennen statt. Red Bull hatte ein Kamerateam dort, das an trainings- wie rennfreien Tagen die knapp siebzig Kilometer nach Kuala Lumpur beordert werden konnte. Zudem waren jede Menge Fotografen in der Nähe, und man konnte, sofern erfolgreich, die medientechnische Infrastruktur in Form eines Übertragungswagens nutzen, um das Material in die Heimat zu überspielen und hernach in alle Welt hinausjagen zu lassen.

News around the World stand auf den Visitkarten, die sich Helmut und Felix hatten drucken lassen. Je geschwollener, desto besser, hatten sie gedacht. Und wenn auch echte Journalisten damit kaum zu beeindrucken waren, für den Manager eines Hotels, das in geradezu idealer Distanz vis à vis der Zwillingstürme lag, reichte es allemal. Er räumte den vermeintlichen

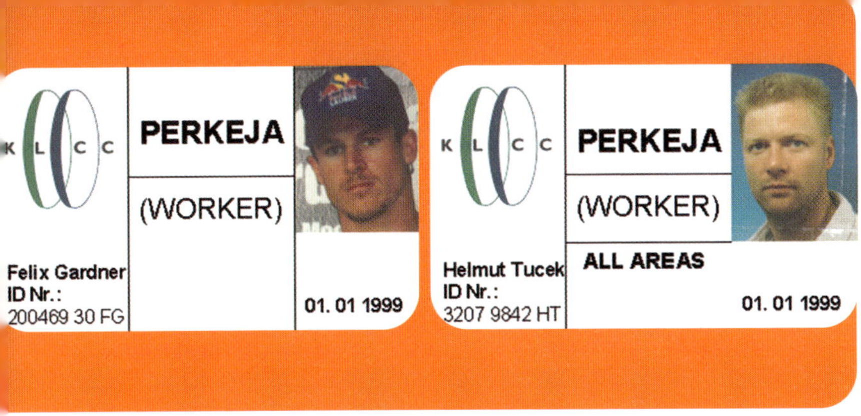

Medienleuten eine halbstündige Drehgenehmigung von einem Zimmer aus ein. Für eine Dokumentation über Kuala Lumpur. Was prinzipiell nicht gelogen war. Datum und Zeitpunkt waren somit fixiert: der 17. April, fünfzehn Uhr. Es war ohnedies höchste Zeit, all das hinter sich zu bringen. Schier übermächtig strahlten die Türme Abend für Abend durch das Fenster ihres Hotelzimmers. Ein Blenden, das kaum noch zu ertragen war.

Rein, rauf, runter, Reißaus

Eine halbe Stunde Drehgenehmigung, das musste reichen. Rein, rauf, runter, Reißaus. So der simple Grundgedanke. Dank des perfekten Ausweises war das Rein die einfachste Übung. Doch dann kam das Rauf. Bis zur Demarkationslinie der Sicherheitsleute war ihm alles vertraut, ab da jedoch war alles neu. Felix aktivierte sein ganzes Repertoire an aufgesetzter Natürlichkeit. Er musste den Eindruck erwecken, Hunderte Male hier gewesen zu sein. Bloß: Welcher dieser acht nebeneinander verlaufenden Aufzüge führte ihn ganz nach oben? Was, wenn er unwissend just jenen wählte, der nur Auserwählten vorbehalten war? Etwa den Hausbonzen?

Das lange, bange Warten auf den Lift. Und dabei ständig das Gefühl, beobachtet zu werden. Als wäre er mit einem Joint erwischt worden. Hunderte Augen, allesamt auf ihn gerichtet. Als ob sie wussten, was er vorhatte. Dauernd die Angst, angesprochen zu werden. Müsste er etwas sagen … man würde sofort erkennen, dass er nicht von hier stammte.

Endlich. Der Lift. Mit der *Financial Times* unterm Arm hinein in die Kabine. Nur niemandem ins Gesicht sehen. Das rasende Funkeln seiner Augen hätte ihn unweigerlich verraten. Die Blicke der Mitfahrenden, er spürte sie am ganzen Leib, er sah sie aus den Augenwinkeln, während er wie teilnahmslos Löcher in die Kabinenwand starrte. Aufgezwungene Apathie. Durchbohrend, erforschend, entlarvend schienen sie allesamt, diese nur auf ihn gerichteten Pupillen.

Was war das? Bei fünfzehn endete die Zahlenskala. Raus aus der Kabine, rein in die nächste, die ihn wieder nur einige Etagen empor brachte.

Ein Geschäftsmann auf Abwegen – Felix mit der Nachricht für den Sicherheitsdienst

Das gleiche Prozedere ein paar Mal. Nervtötend, dieser Höhenflug auf Raten.

Die Videokamera. Felix dachte unentwegt an sie. Wie gut hätte er sie jetzt gebrauchen können, wie gut ließe sich seine innere Zerrissenheit mit ihr auf digitale Großaufnahme bannen. Jede Schweißperle, jeden Moment der Anspannung, jedes Zucken seiner Muskeln wollte er festhalten. Bilder, die aus der Distanz der Hotelperspektive nicht einzufangen waren. Bilder, die zumindest ebenso spannend sein würden wie der bloße Sprung von dort oben, sofern es ihn überhaupt gab. Wie die Bordkameras in der Formel 1. Die hatten genau deshalb ihre Berechtigung, dachte Felix. Weil sie es zeigten – das Prickeln, die Rasanz der Abläufe, hautnah und unmittelbar, beinahe mit den Augen des Sportlers. Aus vierhundert Meter Entfernung war er nur als kleines Strichmännchen auszumachen. Ein anonymes Figürchen, nicht mehr. Ohne Gesicht, ohne Identität. Ja, sobald er allein war, würde er den Aktenkoffer aufreißen und seine *Bordkamera* herausholen. Keiner dieser für ihn so wichtigen Augenblicke durfte ungefilmt verstreichen.

Wie ein Marathonläufer, dachte er. So musste es sein. Mit jedem Meter, den er ungehindert weiter nach oben kam, mit jeder Minute, die er nicht abgefangen wurde und seinem Ziel näher zustrebte, wuchs der Drang, die Sache zu Ende zu bringen. Kurz vor Schluss aufgeben zu müssen – niemals.

Je höher die Etagenzahl, desto weniger Mitfahrende. Bis er sich mutterseelenallein wiederfand. Und im achtundachtzigsten Stockwerk ausstieg. Keine Menschenseele weit und breit. Die obersten Etagen waren offenbar nicht vermietet. Die Dachkuppel war jetzt zum Greifen nah.

Verdammter Mist. Eine Glastür. Verschlossen. Mit einem High-tech-Schloss. Alles hatte er mit – ein Werkzeugset für kleine Manipulationen, ein Funkgerät für den Kontakt mit der Bodenmannschaft, Ersatzbatterien, doch an einem Türschloss dieser Kategorie brauchte er sich nicht wichtig zu machen. Wer weiß, vielleicht war es alarmgesichert?

Rein in den Lift, runter in den siebenundachtzigsten Stock.

Letzte Vorbereitungen im 88. Stockwerk und der Weg nach draußen über den schmalen Kranarm

Fehlanzeige. Der Lift war für dieses Stockwerk nicht codiert. Wie auch die Etage unterhalb. Und eine weitere. Es war wie verhext. Endlich! Unendliche zehn Geschosse tiefer klappte es. Türen überall, ein Gewirr von Gängen, das reinste Labyrinth. Wie gut, dass er an einen Kompass gedacht hatte, um nicht die Orientierung und dabei die südwestliche Himmelsrichtung aus den Augen zu verlieren, dort, wo der Ausleger des Fensterputzerkrans an diesem Tag aus der Kuppel ragte. Drückend heiß war es hier im Achtundsiebzigsten. Die Klimaanlage nicht in Betrieb. Doch wozu auch, wenn niemand dafür bezahlte. Dazu die mehr und mehr nervenden Anfragen über Funk. Die Zeit dränge im Hotel, sagten die knarrenden Stimmen, sie hätten nur noch fünf Minuten. Dann müssten sie verschwinden, zischten sie ins Gerät. Der Manager sitze ihnen im Nacken.

Leitern rauf, Leitern runter. Türen auf, Türen zu. Winkelwerk. Treppen. Wände. Sackgassen. Dazwischen filmen: der Schweiß, die Anspannung, das Zucken. Und immer öfter der Blick hinaus. Kleine Spalten waren da, durch die er auf einen winzigen Balkon gelangen könnte. Vielleicht sollte er es von hier aus wagen. Wiewohl der Turm, einer Pyramide ähnlich, mit zunehmender Höhe immer weiter zurückversetzt war. Nicht bei gänzlich freier Falllinie zu springen, war teuflisch riskant. Wie damals beim Olympiaturm. Andererseits: So weit sein und dann die Flinte ins Korn werfen? Das schon gar nicht. Also womöglich doch mit einem mächtigen Anlauf und der Gefahr einer ungewollten Zwischenlandung nach fünfzehn, vielleicht zwanzig Metern?

Plötzlich schien außer Kraft gesetzt, was ihm Tracy über Jahre hinweg ins Bewusstsein geimpft hatte: Sicherheit geht über alles. Gegenteilige Beispiele gab es zur Genüge, Felix hatte selbst einige von ihnen kennen gelernt. Wie jenen Amerikaner, der mit dem Schirm an eine Felswand geprallt war. Immer und immer wieder drehte er gegen den Stein. Schon nach dem ersten Anprall hatte er das Bewusstsein verloren. Fünfzehn Operationen, weitere würden folgen – und die meisten davon hätte er sich ersparen können: Helm aufsetzen, mehr hätte es nicht bedurft.

Der Balanceakt Hunderte Meter über dem Boden

Dazwischen die stetig steigende Angst, bereits auf irgendeinem Videoschirm aufgetaucht zu sein oder anderweitig Alarm ausgelöst zu haben. Er musste sich beeilen. Sie würden ihn wohl schon suchen.

Sechzig Minuten waren verstrichen, das Kamerateam im Hotel vertrieben, draußen wie drinnen herrschte hektisches Treiben. Dazu der Zwiespalt zwischen Zeitdruck und ständigem Filmen-Müssen. Vielleicht hätte er doch Heli Tucek mit herauf nehmen sollen. Einen Ausweis hatten sie auch für ihn fabriziert. Er, Felix, fiel als Kleinwüchsiger unter den Kleinwüchsigen hier in Malaysia ja nicht auf. Aber Heli, der Hüne, der blonde Leuchtturm? Er stach einfach zu sehr hervor. Deshalb war er unten geblieben.

Nervös suchende Blicke auf dem Weg nach oben. Hektik, Stress, Getriebenheit.

Bis mit einem Mal die Gänge enger wurden, die Türen schmäler, die Räume enger aneinander. Ein paar Stufen und eine Klappe, die nach oben wies. Das musste er sein, der Zugang zur Turmkuppel.

Bedächtig drückte Felix mit der einen Hand die Falltüre auf. In der anderen hielt er ein Bündel Geldscheine, zehntausend Schilling in Ranggit. Er würde gleich damit winken und es den Fensterputzern zustecken, falls sie gerade Pause machten. Für sie ein Batzen Geld, im Vergleich zum Wert der Geschichte aber ein Pappenstiel. Nur zwei Minuten mussten sie so tun, als ob er gar nicht da wäre. Dann würde er gar nicht mehr da sein.

Eine Leere ungeahnter Dimension. Ein Monstrum von einer Kuppel, fünfzehn, zwanzig Meter im Durchmesser, der Grundrissform des Turms getreu als Oktogon gehalten, rundum Fenster, die reichlich Licht einfallen ließen. Im Südwesten ein Riese von einem Stahlarm, hydraulisch in, wie es schien, beliebiger Länge vom Mittelpunkt weg nach außen zu verlängern. Darüber gespannt und an den Enden auf Rollen geführt ein wuchtiges Stahlseil, von einer Winde an sonor brummendem Dieselmotor gezogen. Das war sie, seine Sprungbasis.

Ein prüfender Blick auf den ausziehbaren, schwenkbaren Kranarm. Auf ihm bis ans äußerste Ende zu balancieren – das würde sich blendend

Blick über Kuala Lumpur – eine Botschaft in die Videokamera, am Schirm hängend

machen auf dem Video, wäre da nicht dieses Stahlseil gewesen. Je schmaler der Ausleger wurde, desto riskanter. Noch dazu, wo einige dunkle Flecken schon aus der Entfernung zusätzliche Gefahr verrieten. Lachen von Hydrauliköl. Nur zu leicht konnte er ausrutschen und abstürzen, noch ehe er die Spitze des Auslegers erreicht hatte, jenen Punkt, an dem er sich in einer Flucht mit der Turmfassade und somit in freier Falllinie befände.

Balanceakt gestrichen. Vielmehr hinausrutschen auf dem Hosenboden, dorthin, wo der Stahlarm in einer Gabelung endete und das Seil nach unten zum Korb weiterlief. Und inbrünstiges Hoffen, dass der Arm nicht just in jenen Augenblicken eingezogen würde, da er mit gespreizten Beinen darauf saß.

Noch einmal die kleine Treppe nach unten, das Fußende mit dem Koffer samt Werkzeug und Tapeband drapiert, und dazu eine kleine Notiz: *To the Kuala Lumpur City Center: Thank you for that jump.* Dann der Griff zum Funkgerät.

Ein starres Genick vom ständigen Nach-oben-Starren und Filmen, die Angst, irgendwann irgendwem in dieser Position irgendwie verdächtig zu erscheinen, und dazu der schwindende Glaube ans Gelingen der Aktion. Helmut Tucek und der Red-Bull-Fotograf lagen ausgestreckt im Gras, den Blick unentwegt auf die Kuppel des Nordturmes gerichtet. Lange sechzig Minuten bereits. Das letzte Lebenszeichen von Felix hatten sie erhalten, als er auf einem der kleinen Balkone im Achtundsiebzigsten kauerte und bereits in Erwägung zog, von dort zu springen. Plötzlich ein Knistern und Knarren im Funk.

„Ich komme jetzt raus.“ Sekundenbruchteile danach schob sich ein kleines Männchen über den Kran ins Freie. Tatsächlich, da war er, nur mehr wenige Meter vom Ziel entfernt.

Ein Rückwärtssalto? Die Verlockung war groß. Was aber, wenn es schief ginge und er runterruderte? So eine Riesengeschichte, und dann

Acht Sekunden freier Fall

schlingert dieser Typ dahin. Peinlich, dachte Felix. Nein, aber dafür würde er es so richtig krachen lassen. Nicht wie gewöhnlich schon nach drei Sekunden den Schirm ziehen. Aufrichten, in Position gehen und …

Thomas Überall, ihn wollte er noch anrufen. Verdammter Mist. Kein Empfang auf dem Handy. Also doch aufrichten, in Position gehen … und ab.

Einundzwanzig, zweiundzwanzig …

Je rasanter Felix dem Boden entgegenraste, desto weniger war die silber-blitzblaue Fassade auszumachen. Nur mehr ein Strich im Vorüberhuschen. Und dazu dieses Mosaik auf dem Vorplatz, einzig aus der Höhe in seiner ganzen Wirkung auszumachen. Irritierend. Sein sonst so perfektes Gefühl für die Höhe war wie ausgeblendet.

Vierundzwanzig, fünfundzwanzig … Hundertsechzig, hundertsiebzig Kilometer pro Stunde mussten es schon sein, verhieß das Rauschen, mit dem sein abwärts stürzender Körper durch die Luft zog. Immer dieses Mosaik. Wie hoch war er tatsächlich? Da unten, der Verbindungssteg, die Brücke, das Charakteristikum der Twin Towers. Dort würde er ziehen, wie mit dem Fotografen vereinbart. Wegen der Optik fürs Foto.

Siebenundzwanzig, achtundzwanzig … rrrrratsch. Das typische Krachen des aufschnellenden Schirms, und Bruchteile danach Dutzende Augenpaare, die, vom Lärm angelockt, gebannt nach oben starrten.

Momente später die Landung im Park und den Schirm zu einem Knäuel überworfen. Sekunden danach ein schrilles Pfeifen im Ohr. Die Parkwachen. „Stopp", schrieen sie ihm nach.

Hatten sie mitbekommen, was er getan hatte? Wohl kaum. Vielmehr sahen sie einen, der hastig etwas zu-

Der Triumph, das Einpacken und die Flucht

sammenrollte, wie von der Tarantel gestochen davonlief und dabei seine „Beute" unter den Arm geklemmt hatte. Nach einigen Metern ließen sie es bleiben – und Felix ziehen.

Ein Sprung ins Gebüsch. Ein wenig verschnaufen. Und der Griff zum Telefon. „Tom, ich bin gesprungen."

Der Plärrer, den Thomas Überall losließ, ließ das ganze Büro zusammenlaufen. Felix kauerte in seinem Versteck. Er wolle ein wenig Gras über die Sache wachsen lassen, wisperte er ins Telefon. Dann würde er sich bei Tom neuerlich melden.

Immer noch trug Felix sein Business-Outfit – Anzughose, weißes Hemd, Krawatte, Brille. Er wollte auf dem Video auch bei der Landung als das gelten, was er an diesem Tag war: ein Geschäftsmann, zugegebenermaßen ein Geschäftsmann auf Abwegen. Die Sprungbekleidung hatte er bewusst im Hotel gelassen. Seine Botschaft war die eines Geschäftsmannes. Und die Botschaft des Sponsors kam ohnedies rüber, sobald der Schirm in voller Größe zu sehen war.

Rückweg ins Hotel. Wieder und wieder Pausen, wieder und wieder Umwege, um die Spuren zu verwischen. Wieder und wieder das Gefühl, verfolgt zu werden. Hundertmal umdrehen. Als würde er im nächsten Moment Opfer eines Überfalls werden. Als seien ihm Verbrecher auf den Fersen, die nur eines wollten: seinen Sprung rauben. Zugleich aber die zunehmende Gewissheit, der Held der Szene zu sein. Und nicht nur das. Alle Welt würde aufmerksam werden auf ihn, er, der als erster Mensch vom höchsten Gebäude der Welt gesprungen war. Und das mit einer besseren Kinderkarte als Zutrittserlaubnis, dachte Felix. Unglaublich – in einem Gebäude, wo Zigtausende Menschen arbeiteten. Kein Hologramm, kein Check über die Iris oder Fingerabdrücke, ja nicht einmal ein banaler Code. Wäre er als Terrorist mit einer Höllenmaschine hinein marschiert, hätte es auch keinen gejuckt.

Jetzt aber nur mehr eins: zurück ins Zimmer, ein Gläschen Sekt, und keine Strapazen mehr, einzig Ruhe, Ruhe, Ruhe.

Nach getaner Arbeit auf dem Dach des Marriott Hotels: Baumgartner und Tucek

Das unselige Betthupferl

Ruhe versprach auch der ungeduldig-fragende Blick, der seit geraumer Zeit auf Felix und Heli ruhte. Ruhe inmitten gesiebter Luft.

„Entweder Sie unterschreiben diese fünf Blankoformulare und ich fülle sie später aus; andernfalls kauen wir alles noch einmal von vorne durch und Sie sitzen in fünf Stunden auch noch da. Oder Sie bleiben längere Zeit bei uns."

Die Aufforderung des Kommandanten der Polizeistation war unmissverständlich. Wie hatten sie auch nur so verrückt sein können. Alles war perfekt abgelaufen. Der Plan, der Sprung, die Flucht. Und dann dieser Übermut, dieser unselige Drang, der mit ihnen durchgegangen war. Ein letztes „Betthupferl" sollte es sein, hundertfünfzehn Meter tief, vor dem

	DATE 4:12 P.M. APR. 15. 99		LOCATION KUALA LUMPUR, MALAYSIA TWIN TOWERS PETRONAS BUILDING	
S	E	OTHER	CATEGORY WORLD HIGHEST BUILDING # 1	HEIGHT EXIT / OVERALL 451 m !!
	DELAY :07	TOTAL FREEFALL		LANDING STAND UP KLCC - PARK

Twin Towers – der Eintrag ins Sprungbuch

Schlafengehen, am Abend vor der Abreise, ein Sprung vom Marriott Hotel, wo sie Quartier bezogen hatten. Schon beim ersten Besuch in Kuala Lumpur waren Felix und Tracy das eine oder andere Mal gesprungen. Keiner hatte sich daran gestoßen. Am helllichten Tag nicht. Ja, der Boy vor dem Hoteleingang hatte ihnen sogar salutierend die Türe aufgehalten, als sie mit ihren Fallschirmen unterm Arm des Weges gekommen waren.

Warum also nicht auch jetzt? Vorher hätten sie es nicht riskiert, um das Projekt nicht zu gefährden. Aber nun, da schon einmal alles vorbei war … Ein Hupferl am Abend, wohltuend und labend.

Stattdessen schmachteten sie in Polizeigewahrsam, in einem muffigen, von diffusem Neonlicht erleuchteten Raum voller Spinnweben, toter Fliegen, Geckos und Kakerlaken. Wie musste da erst der Kerker aussehen, in den für längere Zeit zu wandern sie nun ernsthaft Gefahr liefen!

Dabei wäre die Flucht beinahe geglückt, wäre da nicht diese Sackgasse gewesen. Rein in die Tankstellentoilette als vielleicht doch noch rettende Zuflucht vor den Häschern. Stilles Harren im Versteck. Hoffen, nicht gesehen zu werden. Die klassische Vogel-Strauß-Politik. Bis ihre Verfolger samt Verstärkung anklopften. „Ich stürme raus und schlage wild um mich“, hatte Felix Heli ins Ohr gezischt. „Besser nicht“, hatte Heli zurückgezischt. „Das macht es nur noch schlimmer.“

So aber schien ja alles halb so schlimm. Ihr Erklärungsversuch, sie würden immer am Abend mit dem Schirm unterm Arm joggen, hatte zwar nicht wirklich gezogen, doch es setzte wenigstens bloß Hausarrest im Hotelzimmer. Vorerst. Was zumindest Zeit wie Gelegenheit schuf, Thomas Überall anzurufen und von der Notlage in Kenntnis zu setzen. Die leise Hoffnung: War erst einmal außer Landes bekannt, dass sie Probleme hatten, würde man sie nicht so leicht in irgendeinem Gefängnis verschwinden lassen können. Hausarrest im Hotelzimmer, das schuf auch Zeit wie Gelegenheit, auf dem Dach des Hotels ein paar Dinge zu verstecken, die keinesfalls beschlagnahmt werden durften: Helis Video war eines dieser Dinge.

Zwei Stunden waren verstrichen. „Die haben uns vergessen!“ Dass

Brückensprung in Portugal: Felix, der perfekte Selbstvermarkter...

sie das nicht hatten, bewies das plötzliche Pochen an der Zimmertür – und ihrer beider mitternächtlicher Auftritt auf dieser Polizeistation.

Nun war es an der Zeit, ein wenig zu pokern und den letzten, ja den einzigen Trumpf aus dem Ärmel zu ziehen. „Wir sind Schauspringer und müssen morgen beim Grand Prix in Sepang auftreten. Wissen Sie, diese Sache beim Hotel – das war eine Art Abschlusstraining. Bei uns in Österreich ist das erlaubt. Hätten wir gewusst, dass Hotelsprünge hier verboten sind, wir hätten es doch niemals gewagt … "

Dazu die Geschichte vom Weltmeistertitel in den USA. Felix und Heli hatten den Rat Thomas Überalls beherzigt und sich möglichst kooperativ gezeigt. Nur nicht anecken. Die Angst saß im Nacken. Wer wusste schon, was sie erwartete? Ein paar Drogen waren ihnen rasch untergejubelt, durchzuckte es Felix. In einem Land, wo auf schwere Rauschgiftvergehen die Todesstrafe stand, war unbedrohtes Altern ein Luxus, den sich nur die Unauffälligen, die Angepassten leisten konnten.

Diese letzte Erklärung erachtete der Polizeichef als das Plausibelste, was die beiden komischen Vögel bisher aufs Tapet gebracht hatten. Ärger mit Ausländern, die überdies keine gänzlich Unbekannten waren und ständig vom Grand Prix in Sepang schwafelten, wollte auch er nicht. Zudem bogen die Zeiger in die Fünf-Uhr-früh-Zielgerade.

Eineinhalb Stunden danach saßen Felix und Heli mitsamt ihrer Ausrüstung im Taxi, auf dem Weg ins Hotel und danach Richtung Sepang. Dass sie frei waren, hieß wohl, dass der Turmsprung noch nicht publik geworden war. Mit der Ausstrahlung würde Felix jedenfalls noch zuwarten – zumindest, bis sie von malaysischem Boden abgehoben hatten. Wer wusste schon, was den Behörden sonst noch einfiel …

Die Sucht nach mehr

„Kleine Häppchen für Zwischendurch helfen schon. Da ein Sprung von der Drachenwand, dort einer in ein volles Stadion. Auch wenn es nicht jedes Mal ultra-hardcore abgeht, so muss ich doch sagen können: Puh, das war wieder knapp! Bis der Reiz der ganz großen Geschichten nicht mehr zu bändigen ist. Da brennt das Feuer, und ich muss es löschen."

Über Aufbruch und Durchbruch

Das Erstaunen der Security-Leute, wenn sie seine Nachricht fänden. Der Ärger, den sie wegen ihrer Nachlässigkeit bekommen würden. Und erst das lange Gesicht des Polizeichefs! Felix Gedanken kreisten auf dem Rückflug in die Heimat um nichts anderes. Am liebsten hätte er Freude und Erfolg mit allen geteilt, die ganze Welt umarmt. Stattdessen umarmte die Welt ihn. Eine Überraschungsparty auf dem Rollfeld des Salzburger Flughafens. 20. April – der Tag der Rückkehr war Felix' dreißigster Geburtstag – und Mutter Eva hatte zusammengetrommelt, was Rang, Namen und Füße hatte. Thomas Überall, Kollegen der Porsche Bank, wo Felix gelegentlich als Bote arbeitete. Selbst Tracy war von einem Trainingslager aus Norwegen herbeigejettet. Und dazu ein riesiger Medienrummel, der über ihn hereinbrach. Erstmals und in aller Vehemenz. Wochenlang stand das Telefon nicht still. Interviews, TV-Auftritte, Medienberichte in aller Welt. Der Sieg beim Bridgeday war ein Aufbruch in ein neues Leben gewesen, die Twin Towers aber bedeuteten den Durchbruch.

... und auch in kritischen Momenten ein Showman

Jesus – der Sprung des Lebens

Die Momente vor dem Absprung. Ein Flug mit der Wingsuit über Rio

„Zufall: das Mögliche, das eintreten kann, aber nicht eintreten muss; 2) das, was einer Sache nicht wesentlich zukommt, das Akzidentelle (im Unterschied zum Wesen); 3) das, was so oder so auch anders sein könnte, das Kontingente im Unterschied zum absolut Notwendigen" (Aus: *Brockhaus – die Enzyklopädie*).

Felix braucht den Zufall, um gegen ihn vorgehen zu können. Rio war ein solcher Zufall. Frei Haus nach Salzburg geliefert via TV-Dokumentation in bekannten Bildern einer vielerorts fremden Welt.

Da der Zuckerhut, fernreisenden Kosmopoliten ein Muss, daheim gebliebenen Ignoranten eine Süßspeise.

Jesus.

Dort die Bucht von Copacabana – welch harmonischer Schnitt von einer Landsichel inmitten aufwühlender See.

Jesus.

Da der Strand von Ipanema – zuckerbraune Mädchen auf dem Tummelplatz landläufiger Klischees.

Jesus.

Dort der Botanische Garten …

Jesus. Jedes zweite Bild Jesus. Der 1145 Tonnen mächtige Riese aus Stahlbeton hoch droben am Corcovado, siebenhundertzehn Meter über dem Meer thronend. Jesus – Sinnbild schlichter Erhabenheit. Jesus – Garant spiritueller Ergriffenheit über alle Grenzen der Religiosität hinweg. Jesus – zwei reichlich ausladende Arme, Arme wie Reiche der Millionenstadt Rio de Janeiro gleichermaßen bewachend. So wollte es einst Kardinal Sebastião Leme, als er den eben erst geschaffenen Koloss im Oktober des Jahres 1930 dem Volk weihte. Doch seine Fürbitten, das Land zu leiten und vor allem Unheil zu bewahren, blieben bis heute ungehört. So wollten es Architekt, Bildhauer und Physiker Heitor Silva Costa, Paul Landowski und Guglielmo Marconi, als sie einen monumentalen Beschützer von achtunddreißig Meter

Höhe auf ein mächtiges Geviert aus Beton klotzten. Und so wollen es die Menschen auch heute noch, als könnte ihr fester Glaube der Erlöserstatue *cristo redentor* Antrieb und Auftrag zu Wundertaten sein.

Die grenzenlose Weite, welche diese beiden Arme zu umfangen scheinen, nimmt gefangen. Ausnahmslos. Mit Ausnahme von Felix. Bei ihm war es vom ersten Moment an die Höhe, die ihn fing, ihm dieses eine Jesusbild nicht mehr aus dem Sinn schwinden ließ, ihn fortan einer neuen fixen Idee untertan machte. Menschen wie du und ich denken nicht den Bruchteil einer Sekunde an den Abstand einer Handober- von einer bedrohlich nah darunter liegenden Felsoberkante. Menschen seines Schlages denken ausschließlich in Bruchteilen von Sekunden, die es dauern kann, von eben dieser Handoberkante zu springen und auf eben jener Felsoberkante zu zerschellen. Und was sich tun lässt, Letzteres tunlichst zu unterlassen.

„A lässige G'schicht" dachte Felix vor dem Fernsehschirm.

„A G'schicht", die seinem Zuschnitt entsprach: spektakulär, plakativ, (medien-) wirksam, kompliziert und im Risiko kalkulierbar. Gleich unterhalb des *cristo redentor* fiel der Corcovado steil über schroffes Felsgelände ab. Das würde den (theoretischen) Aufschlagpunkt entscheidend nach unten verlagern, die Falltiefe bis zum Öffnen seines Fallschirmes beträchtlich verlängern, auf fünfzig Meter zumindest. Soweit die erste Ferndiagnose. Sofern er sich kräftig und weit genug abstieß. Genug jedenfalls für einen Extremsportler à la Felix Baumgartner. Sprünge aus fünfzig Meter Höhe würden einem Mann seines Formats kaum den Nacken in Angstschweiß tränken, Sprünge wie dieser wären zwar nicht gerade ein Klacks, aber machbar. Vorausgesetzt, man hatte Ähnliches bereits absolviert. Felix hatte. Was hier zählte, war die Location, der Kick, sich erst in Gottes Hand zu begeben, um hernach aus ihr zu springen, ihr gleichsam zu entspringen. Doch erstens kommt es anders – und zweitens als man denkt.

Kaum merklich war es, aber dieses Mal gestaltete sich von Anbeginn alles anders. Einschlägige Literatur über *cristo redentor* machte Felix ein Ausspähen vor Ort überflüssig. Er war vor wenigen Monaten als erster Mensch

Copacabana – einfach nur die Seele baumeln lassen

per Fallschirm vom höchsten Gebäude der Welt gehechtet und wollte diesem „Gesellenstreich" nun das meisterhafte Gegenstück folgen lassen. Den tiefsten BASE-Sprung von einem Gebäude, wenn man so will. Brücke, Fels oder Antennenmast war die Jesusstatue jedenfalls nicht. Schon eher eine Art Haus.

Felix wusste, was zu wissen war. Erstmals also kein Sondieren der Lage direkt am Schauplatz des späteren Geschehens. Nicht wie beim Olympiaturm in München, nicht wie bei den Petronas Towers in Kuala Lumpur, nicht wie überall bisher.

Doch wozu auch? Selbst das kleinste Geheimnis war diesem Jesus von Rio geraubt worden, alles war geregelt, alles vermessen: jede Falte des in Stein gelegten, wallenden Umhangs; jeder Arm in Länge und Gewicht; der Neigungswinkel der Nase, die Dichte des spitzen Bartes, ja sogar der Kopfumfang verfügte – schien es – über touristischen Belang. Ein Maßnehmen der Superlative, das einem bildhauerischen Giganten der Superlative gerade Genüge leisten konnte.

Sportlichkeit ist ... die Stiege zu verschmähen

Sportsgeist ist die Synthese aus Sportlichkeit und Geist. Das erahnte Felix, als er noch in Salzburg den Weg bis scharf an die Unterkante des geneigten Hauptes Jesu wie vom Reißbrett plante. Ein Leichtes wäre es gewesen, das filigrane Vorhängeschloss zur kleinen Kapelle im Sockel der Statue zu knacken. Ein Leichtes, im Betonfuß der heiligen Stätte ein versperrtes Scherengitter zu überwinden. Ein Leichtes, die Stufen über Unterleib, Bauch und Brust im hohlen Inneren des Kolosses empor zu steigen und über die Ausstiegsluke seine Absprungbasis zu erklimmen. Und ein ebenso Leichtes wäre es gewesen, durch diesen, wenn auch lachhaft klein erscheinenden, kriminellen Akt dem ohnedies stigmatisierten Sport des Felix B. einen Bärendienst zu erweisen. Ohne Erlaubnis Jesus von der Hand und dem Tod von der Schaufel zu springen, wäre ziemlich verrückt, doch noch lange kein Sakrileg gewesen. Wohl aber, mit Füßen das Heiligtum eines Landes zu treten, das seinen Bewohnern nach Jahrzehnten

Eine Armbrust als Wegbereiter auf den Arm Jesu

abendländischer Ausbeutung außer Samba, Fußball und dem Recht auf Gottesfürchtigkeit nur mehr wenig zu bieten vermag. Und all das nur, weil ein selbstsüchtiger Dreißigjähriger auf Egotrip durch die Lande ziehen wollte? Das Gespür dafür brachte Felix auf den Nenner: „Schlösser knacken ist uncool."

Was blieb, war ein Griff in die Trickkiste. Den Anstoß lieferte ein Besuch im Kino: für die einen ein Wechselbad aus Popcornrascheln, bannender Leinwanddramatik und bloßer Lust auf unterhaltsame Zerstreuung, für Felix aber immer wieder ein Hort, in den er sich gerne auf Ideenfang begab. *„The Rock – Entscheidung auf Alcatraz"*. Ein Klassiker zwischen Giftgasattacken, Gefängnishölle, Anarchie und Regierungstrottelei, der neben Nicolas Cage, Sean Connery und Bösewicht Ed Harris vor allem zweierlei hat: eine unüberwindbare Schlucht und dazu eine Armbrust, die das Unüberwindbare überwindbar macht.

Eine Armbrust?

Die Idee, in die Sprache unkundiger Laien übersetzt: Man nehme eine Armbrust, schieße einen Pfeil samt Anhang (Seil) über den Arm einer

Bergsteigen in Rio – Abseilen zum Exit-Punkt am Finger Gottes

Jesusstatue, am besten jener in Rio de Janeiro, kletterte an diesem Strang empor, schnalle einen Fallschirm um Lende und Schultern und springe damit aus geringer Höhe, nein: Tiefe, in die Tiefe.

007 hätte nicht anders gedacht. Könnte man meinen. Wäre da nicht dieses unscheinbare, aber mit aller Beharrlichkeit wiederkehrende Phänomen: Wirklich schwierig ist, was wirklich einfach wirkt.

Eine Armbrust also. Schützenvereine in Stadt und Land Salzburg dienten Felix fortan als Ratgeber, ohne dass deren Mitglieder geahnt hätten, wem sie welche Tipps und vor allem zu welchem Behufe gaben.

Fragen über Fragen, die ein unberechenbares Element in sich bargen: den Zufall. Welche Armbrusttypen mit welchen Techniken gab es? Wie waren sie zu bedienen? Welche Vorspannkraft brauchte es, um mit einer möglichst dünnen Leine im Schlepptau dreißig Meter bis zur Handoberkante und retour bis zur Felsoberkante zu gelangen? Sechzig Meter in Summe. Welcher Pfeil hatte genügend Beständigkeit in Abzug und Flugrichtung? Und vor allem: Welcher Faden war so leicht wie schnell und reißfest genug?

Die erste Wahl fiel auf Jalousienschnüre, bloß: Sie ließen bereits, wie Erkundungen zeigten, nach zehn Meter Flug den Pfeil kraft- und schwunglos zurück taumeln. Ebenso (vorerst) das Nylonwerk aus dem Reich der Fischerei, etwa Schnüre des Typus „Fast fly". Die Erkenntnis: Alles, was über eine Rolle aufgewickelt würde, war unbrauchbar. Sollte die Schnur der Zugkraft des Pfeils folgen, mussten sich dreißig Meter in einer knappen Sekunde abspulen. Das packte die beste Spule nicht.

Abhilfe verschaffte das Prinzip des guten alten Spagats, der – industriell in sich aufgewickelt –

Spirit aufnehmen

Eine Drehpause mit ...

Flug mit der Wingsuit ...

... Regisseur Jan Hindrik

... letzte Bilder vor dem Abheben

den geringsten Reibungsverlust versprach. Das Ganze umgelegt auf eine hauchdünne Nylonschnur, die jedoch stark genug sein musste, die Last eines sechzig Meter langen Kletterseils zu tragen.

So weit die nackte Theorie. Geprobt wurde praktisch vor Felix' Haustür am Stadtrand von Salzburg auf dem Gelände eines Spanplattenerzeugers. Ein Baukran war auserwählt, Antworten auf die vielen offenen Fragen zu geben: „In welchem Winkel muss ich anhalten? Wie stark ist die Reibung der Schnur? Reicht die Spannkraft der Armbrust, eines sündteuren Exemplars aus dem Fundus eines Wiener Sportwarenhändlers?"

Akribisches Vorgehen der Marke Baumgartner gegen die Unbilden des Zufalls: „Komme ich erst in Rio drauf, dass hinten und vorne nichts funktioniert, werden die Leute denken: Da hat einer seine Hausaufgaben nicht gemacht."

Gedanken, die zu hegen speziell dem Hauptsponsor nicht zu verübeln gewesen wären. Abenteuerlust war eine Sache, Verschwendung aus blankem Dilettantismus eine andere. Perfektionismus in Reinkultur war gefragt, die Palette möglicher Wege dorthin lieferte Felix Baumgartner. „Das schulde ich jenen, die Vertrauen in mich setzen." Doch in erster Linie war und ist es eine Schuld, die er sich selbst leistet. Auch einer wie er, nein: gerade einer wie er will leben, will überleben.

Wie sag ich's meinem Zöllner?

Eine Armbrust als Waffe zu bezeichnen, das schien doch in diesem ganz speziellen Fall wirklich übertrieben, ja geradezu pingelig, oder? Nur: Wie sag ich's meinem Zöllner?

Gut gemeinter Rat samt Branchenwissen eines Salzburger Speditionsexperten half, das nicht zu tun, was zu tun gewesen wäre, um dem Gesetz zu seiner Gültigkeit zu verhelfen. „Schick alles mit offiziellen Papieren rüber nach Rio", hatte er empfohlen. „Dann hast du das Zeug nach ein paar Wochen aus dem Zoll raus."

Blick auf den Corcovado und IHN

Ein paar Wochen? Das wären genau ein paar Wochen zu viel. Abschreckende Beispiele im eigenen Land gab es in Hülle und Fülle. Wer wusste, auf welche Gedanken erst der brasilianische Behördenhengst käme, hätte er über Wochen hinweg eine Armbrust from little Austria vor sich liegen und reichlich Zeit, über deren Zweck hier in Brasilien zu tüfteln. Nicht zu wecken galt es die schlafenden Hunde, überrumpeln, im Dahindösen übertölpeln musste man sie! Am besten mit einem gesunden Mix aus professioneller Kaltschnäuzigkeit und aufgesetzter Arglosigkeit. Quasi mit eigener Vielfalt der (erhofften) Einfalt des Anderen ein Schnippchen schlagen.

Ein zweiter Hinweis des Spediteurs aber sollte sich in der Tat als goldeswert entpuppen. Ein Hinweis, der es Felix schon im Vorfeld des Projektes ermöglichte, ein weiteres Mal in die Trickkiste zu greifen. Ein Hinweis, der es erlaubte, Antworten zu entwickeln und parat zu haben auf Fragen, die jederzeit möglich waren. Fragen, die ohne prompte Antworten das Projekt zum Platzen bringen würden. „Das ist unprofessionell", schoss es Felix durch den Kopf. Sie mussten um jeden Preis auf ein Minimum reduziert werden – diese Chancen des Zufalls.

Der elfte September hat viel verändert, nicht zuletzt die Sicherheitsstandards auf Flughäfen in aller Welt. Davor war es nur auf ganz wenigen Airports gang und gäbe, das Gepäck Ankommender auch beim Auschecken noch einmal zu durchleuchten. Rio ist und Rio war anders. Rio hatte ihn, den Röntgenblick für Ankömmlinge. Das war der goldene Tipp gewesen.

November 1999, Rio de Janeiro, Airport, Einreise, Zollkontrolle, Endstation?

Drei massige Taschen hatte Felix vom Förderband gehoben, eben erst aus dem Bauch des Jets gespuckt. Schon die erste ließ beim Durchlaufen des Röntgenauges die Alarmglocken schrillen.

„What's that?", entfuhr es dem Mann am Gerät. Es war, wonach es aussah. Eine Armbrust.

Ein Griff in die Jackentasche und Felix rieb dem Zollbeamten mit

Größenwahn?

„Ich habe tausend Ideen. Zum Beispiel eine Felix-Baumgartner-Puppe von Martell. Kinder sind das beste Medium, um deinen Namen weltweit zu promoten. Spiderman, Superman, Batman – alles Fiktion. Mich gibt es wirklich – *the wingman*. Mit einem kleinen Flügel, den du beim Fenster rausschießen kannst. Die Buben können ihrem Helden einen kleinen Porsche dazu kaufen, die Mädels können ihn ausziehen und baden..."

aller Forschheit, die ihm in solchem Moment angemessen erschien, einen Mitgliedsausweis der Österreichischen Bogensportvereinigung unter die Nase. Nationalmannschaft versteht sich. Am Computer in Salzburg hergestellt, beinahe echt und fein in Plastik einlaminiert. Das System dieser „Zutrittskarte für alle Fälle" hatte sich bereits bei den Twin Towers bewährt. „Die Jungs können das sowieso nicht lesen", war Felix' wenig schmeichelhafter Gedanke gewesen, als er das gute Stück fabrizierte. Schmeichelhaft – nein, effizient – ja. *Dem Inhaber und Träger dieses Ausweises ist es gestattet, sein Wettkampfsportgerät auf dem Weg vom Heimatort zur Wettkampfstätte und wieder retour bei sich zu führen.* Punktum und Stempel. Drei brasilianische Zollamtsgesichter zeigten sich erstaunt und beeindruckt.

Dann die zweite Tasche. „Is it also yours?"

It was.

Der Inhalt: Seile, Kletterhaken, Karabiner, sprich – alles, was ein Bogenschütze nicht braucht, wenn er Brasilien bereist. Verlegenheit war fehl am Platz. „Ich gehe nebenbei auch ein wenig bergsteigen." Schließlich dauere so ein Bogenwettkampf keine Ewigkeit, man müsse sich ja irgendwie die Zeit bis zum Rückflug vertreiben. Und Brasilien sei, hörte Felix sich sagen, bekannt für seine herausfordernden Routen. Außerdem habe ein echter Bergfex kaum Vertrauen in Material, das er irgendwo in der Fremde entleihen müsse. Ein Taucher erstickt auch am liebsten mit den eigenen Flaschen.

Fallschirme. Die dritte Tasche war nur mehr Draufgabe.

„You must be a sportsman."

He was.

Geschafft! Der schwerste Brocken war gewiss die Armbrust gewesen. Ein Gerät dieser Qualität war in Brasilien nicht zu bekommen. Und schon gar nicht ein umgelenktes Modell, eines, das, vereinfacht gesprochen, im Flaschenzugsystem funktioniert und somit beim Spannen weit geringere Kräfte erforderlich macht. Für ein vermeintliches Mitglied des Bogen-Nationalteams zwar kein Präludium einer Ruhmeshymne – andererseits verfügte beim brasilianischen Zoll niemand über derartiges Fachwissen.

Ein beinahe echter Ausweis

Vom Uberschwang zum fehlenden Überhang

Tracy Lee Walker hatte sich bis dahin dezent im Hintergrund gehalten. Sein Part, jener des Beraters, jener des an BASE-Springer-Jahren und daher an Erfahrung Reicheren, sollte erst jetzt beginnen. Er hatte Felix zum Extremfallschirmsport gebracht und wollte nun als sein Freund und Lehrer dafür Sorge tragen, dass er heil aus dieser Geschichte herauskam. Soweit ihm dies möglich erschien. So entbehrlich Felix Tracys Hilfe noch in Kuala Lumpur erachtet hatte, so unabdingbar schien sie ihm hier zu sein. Das instinktive Setzen auf die richtige Karte.

Monate des Vorbereitens, Monate der Verinnerlichung des Projekts, Monate des Sinnierens und Zweifelns waren vorbei. Nun führte Felix' erster Weg ihn dorthin, von wo ihn sein allerletzter, wie er hoffte, nicht wegführen würde: zu IHM, zum Corcovado, wo ER hoch droben residierte. In Baumgartner-Diktion: „Ich musste sofort nach der Ankunft *Spirit* aufnehmen."

Der Überschwang ob des geschlagenen Zoll-Schnippchens kannte schier keine Grenzen. Welche ihm aber nur Stunden später einer aufzeigte, der über kleine Schwindeleien solcher Art erhaben ist – nämlich ER.

Oder besser gesagt SEIN rechter Arm. Oder noch besser gesagt das Ende SEINES rechten Arms. Denn das war um das berühmte bisschen zu kurz. Ein Fingerzeig war es demnach, der die Euphorie des Himmelsstürmers Felix B. abrupt und jäh einbremste.

Erstmals tauchte die Neunundzwanzig auf, eine magische Zahl. Neunundzwanzig Meter betrug das Maß von der äußersten linken bis zur äußersten rechten Fingerkuppe der Erlöserstatue. Und auf neunundzwanzig Meter belief sich auch die Höhe von der Handoberkante bis zur Plattform.

Der Verdacht war aufgekeimt, als Felix und Tracy am Fuße des *cristo redentor* die Köpfe in den Nacken geworfen und steil nach oben geblickt hatten. „Sieht verdammt knapp aus." Der Eindruck sollte nicht täuschen. Und die Erkenntnis reifte vollends, als Tracy an der Steinbrüstung unterhalb der Statue einen Laternenmast erklomm und mit einem Stein an einem Faden ein

provisorisches Lot installierte. Von wegen Überhang der Hand: Der senkrechte Blick gen Himmel endete in den Fingerkuppen der Jesusfigur. Was nutzte der steil abfallende, die Falllinie verlängernde Fels, wenn man erst gar nicht bis dorthin kam? Der Architekt hatte die Möglichkeit eines Fallschirmsprungs von der Hand Jesu nicht ins Kalkül gezogen, ja schlichtweg ignoriert und den rechten Arm exakt dort enden lassen, wo neunundzwanzig Meter tiefer ein Geländer der Plattform als Einfriedung diente.

Neunundzwanzig Meter! Neunundzwanzig Meter von der Handober- bis zur Felsoberkante. Aus nur neunundzwanzig Meter „Höhe" hatte es noch niemand gewagt. Tracy waren schon viele verwegene Burschen begegnet, aber keiner, der durch einen Fallschirmsprung aus neunundzwanzig Meter „Höhe" nicht das Zeitliche gesegnet hätte. fünfundvierzig seien safe, meinte Tracy, über Wasser hätten sie das in Deutschland schon gemacht. Aber neunundzwanzig über Beton oder Fels oder Stein? Das war megatief.

Der Anfang vom Ende?

Das bloße Ende eines Anfangs.

Ein Müllsack als Lebensspender

Der Ansatz einer denkbaren Lösung hieß Niteroi. Niteroi hatte die Idealmaße von 7880 zu vierzig. Niteroi überspannte auf 7880 Meter Länge die Bucht von Guanabara. Niteroi war eine Balkenbrücke und führte vierzig Meter hoch auf Fahrbahnniveau über Wasser. Niteroi war der ideale Ort für einen Testsprung.

Sprünge dieser Kategorie bedurften einer speziellen, einer in höchstem Maße ausgefeilten Technik. Bei Höhen von neunzig oder achtzig oder auch nur siebzig Meter genügte ein kleiner Hilfsschirm, der sich – beim Absprung aus der geballten Faust des Springers geschleudert – blitzschnell aufblähte und so half, den Hauptschirm schneller als gewöhnlich zu öffnen. Hier war die Situation eine gänzlich andere. Niemand konnte mit Sicherheit, ja mit lebenserhaltender Verlässlichkeit sagen, wie lange Felix' Schirm

... und von der besten Seite

brauchen würde, um sich vollständig gegen den freien Fall zu stemmen. Einschlägige Vergleichswerte fehlten. Nur so viel war klar: Mit dem kleinen Fetzen Stoff von einem Hilfsschirm würde es auf jeden Fall zu lange dauern. Neunundzwanzig Meter hießen: Vom Moment des Absprungs bis zum Moment des Aufschlags blieben den Gesetzen der Schwerkraft gemäß zweieinhalb Sekunden. Nicht gerade eine Ewigkeit. Vielmehr verdammt wenig Zeit, wollte man nicht schnurstracks in genau diese Ewigkeit eingehen.

Tracy entsann sich neuerlich des Fünfundvierzig-Meter-Akts in Deutschland. „Wir mussten die Aufziehleine zwischen Hilfs- und Hauptschirm oben an einer Brücken-Traverse befestigen.“ Damit der Springer aber nicht an dieser fixierten Leine hängen blieb und gleich einem Käfer im Spinnennetz am Schirm zappelte, musste eine Sollbruchstelle eingebaut werden. Damals hatte eine spezielle Reißleine diesen Zweck erfüllt. Sie hatte bei exakt fünfundzwanzig Kilogramm Belastung zu bersten. Nahm man die Schnur zweifach, erhöhte sich die Sollbruchstelle auf das Doppelte des Gewichts. Eine dreifache Leinenführung ergab demnach fünfundsiebzig Kilo, den für diesen Sprung erwünschten Wert. Diese Art von Leinen wurde unter höchstem technologischem Aufwand für militärische Zwecke entwickelt und hergestellt. Darauf war hundertprozentig Verlass. Als ehemaliger Springer der österreichischen Heeressport- und Nahkampfschule hatte Felix Erfahrung mit und Zugang zu solchen Reißleinen.

Hier aber war Brasilien. Zwar gab es Militär in Hülle und Fülle, Reißleinen dieser Art aber waren – zumindest im freien Handel – ein Fremdwort. Existierten sie überhaupt, so bloß in Heeresbeständen. Und dort hätte man sie einem österreichischen Jesusakrobaten bestenfalls verpasst, um ihn darin eingewickelt hinter brasilianische Gardinen zu verfrachten.

Fest stand auch: Ein etwaiger Gehilfe, der mit Felix die Statue erklimmen und ihm beim Absprung die Aufziehleine herausreißen würde, kam nicht in Frage. „Schlecht fürs Foto“, wiegelte Felix ab. „Wenn da oben zwei mit hochroten Köpfen herumtanzen, ist der ganze Spirit beim Teufel.“ Ja, wieder dieser Spirit. Und außerdem „ist das eine Geschichte zwischen

Nervenstärke?

„Ich kann nur schwer verlieren oder Kritik einstecken. Direkter Wettkampf ist mir ein Gräuel. Ich will mich nicht im direkten Duell messen. Bei Gefahr habe ich Nerven wie Drahtseile und kann in Sekundenschnelle Entscheidungen treffen. Bei meinen Geschichten geht es um Herausforderung und meist ums Überleben. Gewinne ich, bin ich der Held. Verliere ich, weiß ich, wer Schuld dran ist. Der Einzige, der mir im Nacken sitzt, ist der Tod. Und mit dem habe ich gelernt umzugehen."

dem Jesus und mir!" Das Starker-Mann-Image nahm mit einem Mal selbst das Ruder in die Hand und ließ Felix in feinstem James-B.-Pathos sagen: „Ich muss da durch, ich habe eine Mission zu erfüllen ..."

Fazit: Keine Reißleine. Ein Ersatz musste her.

Wiederum brachte Tracy seine Erfahrungen ein. „In Norwegen sah ich einen, der machte es mit einem Plastikmüllsack."

Bitte?

Die Vorstellung, den Lebensfaden an die Zuverlässigkeit eines Müllsacks gebunden zu sehen, war alles andere als beruhigend. Aber sie entpuppte sich bei Abwägung aller Möglichkeiten im Land als die einzig gangbare.

Ein Versorgungsproblem mit Müllsäcken gab es in Rio jedenfalls nicht. Fieberhafte Tests in Hotelzimmer und Kraftkammer standen von nun an auf der Tagesordnung.

Die Annahme: Nach sechs Meter freiem Fall würde Felix in die Leinen, pardon: in den Sack fallen. Das Resultat im Trockentraining: Fünfmaliges Falten des Müllsackes ergab siebzig Kilo Reißfestigkeit. Das musste etwa hinkommen. Zu viel Halt durfte diese Sollbruchstelle Marke Tracy Lee Walker wegen des bereits angesprochenen Rebound-Effekts auch wieder nicht haben. Der Schirm musste präzise und doch mit maximalem Tempo aufgehen, Spielraum für Abweichungen gab es so gut wie keinen.

Festgezurrt werden sollte der Müllsack am Blitzableiter Jesu – eine Reihe kurz hintereinander gesetzter, senkrecht eingegossener Metallstäbe an der Oberkante des rechten Armes, von der Schulter bis über das Handgelenk hinaus verlaufend. Ein Rundflug über dem Corcovado in einem Touristen-Hubschrauber sowie einschlägige Literatur hatten das Wissen um die Existenz dieser Haken verschafft.

Festzurren, ja. Aber wie? Tracy hatte vor Jahren einmal auf einem Mississippi-Dampfer angeheuert und war seitdem so etwas wie Experte in Sachen Seemannsknoten. Gebraucht wurde einer, der sich selbstständig festzog, der nicht – gleich einer primitiven Schlaufe – über das spitze obere

Mit sich eins sein in Momenten höchster Gefahr

Ende des Hakens hinausrutschen würde. Als der geeignete gefunden schien, war für Felix stundenlanges monotones Üben angesagt. Blindlings musste er ihn beherrschen, in jeder Lage, in jedem psychischen Ausnahmezustand, der ihn dort oben nur allzu leicht ereilen konnte. Die Beine eines auf den Kopf gestellten Sessels im Hotelzimmer waren der perfekte Sparringpartner. Den Knoten zu verinnerlichen hatte jetzt Priorität, schließlich hing nicht weniger als sein Leben daran.

Wieder Fragen über Fragen. Was geschah, wenn die Haken porös waren? Was, wenn sie, jahrzehntelang jeder Witterung ausgesetzt, der Belastung nicht standhielten und aus dem Stahlbeton gerissen würden? Blühte ihm ein Schicksal, das schon viele Bergsteiger ereilt hatte? Selbst im Schlaf sprang Felix das eine oder andere Mal auf und zu seinem Sparringpartner hin, um an ihm zu üben, getrieben vom Unterbewusstsein, alles für sein Überleben zu tun.

Der Fahrgast mit dem Buckel

Je mehr Staub im Vorfeld aufgewirbelt wurde, desto größer das Risiko, mit dem gesamten Projekt darin zu ersticken. Die Niterói-Brücke war genau dieser Staub. Dennoch: Felix hatte keine andere Wahl. Ohne Testsprung über Wasser würde die „Jesus-Mission“ zum Todeskommando in eigener Sache werden. Zu viel konnte schief laufen, zu viel galt es abzuwägen, zu viel musste bis ins kleinste Detail geplant werden.

„Stopp, mir ist schlecht“, herrschte Felix auf Englisch den Taxifahrer

Angst?

„Mit Tempo einhundertsechzig vier Stunden auf der Rückbank eines alten Toyota Corolla im tiefsten Polen auf einer windschiefen Bundesstraße bei strömendem Regen einem Fahrer ausgeliefert zu sein und der hohen Wahrscheinlichkeit, dass er bei Aquaplaning links in einen Laster oder rechts gegen einen Baum rast. Die anderen im Wagen haben mich ausgelacht. Felix, du, der wilde Hund, ein Angsthase? Wer da keine Angst hat, hat kein Hirn. Darf ich mich nicht fürchten, nur weil ich überall runterspringe?

Bloß: In der Luft bin ich der Chef und weiß, was ich im Griff habe und was nicht.

Große Angst hatte ich beim Jesus – der Tunnelblick, das Gefühl, von der Außenwelt isoliert zu sein, die reduzierte Fähigkeit zur Wahrnehmung. Alles läuft verlangsamt ab.

an, der ihn zur frühabendlichen Rushhour nach Niterói chauffieren sollte. Um alle Unklarheiten zu beseitigen – wer wusste schon, ob ihn der Mann hinter dem Steuer verstanden hatte – presste er die rechte Hand vor den Mund, begleitet von kehligem Stöhnen. Bruchteile einer Sekunde zuvor hatte eine Funkstimme über einen Ohrknopf gewispert: „Jetzt!"

Es war Louis' Stimme, die Stimme des einheimischen Verbindungsmanns, den Red Bull Felix zur Seite gestellt hatte, um ihm all das an Problemchen und Problemen abzunehmen, was ihm Sprachbarriere wie Ortsunkenntnis bescheren konnten. „Jetzt. Ihr seid genau in der Mitte."

Keiner konnte das besser abschätzen als Louis. Er und Tracy standen an Deck eines Motorboots, das sie gechartert hatten, um „ein paar schöne Fotos und ein Video von der Brücke zu machen", wie sie dem Bootsführer glaubhaft versicherten. Louis hatte das Boot nahe an die Brücke heranfahren lassen und dabei doch auf den nötigen Abstand geachtet, den sie zuvor genau berechnet hatten.

Ohne zu bezahlen sprang Felix aus dem Taxi und hielt im Laufschritt auf das Brückengeländer zu. So sehr er es bedauerte, den guten Mann um seinen Fuhrlohn zu bringen: Er musste die Rolle weiterspielen, als müsse er jeden Moment kotzen.

Schon beim Einsteigen war dem Chauffeur die merkwürdige Körperhaltung seines Fahrgasts aufgefallen. Einen Riesenbuckel hatte der Kerl! Und jetzt stürzte dieser Typ auch noch schnurstracks auf das Geländer zu und band etwas Schwarzes daran fest. Hinlaufen und ihn davon abhalten? Auf keinen Fall. Lieber auf den Fuhrlohn der ohnedies erst kurzen Fahrt verzichten und keine Probleme mit dem Verrückten bekommen. Zum Schluss würde er ihn noch mit hinunter reißen oder sonst was mit ihm anstellen …

Das Abstreifen der Windjacke legte den Blick auf Felix' Buckel frei: ein Fallschirm. Einige Passanten hatten sich in Windeseile um ihn herum versammelt. Sie ahnten, was da kommen würde, und feuerten ihn nun aus voller Kehle an. „Go, go! Come on, do it!"

Er tat es. Sehr zum Entsetzen des Bootsführers, der es sich soeben

Es hat keinen Sinn, dagegen anzukämpfen. Angst macht mir auch der Gedanke ans Altern. Der Gedanke, dass du im Kopf noch jung bist und in einer Hülle steckst, die bei vielen Dingen nicht mehr mitmacht. Der Gedanke, dass ich meine Jugend mit allem Geld nicht zurückkaufen kann. Und allem voran der Gedanke, dass mir beim Schinken-Käse-Toast das Ketchup ausgehen könnte."

mit der Angel am Heck gemütlich zu machen gedachte. Und nun stattdessen mit weit aufgerissenen Augen mit ansehen musste, wie sich ein Selbstmörder – was sonst konnte das sein? – von der Brücke warf, nach ohrenbetäubendem Knall plötzlich in einem Gewirr aus Schnüren und Stoff baumelte und geradewegs auf ihn und seinen Kahn zusteuerte. Der Schock war perfekt. Wie auch die Landung, die Felix Sekunden später mit straff gezogenen Steuerleinen auf das Bootsdeck setzte.

Über die Länge einer Sekunde

Die Auswertungen des Videos, das Tracy vom Ritt über die Guanabara-Bucht angefertigt hatte, verhieß Gutes. Der Film wurde regelrecht seziert, Standbild für Standbild analysiert, jeder minimale Bewegungsablauf der Müllsack-Fallschirm-Mensch-Konstruktion bewertet.

Das Tragflächenprofil seines BASE-Schirms verschaffte Felix unmittelbar nach vollständiger Öffnung Auftrieb. Den würde er auch benötigen, um vor dem drohenden Aufschlag auf der Jesus-Plattform an Vorwärtsfahrt zu gewinnen und über den Abhang zu gelangen. Selbst der Gedanke an ein derart verwegenes Projekt wäre in den Anfängen des BASE-Springens gar nicht erst aufgekeimt; damals wurden ausschließlich Rundkappenschirme verwendet, die zwar eine hohe Öffnungssicherheit versprachen, dafür jedoch mangels Auftrieb den Piloten zur bloßen Fallbewegung verdammten. Weshalb man sich ausschließlich mit Sprüngen von Felswänden beschied. Rundkappenschirme konnten eines nicht: den Piloten durch entsprechenden Auftrieb blitzartige Richtungswechsel vollführen lassen (Felix: „Mit dem Schirm kannst nirgendwo hinfahren!"). Genau diese Fahrt war hier dringend vonnöten, wollte Felix nicht mit der Steinbrüstung an der Plattform unliebsame Bekanntschaft schließen.

Fahrt – ja. Aber gewissermaßen mit angezogener Handbremse. Fünfunddreißig Kilometer pro Stunde braust ein Flächenschirm im normalen Flug vorwärts, immer noch zwanzig sind es gleich nach dem Start. Viel zu schnell jedenfalls. Wenn er sich, wodurch auch immer, beim Öffnen drehte,

würde er unweigerlich in die Statue hineindriften. Deshalb werden BASE-Schirme zu neunzig Prozent eingebremst. Das heißt: Bereits im Öffnen zieht der Pilot die Bremsleinen, um die Vorwärtsfahrt zu drosseln. Das macht den Schirm ein wenig labiler, dafür aber schwebt er nur mit rund fünf Stundenkilometer vorwärts. Was ihm wiederum ein klein wenig Zeit verschafft, notfalls sofort zu reagieren, die Steuerschlaufen zu ziehen und auszuweichen.

Ein Boot als idealer Landeplatz

Entscheidender Bedeutung bei waghalsigen Sprungmanövern wie diesem kommt mitunter auch einer gesonderten Kunstfertigkeit zu: der Art und Weise, wie der Schirm gepackt, sprich: in sich gefaltet ist. Die Angst der BASE-Sportler vor Flächenschirmen rührte lange Zeit nicht zuletzt daher, dass kaum jemand die Perfektion des richtigen Packens beherrschte. „Bei normalen Sprüngen genügt es, wenn der Schirm langsam aufgeht. Dabei ist er leicht geneigt und dreht in eine Richtung ab." Bleibt nur noch die Antwort auf die Frage, was Felix unter „normal" versteht. BASE-Sprünge der besonderen Art jedenfalls erfordern ein blitzschnelles Öffnen in die richtige Richtung. Dabei reißt es den Piloten regelrecht in die Fangleinen, eine weder Körper noch Material schonende Angelegenheit, doch immer noch besser, als sich in Mauerwerk oder ein sonstiges festes Hindernis zu bohren.

Techniken, einen Schirm zu falten, gibt es zumindest ebenso viele wie unterschiedliche Schirme selbst, sei es vom Schnitt, vom Profil oder auch von der Aerodynamik her. Jeder Springer entwickelt dabei seine Vorlieben und hält nach Möglichkeit daran fest. „Wenn es gut läuft, dann bleib dabei", hatte Lehrer Tracy seinerzeit Schüler Felix geraten. „Auch wenn es andere anders machen." Schließlich ist das Wissen um die eigene Packkunst so etwas wie eine Lebensversicherung – mit der Klausel, dass nichts so unsicher ist wie das Vertrauen in absolute Sicherheit.

Bis sich der Schirm dank Müllsack-Technik restlos mit Luft gefüllt hatte, dauerte es exakt eineinhalb Sekunden. Das ergaben die Videoanalysen im Hotelzimmer. Eineinhalb Sekunden bei errechneten zweieinhalb Sekunden freier Fall bis zum Aufschlag. Eine Sekunde „Spielraum" also, in der eines sicher nicht inkludiert war: Raum für Spielereien.

„Nur eine Sekunde! Dann lass es!“ Das Entsetzen darüber am anderen Ende der Leitung am anderen Ende der Welt war spürbar. Thomas Überall, Verantwortlicher für Sportlerbetreuung bei Red Bull, konnte alles gebrauchen – nur kein Aushängeschild à la Felix Baumgartner, das sich um des Glaubens willen, eine Sekunde wäre eine Lizenz zu leben, den Hals brach. Zumal ihn und Felix der Beginn einer Freundschaft verband. „Es gibt auch andere Geschichten. Eine Sekunde ist viel zu kurz, um sie über Leben und Tod entscheiden zu lassen, Felix!“

Andere Geschichten? Wie etwa die Freiheitsstatue in New York? Die hatte bereits ein Engländer vor ihm. Fünfundvierzig Meter. Kinderkram im Vergleich zu dem, was er im Schilde führte. Hier war jeder Meter weniger ein kleiner Quantensprung. „Vergiss es, Tom. Seit ich hier bin, mach ich nichts anderes, als in Gedanken da runter zu springen. Unzählige Male schon. Ohne diesen Sprung fahre ich nicht nach Hause. Wenn ihr mich heimholt, dann mach ich es aus eigener Tasche. Ich weiß, ich schaffe es.“

Betretene Stille.

„Du entscheidest, Felix, aber tu es nicht für deinen Sponsor. Tu es nicht, um uns etwas zu beweisen. Vorher blasen wir die Sache lieber ab und keiner erfährt, dass es nicht geklappt hat.“ Mag sein, dass niemand davon erfahren hätte; einer aber wusste es, würde es immer wissen und wie den Stein des Sisyphos beständig vor sich herwälzen – Felix.

„Tu es nicht für deinen Sponsor!“ Der Satz hämmerte unentwegt in Felix' Kopf. Damit hatte er nicht gerechnet. Er kannte aus seiner noch jungen Karriere Beispiele von Sportlern, die bei Seelenverkäufern unter Vertrag standen. Ging alles gut, waren sie gefeierte Helden, ging alles schief, gefeuert. Sofern sie nicht selbst die biologische Kündigung eingereicht hatten – also überhaupt noch am Leben waren.

Felix wollte nicht sterben. Aber er war bereit dazu. Er war im wahrsten Sinne todsicher, den Sprung zu schaffen. Eine aus Fanatismus genährte Überzeugung, die ihn so weit wie nie gehen lassen würde. Felix war heiß auf diesen Sprung, er brauchte ihn, er brauchte die Herausforderung zu

tun, was noch keiner vor ihm getan hat, er brauchte den Rausch des Adrenalins, er brauchte das Anspannen der Muskeln, das seinen Körper beim bloßen Gedanken daran, sich von diesem rechten Arm abzustoßen, zucken ließ. Egal, was danach kommen mochte, alles oder nichts mehr. Das war der Sprung seines Lebens, und wenn es sein musste, auch der seines Todes. Mit Ratio und Argumentation war ihm in dieser Phase seiner „Jesus-Mission" nicht mehr beizukommen. Wiewohl er zu wissen glaubte, was er tun würde. „Ich springe nur, wenn es eine reelle Chance gibt" beruhigte er immer wieder aufs Neue jenen Rest in sich, den er einmal Vernunft genannt hatte. Es gab keine absolute Garantie, schief laufen konnte jederzeit etwas. Zehn Prozent Risiko würden bleiben, doch das war Teil des Vertrages, den er mit dem Zufall abschließen würde. „Der Rest ist meine reelle Chance. Hundertprozentig ist eben nur der Tod." Und der hing mit am Schirm. Felix jedoch würde alles daran setzen, die Leinen des knochigen Gevatters rechtzeitig zu kappen.

Alles hat zwei Seiten ...

Die Räuber am Eisentor

Für Felix tief im Innersten waren sie es längst, nun aber waren die Würfel auch nach außen hin gefallen. Das Projekt trat in die entscheidende Phase. Letzte Vorbereitungen waren zu treffen, ein passender Landeplatz zu finden. Wieder Fragen über Fragen. Was wäre, wenn der Sprung wider Erwarten schief ging? Und Felix wider Erwarten überleben sollte? Louis hatte vorgesorgt und einen befreundeten Arzt in einem Spital darum gebeten, für alle Fälle ein Intensivbett frei zu halten.

Doch viel wichtiger war nun: Wie kamen Felix und sein Team auf den Berg, ohne dabei gesehen zu werden? Über die kaum befahrene kopfsteingepflasterte Straße, die sich in Serpentinen bis unter die Spitze schlängelte, vorbei an lumpigen Behausungen und noblen Residenzen inmitten üppiger Urwaldvegetation? Eine Strecke, die auf jedem Meter dieses Straßenmäanders prächtige Aussicht versprach – zum einen auf die zu Füßen liegende Zwölf-Millionen-Stadt und zum anderen darauf, dem in größter Not plündernden Mob in die Hände zu fallen. Oder sollten sie es über

die Geleise der Zahnradbahn wagen, die sich tagsüber schnaubend und ächzend durch den Tijuca-Nationalpark bergwärts schob?

Beides war aussichtslos. Louis wusste von einer Armada bis an die Zähne bewaffneter Soldaten, die Zufahrt und Schienenstrang nach „Geschäftsschluss" bewachte. Schließlich sei man hier am Rande der Favelas, des Armenviertels der Metropole Rio, einem Viertel, dem nachgesagt werde, das gefährlichste Viertel der Welt zu sein. Zusätzlich sicherte ein Eisentor zu nächtlicher Stunde die einzige Zufahrtsstraße.

Ein Blick sagt mehr als tausend Worte

Trotzdem: Felix und Tracy wollten es genau wissen, gingen auf Erkundungstour eben dorthin – und fielen Räubern in die Arme. Gleißendes Scheinwerferlicht und dazu das metallene Klacken einer soeben entsicherten Maschinenpistole, von der Silhouette menschlicher Hände in Anschlag gebracht, raubten ihnen Sicht und Atem. Die „Räuber" waren Soldaten, die ihnen zu verstehen gaben: Ihr seid unerwünscht!

Nicht minder effizient das zweite Wachsystem: das Dickicht des Tijuca-Regenwaldes, ein künstlich angelegter Park, den Mutter Natur längst in Beschlag genommen und dem beliebten Ausflugsziel Corcovado rundum als undurchdringlichen Saum atlantischer Vegetation angelegt hatte.

Mit Schmiergeld war auch in Brasilien vieles zu erwirken. Doch sicher nicht die Duldung Wache schiebender Chargen, dass man bei Nacht

Massen in den Bann ziehen?

„Es gibt Leute, die sind und reden schön. Und es gibt Leute, denen muss man einfach zuhören. Wie Reinhold Messner. Der ist kein Prinz. Aber wie er spricht, was er sagt – das ist Charisma. Oder Anthony Hopkins als Hannibal Lecter. Da reicht schon ein Augenzwinkern und du beginnst dich zu fürchten.

Österreich – ein Land von acht Millionen Experten?
„Im Fußball: Ja! Jeder ist Nationaltrainer. Oder früher, als ich für kurze Zeit Boxer war. Da schrien sie schon rein in den Ring: ‚was ist los? Muss ich wieder anfangen, damit du weißt, wie es geht?' Aber bereits beim Drachenfliegen beginnt es: Kaum einer redet übermäßig gescheit daher. Kaum einer maßt sich das an. Und in meinem Sport erst recht nicht. Ich habe noch keinen getroffen, der mir Ezzes geben wollte oder gesagt hat: ‚Das will ich auch einmal probieren.' Du musst schon ein Spinner sein, um zu tun, was ich tue, um Welten zu betreten, in die sich ein Normalsterblicher nicht einmal hineindenken kann."

und Nebel eines ihrer Nationalheiligtümer erklomm. Sich mit Sack und Pack samt Buschmesser durchs Gebüsch zu schlagen, schied ebenfalls aus. Vermutlich hätte es Tage gedauert, ehe der Gipfel erreicht gewesen wäre, und die Gefahr, wichtige Ausrüstungsteile dabei zu beschädigen, erschien viel zu groß. Mutter Natur war nicht beizukommen. Es blieb nur, sich mit ihr zu vereinen, sprich: bei Tageslicht am Fuße der Statue zwischen Ramschboutiquen und Souvenirständen „einen auf Tourist zu machen", sich bei Kassenschluss möglichst dezent in die Büsche zu schlagen und dort zu warten, bis die Mission Jesus in die letzte Phase eintreten konnte.

Niemand kannte den Tag, an dem es tatsächlich passieren würde. Einzig der Zeitpunkt war schon im vorhinein fix gewählt. Sieben Uhr morgens sollte es sein. Zum einen, weil das seidige Morgenlicht die besten Aufnahmeeffekte bieten würde; zum anderen, weil die Wachsoldaten eine halbe Stunde danach zu ihrem Frühkontrollgang auf der Bergkuppe erscheinen und die Besucherpforten wieder geöffnet würden.

Rendezvous mit Ungeziefer

Endlich hatte das Warten ein Ende gefunden. Felix war überzeugt, alles bis ins kleinste Detail vorbereitet zu haben: Neu ins Team gekommen waren ein einheimischer Hubschrauberpilot, „die Jungs vom ZDF-Studio" in Rio, allesamt für drei Tage angemietet, und für alle Fälle und Dienste ein hilfreicher Geist, den Louis aufgetrieben hatte. Der Pilot, um mit der Film- und Fotocrew an Bord Felix unmittelbar vor dem Sprung auf der Hand Jesu zu umkreisen und spektakuläre Bilder aus der Luft zu schießen. Und die deutschen Fernsehleute, weil sie von allen im Land verfügbaren Teams das mit dem besten Material und der meisten Erfahrung zu sein schienen. Eigene erprobte Leute samt Kameras nach Brasilien zu holen war von vornherein ausgeschieden. Sie hätten Drehgenehmigungen gebraucht. Wofür, hätte man gefragt. Unnötiger Erklärungsbedarf, unnötiges Risiko.

28. November, neunzehn Uhr. Es war ein perfekter Tag gewesen, ein Tag, der geradezu ideal schien, dem Tod ein wenig ins Antlitz zu blicken. Die

Last war auf mehrere Rucksäcke verteilt; als Turnschuh-Touristen getarnt, schafften sie das Equipment auf den Corcovado: Felix, Tracy, der dienstbare Geist, einer der deutschen Kameraleute und ein Fotograf, der gelegentlich bei Red Bull Brasilien unter Vertrag stand. Scheinbar ziellos streiften sie umher, richteten die Augen in einem fort gegen den Himmel, warfen Blicke auf IHN und SEINEN Arm, jeder im Bewusstsein des gemeinsamen Ziels, jeder aber mit höchst persönlicher Motivation: Fotograf und ZDF-Mann, um die besten Standorte für ihre Kameras zu erspähen, Tracy, um neue, vorher noch nicht bedachte Gefahrenquellen auszumachen und ihn davor zu warnen, der dienstbare Geist, weil er vermeinte, zwischen Jux, schlechtem Actionfilm und Alptraum zu taumeln, und Felix, um den „finalen Spirit aufzunehmen“.

So kurz vor der Sperrstunde hatten die Besucherströme deutlich nachgelassen. Immer wieder drückten sich die fünf hoffnungsvoll in Richtung Rand der üppigen Vegetation unterhalb der Statue und lauerten auf den geeigneten, den unbeobachteten Moment.

Jetzt!

Blitzschnell warfen sie sich in ein Meer satten Grüns und entschwanden den Blicken der wenigen verbliebenen Besucher. Fünf Augenpaare spähten sogleich aus dem Dunkel des Regenwaldes bergwärts, auf der Suche nach unliebsamen Zeugen ihres Versteckspiels, nach aufgeregten Gesichtern und ausgestreckten Armen, die geradewegs dorthin starren und deuten würden, wo sie soeben in die Natur eingetaucht waren.

Nichts dergleichen.

Perfekt.

Dann ein erstes vorsichtiges Schweifen inmitten einer ungeahnten, unbekannten, einer völlig neuen Welt. Ein Gewirr aus tausend Stimmen brach über sie herein, Stimmen, die sich aufgeregt über die Eindringlinge hermachten, Stimmen ohne Gesichter, ohne Gestalt, Stimmen aus dem Nichts des Dunkels, eine einzige Unheimlichkeit, die alles, warum sie gekommen waren, zunächst vergessen ließ.

Da ein Knistern, dort ein Knarren. Da ein Pfeifen, dort ein Sirren. Da ein Murren, dort ein Kreischen. Da ein Ächzen, dort ein Schaben.

Stunden des Wartens verflogen im Wechselspiel der Eindrücke. Kaum Zeit zu sinnieren, ein jeder war der Macht der ihn umfangenden Schöpfung erlegen, der Kraft des Sinnlichen ergeben. Schon strömte ein erstes Morgengrau aus der tiefen Bucht bergwärts, gab den Wesen der Nacht stetig und beharrlich ihre Schatten wieder. Da tauchte es mit einem Mal, völlig unvermutet auf: ein leises Rauschen, hoch droben über den ins Gesträuch geduckten Köpfen, unmerklich beinahe, der Beginn eines Hauches nur.

„Verdammter Mist!"

Es war Felix, der den ersten Fluch losließ. „Verdammter Mist. Wind!"

Eine Nasenspitze nach der anderen lugte vorsichtig aus dem hervor, was sich ein jeder als Quartier für die Nacht zurechtgemacht hatte. Die Akrobaten aus Baumgabeln, die weniger Wendigen aus ihren Behausungen von großflächigem Blattwerk, unter dem sie Schutz vor bodennahem Ungeziefer aller Art gesucht hatten.

Wind. Alles, nur keinen Wind! Eines war hier für Felix' waghalsiges Unterfangen unabdingbar: totale Flaute. Eine zu heftige Brise just in jenem Moment, in dem sich der Schirm öffnen sollte, konnte zur Brise des Verderbens werden. Konnte ihn daran hindern, blitzartig nach rechts abzudrehen und im steilen Berggefälle den heilen Weg nach unten zu suchen. Wind war ein Bote des Unberechenbaren, der Gefahr.

Da war es wieder, das Rauschen. Anfangs kaum vernehmbar, dann aber unaufhörlich anschwellend. Wind. Es gab nicht den geringsten Zweifel.

Entscheiden konnte nur einer: Felix. So heiß er auf den Sprung war, so kalt lief es ihm den Rücken hinunter bei dem Gedanken, sein Leben in die Hände einer bloßen Laune der Natur zu legen. Die Anspannung im Team war jetzt schon unermesslich. Aber nicht erdrückend genug, um ihn zu Voreiligkeiten zu nötigen. Nichts und niemand durfte diese Überstürztheiten herbeiführen. Keine Verlockung des Sports hatte ihn bis zu dieser Stunde seinen zu Vorsicht und Professionalität mahnenden Schatten überspringen lassen.

Doch die Verlockung raunte ihm zu: „Es könnte auch windstill sein, wenn du springst." Und: „Was, wenn das Wetter beim nächsten Mal noch schlechter wird? Lässt du es dann ganz bleiben?"

Sucht gegen Hirn.

„Abbruch!"

Am nächsten Tag würden sie es erneut probieren.

Sie gingen mit den ersten Besuchern, die kamen. Zu groß waren Aufgewühltheit, Anspannung und auch Verspannung der durch eine Nacht des Kauerns geschundenen Glieder, um tagsüber im Hotel Ruhe und Erholung zu finden. Dem absoluten Höhepunkt greifbar nahe gewesen, fühlte sich Felix näher denn je dem Tiefpunkt einer Karriere, die ihm zum Lebensinhalt geworden war. Nichts anmerken lassen, Motivation nach innen und außen versprühen, den Teamgeist schüren. Das waren die Devisen, die er jetzt an sich ausgab.

Schweigen im Walde

Das Prozedere des Vortags, der gleiche Film, bloß mit variierter Datenrückwand.
Wieder zu fünft im Buschwerk an gleicher, bewährter Stelle. Ja selbst die tierischen Gefährten hatten als Zaungäste die Plätze der vergangenen Nacht wieder eingenommen.

Einzig das Schweigen der fünf Buschmänner war ein anderes. Die erste Stille der von ihren Sinnen Überwältigten war in dieser Nacht einer Stille der Überlegung gewichen. Wer konnte sagen, ob nicht Wachsoldaten oder sonstige Übereifrige den Weg zur Spitze gefunden hatten, die ein fremdländisches Stimmengewirr aus dem Geäst vielleicht nicht gerade richtig, aber als zumindest in höchstem Maße verdächtig zu deuten wissen würden?

Da schon lieber Schweigen im Walde.

Und mit der Dämmerung kam der vertraute Klang – ein leises Rauschen.

Anbruch des Tages, Abbruch der Aktion.

Timing, Konzentration, Perfektion?

„Bei Showsprüngen vor großer Kulisse geh ich gern ans Limit. Ich schieße im freien Fall mit 200 km/h, das sind 50 m/sec auf die Leute zu und öffne den Schirm erst siebzig oder sechzig Meter über ihren Köpfen. Da darf nichts schief gehen. Der ideale Moment ist jener, wenn die Zuseher zu kreischen beginnen und ich in ihren Augen blankes Entsetzen ablesen kann. Genau dann muss ich ziehen.

In dem, was ich tue, muss ich perfekt sein. Stress pur. Die Genugtuung über das Gelingen kommt erst beim Applaus. Das Wichtigste ist aber die Makellosigkeit vor mir selbst. Auch wenn alle jubeln und Schulterklopfer Schlange stehen, heißt das für mich noch nichts.

Erstes Murren der Mannschaft. Schließlich werde man nicht bezahlt, um sich im Busch nasse Füße, Ungeziefer und steife Glieder einzufangen und dann wegen einer kleinen Brise unverrichteter Dinge wieder talwärts trotten zu müssen. Doch Vertrag war Vertrag, und wer zahlte, schaffte auch an. Busch hin, Jesus her.

Corcovado-Dschungel die dritte. Rauf auf den Berg, rein ins Gebüsch.

Kein Lüftchen bis zum Morgengrauen. Diesmal musste es klappen. In Gedanken spielte Felix noch einmal den Sprung durch. Jedes Detail galt es zu beachten, jede Einzelheit des Ablaufs musste sitzen. Später würde alles blitzschnell gehen, keine Zeit mehr, darüber nachzudenken. Würde er sich erst einmal abstoßen, ging alles seinen Weg, einen automatisierten Weg, den er sich unzählige Male ins Gehirn gehämmert hatte.

Tack … tack … tack.

Ein leises Klopfen über ihnen.

Tack. Tack. Tack.

Erst noch unrhythmisch, nun aber immer beständiger und heftiger wurde das Klopfen. Felix starrte ins Halbdunkel des Blätterwerkes.

Platsch.

Ein Tropfen mitten ins Gesicht, dann noch einer.

Regen. Auch das noch.

Regen hieß Wolken, und Wolken verhießen schlechtes Licht.

Das allein wäre es aber nicht gewesen. Viel gravierender war, dass ER gegen ungebetene Gäste bei Regen vorgesorgt hatte – mit einer Haut aus Soapstone.

Soapstone, auch Speckstein genannt. Ein metamorpher Felssteatit, weicher als die meisten anderen Steine, dabei aber dichter als etwa Marmor, Schiefer oder gleichmäßiger Granit und vor allem nicht porös. In Finnland, Indien und Brasilien gewonnen, findet er weltweit mannigfaltige Verwendung – von Waschbecken, Wannen und Kaminen über Pizzasteine bis hin zu – Jesusstatuen. Die Vorteile sind überall die gleichen: Schmutz dringt nicht ins Gestein, lässt sich mühelos entfernen. Eine Art Selbstreiniger, was gerade bei *cristo redentor* von großer Bedeutung ist. Wer hat schon Lust, in Schwindel erregenden Höhen auf einem Arm des Gottessohnes zu balancieren und dabei den Putzlappen zu schwingen?

Der Nebeneffekt dieser Beschichtung war jedoch ein höchst unangenehmer: Nass geworden, erwies sich der in winzigen Platten aufgetragene Stein als höchst glitschig. Der Handrücken Jesu, von wo Felix wegzuspringen gedachte, war kaum zwanzig Zentimeter schmal, zwei Fußbreit vielleicht – ein Hochseilakt ohne Netz. Nur ein einziger unbedachter Schritt auf nassem Terrain konnte unweigerlich in die Tiefe und ins Verderben führen. Dabei hatte Felix allerhand zu tun dort oben. Schon das Anbringen der Müllsack-Konstruktion erforderte größtmögliche Mobilität.

„Das hört wieder auf!"

Felix versprühte Optimismus. Immer heftiger der Regen, immer heftiger die Anzeichen einer drohenden Palastrevolte. Wer keinen Müllsack hatte, mit ausgeschnittenen Atemlöchern über Kopf und Oberkörper gestreift, war nass bis aufs Hemd. Wer einen Müllsack hatte, ebenso – vor Schweiß. Die Körperwärme war längst kaltem Unbehagen gewichen. Kreuzschmerzen, Müdigkeit, schlechte Laune und dazu ein Scheißwetter.

Dritter Anlauf, drittes Scheitern.

Im Hotel brach der Lagerkoller vollends aus, die Stimmung erreichte den Tiefpunkt. Jede Nichtigkeit führte zu heftigem Gezänke.

Ein Troublemaker namens Louis

„Wir steigen aus!" Die deutschen Jungs hatten die Nase voll. Dazu gab es Probleme mit dem Geldtransfer. Alle drei Tage musste die Crew bezahlt werden. Das war Teil des Deals gewesen. Doch die Zahlungen blieben auf einmal aus. Bloß ein Missverständnis, wie später offenkundig werden sollte. Doch das war zu dieser Zeit weder bekannt noch von Belang für die ZDF-Jungs.

„Wir kennen deinen Sponsor nicht, wer weiß, wie liquid der ist."

Ein perfekter Schuss und die richtige Seiltechnik

Das Problem hieß Louis. Als Troubleshooter war er engagiert worden, zum Troublemaker war er – bei aller Liebenswürdigkeit und allem Engagement – mutiert.

„Louis, kannst du den Geldtransfer mit Red Bull checken? Louis, kannst du dies, Louis, kannst du jenes erledigen …“ Louis konnte. Sagte Louis. Doch Louis’ Englisch war weit schlechter, als er und der erste Eindruck vermittelt hatten. Nicht die Hälfte dessen, was ihm mitgeteilt worden war, hatte er verstanden. Fazit: Wichtiger organisatorischer Kram blieb unerledigt liegen. Wie etwa die Sache mit dem Geld.

„Verdammter Mist. Louis! Sag es, wenn du dich nicht auskennst! Das ist keine Schande. Eine Schande wäre es, wenn das ganze Projekt an solchen Kleinigkeiten scheitern sollte, verstehst du?“

Louis verstand tatsächlich.

Felix intervenierte beim Chef vom Dienst im ZDF-Studio in Rio: „Lasst mich jetzt nicht hängen. Ich bin auch nur ein kleiner Sportler. Es gab Probleme beim Transfer. Red Bull dachte, ich mache das. Ich dachte, Louis macht das.“ Und Louis dachte, es macht nichts, wenn er es nicht macht. „Aber das krieg ich wieder hin.“

Eine Galgenfrist von zwei Tagen wurde eingeräumt. Doch damit waren die Schwierigkeiten längst nicht applaniert. Der Hubschrauberpilot verabschiedete sich höflich, aber bestimmt. Drei Tage Urlaub hatte er sich genommen, die waren jetzt vorbei. Der nächste Job rief.

Einen neuen zu finden, der eine Maschine samt Kameramann und Fotograf da hinauf fliegen konnte, war nicht das Problem. Was aber, wenn er zuhause oder sonst wo von dem aberwitzigen Projekt erzählte, für das er zweiundsiebzig Stunden Stand-by gewesen war? Was, wenn auf diese Weise alles aufflog?

Sie mussten es trotzdem versuchen. Hinzu kam, dass Felix durch das Sprachproblem des Troubleshooters alles von neuem zu checken hatte. Wer wusste schon, ob nicht auch der eine oder andere zu verstehen vorgegeben hatte, was er gar nicht verstand? Wer erwartete ihn nun wirklich am Lande-

Morgenerwachen über Rio de Janeiro

platz? Wusste das Spital tatsächlich Bescheid? War seine Blutgruppe dort überhaupt bekannt, um im Notfall sofort Konserven für Transfusionen parat zu haben? Passten die Kamerapositionen der Fernsehleute …? Dabei hätte Felix alle Zeit und Energie gebraucht, mit sich selbst klarzukommen. Schließlich war er es, der schon am nächsten Tag tot sein konnte.

Nicht gänzlich erschüttert, aber doch schwer angeschlagen war der Glaube an die Crew. Wer war vertrauenswürdig? So gut wie keiner, außer Tracy, schoss es Felix ein. Zu einem Fass ohne Boden konnte die Chose werden. Womöglich gefielen die Aufnahmen den Kameraleuten so gut, dass sie sich damit über alle Berge davonmachten? Und die Bilder für lumpige fünfhundert Dollar an den Mann bringen wollten? Dagegen musste er sich zur Wehr setzen. Der Druck wurde allmählich übermächtig.

Sicherheitsmänner. Das war die Lösung. Jeder , dessen Loyalität ihm nicht hundertprozentig erschien, würde einen Sicherheitsmann an die Seite gestellt bekommen. Zwei für die Filmcrew, einen weiteren für den Fotografen, der mit am Berg war. Jener im Helikopter, Wolfgang Luif, aus Österreich mitgereist, gehörte zu den eigenen Leuten.

War die Story erst einmal im Kasten, mussten die Bewacher das Material abkassieren, mussten neue Bänder und Filme in die Kameras gelegt und ein paar unverdächtige, neutrale Panoramaaufnahmen gemacht werden. Für den Fall einer Polizeikontrolle. Dann müssten die Bilder in den Hoteltresor. Die Geschichte würde erst gelaufen sein, wenn die Bänder in Sicherheit waren. Was hätte er schon davon, aller Welt davon erzählen zu können? Ohne Bilder?

So kommt er also, der Tod

Der Stress des Organisatorischen, der ihm wider Willen aufgebürdet worden war, hatte Felix den Rest gegeben. Statt konzentriert einem neuerlichen Anlauf entgegenzusehen, sank er völlig erschöpft in sein Hotelbett. Viereinhalb Wochen waren inzwischen vergangen. Viereinhalb Wochen des Zuwartens,

Aufseilen à la James Bond

des Hoffens und Bangens, des minutiösen Vorbereitens. Heute Nacht würden sie es erneut wagen, einen vierten Versuch starten. Doch selbst Felix hatte den Glauben ans Gelingen ein wenig verloren. Für sich und ganz im Stillen.

Überall war ER, dieser Jesus. In Vor- und Abspann einer jeden Nachrichtensendung im Fernsehen, auf bedruckten T-Shirts, in denen örtliche Schönheiten durch die Gassen wandelten. Jede andere Situation hätte seine Aufmerksamkeit ungeteilt darauf gelenkt, was in diesen T-Shirts steckte. Rio in diesen besonderen Tagen erlaubte ihm aber nur den einen Blick – den für IHN. Er war allgegenwärtig. Auf Plastiktaschen im Supermarkt, auf Briefköpfen, auf Faxnachrichten in seinem Hotelpostfach. Es war höchste Zeit, IHN und all das hinter sich zu bringen.

Die vierte Nacht im Busch mit dem gewohnten Szenario. Schweigen im Walde. Diesmal war es ein Schweigen zwischen Verbitterung und Wunsch nach Erlösung, Resignation und Zweckoptimismus. Diesmal durfte es nicht wieder schief gehen, dachte Felix. Diesmal stand ein Aufstand der ganzen Truppe bevor, argwöhnte er. An ein Schlafen war nicht zu denken, ebenso wenig an wirkliche Aktivität wie Agilität. Vielmehr an ein passives Sich-Hingeben, schon in der neuerlichen Erwartung eines Fehlschlags.

„Tracy?"

„Ja. Wieder verdammter Mist?"

„Verdammter Mist, ja!

Siebter Dezember, dreiviertel vier Uhr morgens. Kein Tröpfchen, kein Lüftchen, Sternenfirmament.

„Tracy. Ich glaube, es geht los!"

Einer nach dem anderen löste sich aus dem Schutz des Gesträuchs. Prüfende Blicke in den Himmel bestätigten den Hoffnungsschimmer – beste Bedingungen. Und da stand ER vor ihnen, hell erleuchtet und strahlend im Dunkel der Nacht, mächtig, monumental und mehr denn je herausfordernd.

Nun musste alles schnell gehen, nach Möglichkeit jeder Handgriff sitzen. Zwar gab es ein wenig Spielraum, doch der straffe Zeitplan erlaubte nur geringe Verzögerungen. Während Felix sich in seinen hautengen,

Auf Tuchfühlung mit der Herausforderung des Lebens

maßgeschneiderten Anzug zwängte, nahm jeder seine ihm zugedachte Position ein. Erstmals machte sich das wochenlange Trainieren und Besprechen aller Details sichtbar bezahlt.

Ein paar flinke Handgriffe, und die Armbrust war in Stellung gebracht. Felix legte an, wie er es Dutzende Male am Baukran in Salzburg getan hatte. „Nur nicht daneben schießen“ durchfuhr es ihn. Ein einziger Fehlschuss hätte das Zeitpolster schwinden lassen. Eine Dreiviertelstunde wäre dahin gewesen. Allein das Einspannen einer neuen, der zweiten von drei Fast-fly-Schnüren hätte ihnen Zeit geraubt, die sie nicht hatten.

Dann ein leises, kaum auszumachendes Klacken des Abzugs. Gebannt starrte Felix auf die Schnur, die sich blitzartig mit ziehendem, kreisendem Sirren aus dem Knäuel schälte. Nur den Bruchteil einer Sekunde blieb der Pfeil sichtbar, dann entschwand er im Nichts. Totenstille mit einem Mal. Als hielten selbst die Zaungäste, die sie die Nacht über im Dickicht begleitet hatten, den Atem an.

Stille. Kein Sirren, kein Ziehen. Pfeil und Faden am Scheitelpunkt. Stille. Eine kleine Ewigkeit lang. Plötzlich ein metallenes Kratzen auf dem Steinboden, nur wenige Meter vor Felix' Füßen. Der Pfeil!

Vorsichtig wanderten die Augen nach oben. Da war er, kaum zu sehen. Dem ersten Strang eines eben erst im Aufbau begriffenen Spinnennetzes gleich baumelte der hauchdünne Nylonfaden vor der malerischen Kulisse des erstrahlenden Jesus himmelwärts. Erstarrte Gesichtszüge zerflossen in einem Grinsen.

„Volltreffer.“

Bereits der erste Schuss hatte gesessen. Zwischen Schulter und Ellbogen schmiegte sich die Fast-fly-Schnur in neunundzwanzig Meter Höhe um den vier Tonnen schweren Oberarm, bereit, ihren Zweck zu erfüllen.

Die Stelle war ideal. Nahe der wesentlich breiteren Jesusschulter würde Felix mehr Raum haben sein Werkzeug abzulegen, alles vorzubereiten, die Müllsack-Fallschirm-Mensch-Konstruktion zu installieren, seine steifen Glieder zu bewegen und sie bis zum entscheidenden

Letzte Vorbereitung auf dem Handrücken Jesu

Moment geschmeidig zu halten. Nahe der Schulter könnte er geradezu bequem stehen, würde er besseren Halt finden als auf dem zwanzig Zentimeter schmalen Grat der Handoberkante, den er erst zu besteigen gedachte, wenn es sein musste, wenn es an der Zeit war.

Sechzig Meter Kletterseil bedeuteten ein schönes Stück Arbeit. Vor allem für einen Nylonfaden, der ein Ende dieser sechzig Meter Seil neunundzwanzig Meter hoch ziehen, über einen mit Soapstone beschichteten Steinarm streifen und danach ebenso weit wieder abwärts befördern musste. Sechzig Meter – und jeder Meter voll des Zitterns. Felix schürzte die Lippen zum stillen Gebet. Lass sie halten!

Sie hielt.

Das Seil war da.

Schnell an die Brüstung geknotet und die Ausrüstung, die mit nach oben musste, noch einmal gecheckt:

Der Fallschirm; ein Vollprotektorenhemd aus dem Motocross-Sport samt Rückenschutz („falls es mich irgendwo hineinsteckt"); Werkzeug aller Art; Müllsäcke; ja sogar eine Handkamera, mit der Felix die letzten Momente aus nächster Nähe festhalten wollte.

Und der Helm?

Kein Helm! Alles wurde bestmöglich gesichert, nur der Kopf sollte ungeschützt bleiben. Musste ungeschützt bleiben. Felix wusste, wie dumm diese Entscheidung war. Doch er und die anderen wussten, dass er sie nicht revidieren würde. Sollte er es schaffen, dann würden diese Bilder um die Welt gehen. Ein Helm hätte das Gesicht in die Anonymität verbannt. Vieles hätte sein Sportlerego verkraftet – das nicht.

Und noch zwei Accessoires mussten mit hinauf: eine Plastikflasche, in die er im Falle eines Falles sein Geschäft verrichten könnte. Nichts sollte diesen Ort entweihen, und schon gar nicht das Bedürfnis eines Fallschirmspringers. Und ein kleines Sträußchen Blumen, Stunden zuvor in der Hotellobby einem Tischgesteck entnommen. Als kleines Dankeschön dafür, dass ER ihn bis dahin hatte kommen lassen. Wie auch immer die Angelegenheit enden würde: Schon jetzt war ihm die Mission Jesus zum heiligen Akt geworden. Jede Hantel, die ihm irgendwann einmal als zuviel gestemmt erschienen sein mochte, war nun ihr Gewicht wert. Meter für Meter zog Felix sich am Seil empor, gestützt durch doppelte Fußschleifentechnik, die er Bergsteiger-Profis abgeschaut hatte. Neunundzwanzig Meter des Mühens, die doch fast mühelos zu bewältigen schienen, hoch gepeitscht von dem Gedanken, nur noch neunundzwanzig, nein achtundzwanzig, nein … nur noch ein paar Meter vom Ziel entfernt zu sein.

Im Blitztempo schnellte Felix das Seil empor, schwang sich auf den mächtigen Oberarm und zog den zwanzig Kilogramm schweren Rucksack hinterher. Erste Blicke strichen den endlos langen Arm zu den Fingerkuppen entlang. Erstmals bot sich ihm die Möglichkeit, aus nächster Nähe zu inspizieren, was er bisher nur von Bildern oder aus der Vogelperspektive kannte.

Da waren sie, die Blitzableitereisen. Die ersten drei würden wohl nicht halten, sichtlich hatte schon einmal ein Blitz seine elektrische Urgewalt an ihnen entladen. Das war Eisen wie Stein anzusehen. Um zumindest fünf, nein: besser sechs Haken müsste er das Seil legen, an dessen Ende er den Müllsack U-förmig durch einen Karabiner ziehen und am Hilfsschirm befestigen würde. Sollten die ersten drei tatsächlich herausbrechen, die anderen müssten halten, hoffte Felix.

Gedacht, getan. Einen Knoten nach dem anderen wand er um die Haken. Die Zeit drängte. Um halb sieben würden die Wachen zu einem ersten Morgenrundgang starten, eine Stunde danach war Wachablöse – und Einlass für Corcovado-Besucher. Und genau dazwischen musste er springen. Für sechs Uhr fünfundfünfzig hatte der Hubschrauber die Anflugorder erhalten. Fünf Minuten würde er bis herauf benötigen. Punkt sieben musste er da sein.

Noch ein Knoten, dann der Karabiner, der Sack, nach Plan exakt fünfmal gefaltet, durch die Metallschlaufe und mit dem Hilfsschirm verbunden. Hundert prüfende Blicke, hundert prüfende Griffe. Alles so, wie er es tausendmal durchgegangen war. Aber man wusste ja nie.

Der Schirm!

Der schmale Grat zwischen Sein und Nicht-mehr-Sein

Hatte er ihn perfekt gepackt? Wieder und wieder hatte er ihn geöffnet und neu gefaltet, ehe er das Hotelzimmer zur nächtlichen Expedition verließ. Eine kleine Beschattung, ein kleines ungewolltes Überlappen nur, und es konnte vorbei sein. Jeder Lappen Stoff als Maßarbeit, wie vom Bügeleisen geglättet und geformt. Daran hing er, daran hing sein Leben. Unzählige Male hatte er ihn gepackt. Was hätte er nun darum gegeben, hier heroben nur noch ein einziges Mal die Gelegenheit zu haben.

Die Wachen!

Felix erspähte sie von seinem Hochsitz naturgemäß als Erster. „Verdammter Mist. Die kommen mit dem Auto herauf. Die haben mich entdeckt", zischte er in sein Funkgerät.

Tatsächlich hatten die brasilianischen Militärs geglaubt, ihren Augen nicht zu trauen. Im ersten Morgengrauen dieses Dezembertages waren ihre Blicke nur für einen Moment über die Arme der Statue gestreift – und entsetzt darauf verharrt.

„Filho da pu …!"

Der Schock saß tief, hüben wie drüben, unten wie oben.

Wegrennen hatte keinen Sinn. Schon gar nicht für Kameramann und Fotografen. Sie brauchten ideale Standpunkte für ihre Aufnahmen. Und die hätten sie nur schräg unterhalb der Statue, im ungeschützten Terrain gehabt.

„Verhandelt mit ihnen", rief Felix. „Gebt ihnen Geld oder versprecht ihnen, was immer ihr wollt! Was immer sie wollen!"

Was sie wollten, konnten weder Oberverhandler Tracy noch Dolmetscher Louis den Wachen geben: „Du sollst runterkommen von da oben, sagen sie."

Runterkommen? Nach all dem?

„Keine Chance", signalisierte Felix. Eher mussten sie ihn mit ihren Büchsen runterknallen. Ob es den Soldaten nun passte oder nicht: Dieser in ihren Augen Verrückte da oben, dessen Freunde sagten, er würde jeden Moment mit einem Fallschirm abspringen, saß in jeder Hinsicht auf dem längeren Ast. Das Seil, das eben noch als letzte Verbindung und Ver-

Auf der Hand Jesu – der Moment des größten Glücks

sorgungsleine zur Außenwelt vom Arm der Statue nach unten gebaumelt war, hatte er beim Eintreffen der Militärs gekappt.

Was blieb, war der geordnete Rückzug, sprich: Tracy, Louis und das Film- und Fototeam mussten weg. Ob es ihnen passte oder nicht. „Sie verhandeln nicht mit uns", rief Tracy noch nach oben. Die Angst vor ihrem Kommandeur saß den Wachmännern im Nacken. „Habt ihr Idioten die ganze Nacht geschlafen?", würde ihr Chef sie mit Recht fragen. Hauptsache, diese Meute von Begleittross war einmal weg von der Plattform.

Und diesen Verrückten da oben – nun ja, den würden sie sich selbst und seinem Schicksal überlassen.

Eines hatten die Lockangebote durch Tracy und Louis aber nun doch bewirkt: „Sie lassen uns filmen, weiter unten!", rief Tracy nach oben, ehe er, Louis und der Rest des Teams die Serpentinenstraße talwärts entschwanden.

Zumindest filmen durften sie, wenn auch anderswo. Das war besser als nichts. Zumal die Herren Soldaten ja nicht wissen konnten, was da noch kommen würde – zum Beispiel der Hubschrauber.

Nur noch wenige Minuten bis sieben Uhr. Ein Schaudern durchzuckte Felix' Körper: In diesem Moment ganz allein zu sein, ohne Möglichkeit des Zuspruchs durch Tracy – damit hatte er nicht gerechnet. Nun war es wirklich nur mehr eine Sache zwischen Jesus und ihm. Meter für Meter sich vorwärts schiebend, auf dem schmalen Grat über dem Abgrund kauernd, tippte Felix die Nummer seines Freundes Thomas Überall in Salzburg in sein Handy.

„Ich bin oben", tönte er ins Telefon.

„Mach keinen Schmäh!"

„Mir war es noch nie so ernst."

Stille. Die unendliche Stille dieses Morgens hatte Besitz ergriffen von Felix. Behutsam stieg eine goldene Faust aus dem Tal empor, deren Glanz alles in das diffuse Licht des neu geborenen Tages tauchte. Felix kniete in sich versunken auf dem Handrücken, fern vom Leben, das er in wenigen Momenten zurücklassen würde. Nichts würde für ihn danach so sein wie

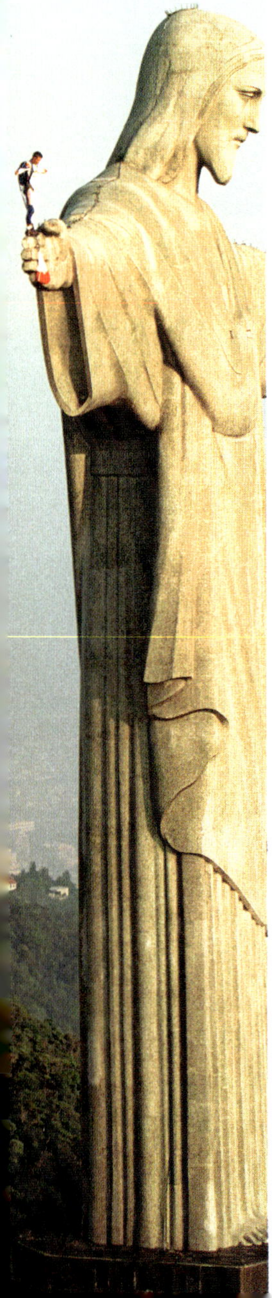

zuvor. Das waren sie, die schönsten Momente seines jungen Lebens, unerreicht von allem Bisherigen, unerreichbar für alles Künftige.

Der Sprung des Lebens – Sekundenbruchteile, die entscheiden

Sechs Uhr achtundfünfzig. Noch ein paar Worte in die Handkamera. Womöglich die letzten. Ein Knattern schob sich beständig und immer lauter bergwärts. Sie waren pünktlich, sagte dieses Knattern, das aus dem Morgenschleier emporstieß. Jeden Moment würden sie vor ihm auftauchen, die Gesichter aus der weit geöffneten Türe des Hubschraubers auf IHN und ihn gerichtet. Der Fotograf auf den Kufen sitzend und auf den besten Schuss lauernd.

Je näher das Dröhnen der die Luft durchschneidenden Rotoren kam, desto leiser wurde es. Nicht plötzlich. Beständig. Kaum noch zu hören für Felix. Dreimal umkreisen sollten sie ihn, ehe er das Kommando geben würde. Da war sie wieder, die Stille, die alles an einer unsichtbaren Kuppel abprallen ließ. Ein dumpfes Schlagen nur, das weit entfernt an sein Ohr zu dringen schien. Felix richtete sich auf.

Der Psion auf seinem Bett. Die Gedanken kreisten um den kleinen Taschencomputer, den er im Hotel zurückgelassen hatte.

„Druck es aus, wenn ich es nicht mehr kann, Tracy“, hatte er ihn gebeten. „Druck es aus und gib es meiner Mutter.“ Das Testament. Noch nie hatte er daran geglaubt, nicht mehr heimzukehren. Diesmal war alles anders.

Geschafft! Felix hängt am Schirm und dreht über den Corcovado ab

Jetzt tauchte der Hubschrauber vor ihm auf, hob an zur ersten Umkreisung. Drei hatten sie vereinbart. Langsam, ganz langsam, viel zu langsam, schien es. Konnten Hubschrauber überhaupt so langsam fliegen? War das etwa schon die Ewigkeit, die da in Zeitlupe an ihm vorüber strich? War er gesprungen, ohne es zu merken? Sah er nur mehr den Schatten seiner selbst dort oben auf der Hand?

Ein Begräbnis der Extraklasse wollte er. Keines nach dem herkömmlichen Strickmuster. Keine Blasmusik, kein Aufmarsch der Trachtenanzüge. Eines, wie Hans Knaus eines gehabt hatte. Hans Knaus, der Hubschrauberpilot aus St. Johann im Pongau. Er lebte für, er lebte im Hubschrauber. Drei Abstürze hatte er überlebt. Der vierte riss ihn mit. Da schwebte er vor ihm, der Sarg des Hans Knaus, an den Kufen eines Hubschraubers. Dieser Augenblick des Abhebens, dachte Felix. Das war die Kraft eines vergangenen Lebens. Der letzte Flug des Hans Knaus.

Die zweite Runde.

„Macht weiter, Jungs."

Das Seil, der Plastiksack, der Schirm. Passte alles?

Die Blumen. Immer noch hielt er sie in Händen. Gedankenverloren, selbstvergessen. „Du musst sie niederlegen, Felix, genau hier, auf den Handrücken", murmelte Felix zu Felix. „Warum habe ich sie erst heute mitgenommen und nicht schon beim ersten, zweiten Mal?"

Die dritte Runde. Jesus blickte auf die erwachende Stadt. Und auch Felix blickte auf die erwachende Stadt. Ganz klein, unbedeutend und am äußersten Armzipfel dieses mächtigen Riesen als Winzling auszumachen.

So kommt er also, der Tod. Er hüllt dich in einen Mantel der Stille. „Bitte, lieber Gott, lass mich überleben. Nur noch diese eine Geschichte, dann lass ich es bleiben." Nein, nicht das Springen. Aber diese Art von Gefahr, derer auch er nicht mehr Herr zu werden fürchtete.

Noch einmal die angespannten Gesichter im Hubschrauber im Augenwinkel.

„Okay, guys, three, two, one, see youououou …."

Rrrrrrrratsch. Ein vertrautes Geräusch, ein wohlig vertrautes.

Der Klettverschluss des Schirms sprang mit einem kurzen Ruck auf. Ruhig Blut bewahren, hieß es jetzt. Und dabei blitzschnell sein. Gedanken in rasender Abfolge, tausendmal schneller als Felix, wenn er in seinem Baumgartner-Stakkato spricht: „Hände rauf zu den Schlaufen, gleich rechts anziehen. Nur nicht danebengreifen.“ Danebengreifen gab es nicht. Wie beim Revolverhelden. Sonst war es der andere, der den Schuss verhallen hörte.

„Hey, brother, go for it!“ Gebannt starrte Tracy nach oben und hielt beschwörend seine Glücksbringermünze in Richtung der Erlöserstatue. Vor allem Unheil seines Sportes hatte ihn dieses kleine Rund aus Metall bewahrt – nun sollte der Talisman auch Felix helfen. „Hey, brother, go for it!“

Aus seiner Position sah er den Absprung, und er sah, wie sich der Schirm aufzubauschen begann. Er sah Felix’ Beine nach hinten schnellen, durch das halb geöffnete Stoffoval über ihm mit aller Gewalt in die Seile gerissen. Und plötzlich war er verschwunden. Der mächtige Felsen verwehrte ihm den Blick. Wo war Felix? Warum tauchte er nicht wieder auf? Er musste doch längst im Gleitflug sein! War er etwa gar in den Felsen …? „Wenn du draufgehst, Felix, will ich auch nicht mehr. Dann mach ich Schluss. Ich könnte deiner Mutter nicht in die Augen sehen. Ich habe dich zu diesem Sport gebracht. Es ist alles meine Schuld. Verdammter Mist auch.“

Das Ende der Stille. Genau so jäh, wie sie gekommen war. Keine Isolation, kein Dumpfheit mehr. Die Taubheit des Körpers wich dem wiederkehrenden Gefühl der Glieder. Keine Augen für Ipanema, Copacabana, Jardim Botanico. Nur glasige Blicke aus weit aufgerissenen Lidern, weit darüber hinausreichend, was den Horizont auszumachen schien.

Da waren sie wieder, die vertrauten Geräusche. Ein Pfeifen in der Luft, das rege Vorwärtsfahrt versprach. Eine Prise frischer Morgenluft, die Felix wittern durfte, die Mundwinkel eines neu ins Leben Gesprungenen freundlich umspielend. Gedanken an das bildhübsche brasilianische

Landung und Moment des Triumphes

Mädchen, das im Hubschrauber für ihn gezittert hatte. Und die Sorge, ob alle Bilder okay waren. Er hatte seinen Part erfüllt, aber hatten es die Jungs auch? Zurück zum Start – das gab es hier nicht.

Der Rest war Business as usual. Hin zum Botanischen Garten, Landeanflug und punktgenau neben dem Kameramann aufgesetzt.

„Jaaaaa!" Den Schirm zu einem Knäuel überworfen, die wenigen Schritte zum Fluchtwagen gehetzt, ab zum Hotel, die sichergestellten Bänder und Filme in den Tresor. Schulterklopfen und ein Gläschen Sekt im Hotel.

Der Zufall hatte seine Schuldigkeit getan. Nun war es an Felix, eine Schuld einzulösen. Die Mutter würde sich vor Sorge verzehren. Felix griff zum Telefon.

Ein spitzer, schriller Schrei drang an sein Ohr, als Felix seiner Mutter von seinem Husarenstück in Rio berichtete. Der Aufstieg ihres Sohnes hatte zuletzt eine Blitzartigkeit und Intensität erreicht, die ihr ihr eigen Fleisch und Blut langsam aber sicher unheimlich erscheinen ließen. Weltmeister, Twin Towers, Jesus. Und all das gleichsam im Zeitraffer. Nicht dass sie es gewollt hätte – aber gab es denn rein gar nichts, was ihrem Sohn misslang?

Der Jesus-Sprung ging um die Welt. Hunderte Tageszeitungen, Magazine und TV-Stationen jagten die Story kreuz und quer über den Erdball. Unzählige Interviews und Einladungen. Ein berauschendes, ein erhebendes Gefühl, mit einem Schlag im Zentrum medialen Interesses zu stehen. Mit wahrhaftem Stolz erfüllte ihn aber der Anblick der größten brasilianischen Kirchenzeitung: Dort hatte sein Sprung den Sprung aufs Titelblatt geschafft. Der Beweis, dass auch die Würdenträger dieses strenggläubigen Landes ihm und seiner Aktion wohl gesonnen waren. Der Beweis, dass er den Ort nicht entweiht hatte. Der mediale Ritterschlag für das kleine Figürchen Mensch auf der großen Figur Jesus. Ein Bild, das sich in die Erinnerung vieler Millionen Menschen brennen sollte, ohne zu wissen, wer dahinter steckte. Nun wollte Felix dafür sorgen, dass seine Bilder und sein Name zur unzertrennbaren Einheit würden. Felix „Ikarus" Baumgartner sollte zum geflügelten Wort werden.

Bull
Red Bull

Projekt Ikarus – Der Ärmelkanal

Mit einem Anruf aus München fing alles an. Zwei Technikstudenten hatten einen starren, deltaförmigen Kohlefaserflügel von hundertfünfundvierzig Zentimeter Spannweite entwickelt. Felix' Part bestand darin, so der Wunsch der beiden erfinderischen Burschen, dem Delta-Wing als Testpilot zu Serienreife zu verhelfen und erfahrenen Fallschirmspringern, wie er einer war, eine neue Dimension des freien Falls zu eröffnen. Anstatt nur an einem unsichtbaren Band erdwärts zu rasen, sollte man mit diesem Gerät eine beachtliche Vorwärtsfahrt erreichen können. Ein Fluggerät der anderen, der gänzlich neuen, der revolutionären Art.

Gemeinsam mit Freund Helmut Tucek hatte Felix an einem Frühsommertag des Jahres 2000 nach einigen vorangegangenen einen neuerlichen Testsprung mit dem Delta-Wing über dem Salzburger Flachgau und dem nahen Mondsee absolviert. Ein Tag mit idealen Windbedingungen. Ein Tag mit idealer Flügeleinstellung. Ein Tag, wie er idealer nicht hätte sein können. Und ein Tag, der trotz recht geringer Absprunghöhe von rund dreitausend Meter einen, wie Felix sagte, immensen Flug zugelassen hatte. Ein Flug, der ihn durch die Lüfte getragen hatte, weit über jene Distanz hinaus, die er sich jemals hätte erträumen lassen.

Eine Eingebung bei der Nachbesprechung war der Anfang. Die Euphorie ob des Erlebten ließ Felix und Helmut in Träumerei verfallen. Und ein Luftschloss erbauen, dessen Grundfesten dank dieses immensen Fluges auf greifbarem Unterboden standen. Warum nicht ein klein wenig an dem kratzen, was den Menschen seit jeher in den Bann zog und ihm bei aller Größe seiner Vorhaben die Kleinheit seiner Existenz vor Augen führte? Warum nicht ein klein wenig den Traum vom antriebslosen Fliegen träumen? Jene Kunst, die auch den kleinsten Vogel so erhaben macht über uns Menschen? Warum dabei nicht eine Strecke zurücklegen, die jedem Kind ein Begriff war? Warum also nicht einen Flug wagen – über den Ärmelkanal? Der Ärmelkanal sollte es also sein, wiewohl Felix gerade einmal wusste, was

Der Beginn einer Vision

er war, dieser Ärmelkanal, und wo er verlief. Er begann alles in sich aufzusaugen, was ihm darüber wissenswert erschien. Jeder Gedanke an ihn, den Ärmelkanal, ließ ihn fortan spüren, dass dies der Beginn einer neuen Vision war. Eine Vision, die Felix nicht mehr loslassen und dabei über drei lange Jahre hinweg ein Wechselbad aus großen Fortschritten und ebenso großen Rückschlägen über ihn ergießen sollte.

Der Ärmelkanal – La Manche: Verbindung des Atlantischen Ozeans mit der Nordsee, zwischen Cornwall und der Bretagne im Westen bis zur Straße von Dover, seiner engsten Stelle … nach der letzten Eiszeit entstanden, im Mittel nur fünfzig Meter tief. Steilküsten … aus Kreide begleiten ihn beiderseits … Vor der englischen Küste liegt die Insel Wight, vor der französischen die britischen Kanalinseln … starke halbtägige Gezeiten; mittlerer Springtidenhub von bis zu elfeinhalb Meter (aus: Brockhaus – die Enzyklopädie).

Der Ärmelkanal, eine 555 Kilometer lange Wasserstraße, eine Herausforderung seit Menschengedenken für jeden Navigator. Die wohl meistfrequentierte Straße zu Wasser überhaupt und seit 1994 durch das ehrgeizige Projekt des Eurotunnels auch eine unterirdische Verbindung zwischen dem britischen Eiland und dem europäischen Festland. Mit Rotterdam und Southampton werden die größten Verladehäfen der Welt durch ihn bedient. Hunderte Frachter, Tanker, Container- und Passagierschiffe queren ihn täglich auf ihrem Weg ins Mittelmeer, nach Südamerika oder nach Westafrika. Hinzu kommen unzählige Fischer, Fähren, Luftkissen- und Segelboote und überdies all die Verwegenen, die ihn mit Schlauchbooten, auf Luftmatratzen oder als Schwimmer durchmessen. Sogar zwei Gondoliere verschlug es vor einigen Jahren zu der Meerenge, die in ihrem filigranen Gefährt die vierunddreißig Kilometer von Calais nach Dover bezwangen und sich während der siebenstündigen, stürmischen Überfahrt mit venezianischen Volksweisen Mut ansangen.

Der Ärmelkanal – auch zu Luft ein scheinbar undurchdringliches

Gewirr an Bewegungen. Dutzende Luftraumkorridore und Flugzonen in allen Höhen, um Tausende Großraummaschinen wie auch kleine Privatflieger dicht gestaffelt aneinander vorbei zu manövrieren. Die wichtigste Luftstraße weltweit. Und genau dort wollte Felix es wagen. Dort wollte er der erste Mensch sein, der dem Traum vom Fliegen näher kam als je ein anderer zuvor. Kein Anfall von Vermessenheit war es, dem er bei Gedanken wie diesen erlag, nein: Wagemut, Pionier- und Freigeist in ausreichendem Maße, um vielleicht ein kleines, bescheidenes Plätzchen für sich zu sichern am Ende einer langen Reihe großer Namen, deren Glanz untrennbar mit der Luftfahrt verbunden ist.

Von Größen und vom Scheitern

Namen wie Leonardo da Vinci, der einen Flugapparat entwarf, dem Arme und Beine über Hebel und Flügel als Antriebskraft dienten. Freilich mit mäßigem Erfolg.

Namen wie Joseph und Étienne Montgolfier, die 1783 zwei Adelige in einem Heißluftballon auf eine acht Kilometer lange Reise ins Luftmeer über Paris entsandten. Dabei musste ständig die Kohlepfanne geschürt werden, um heiße Luft in die Hülle aus Taft und leichten Stoffen zu bringen. Und zugleich galt es, die erhitzte Außenhaut mit einem Schwamm zu kühlen.

Namen wie Antoine-Laurent Lavoisier, dessen Entdeckung des Wasserstoffs wenig später erstmals einen gasgefüllten Ballon in die Lüfte steigen ließ. Und nicht zuletzt den Franzosen Jean-Pierre Blanchard und den Amerikaner John Jeffries in einem Wasserstoffballon den Ärmelkanal queren ließ.

Namen wie Sir George Cayley, ein Pionier der Luftfahrt, der die Grundprinzipien der modernen Aeronautik erkannte und erarbeitete. Er verstand die Problematik der Wirkung von Auftriebskraft, Schub und Strömungswiderstand auf einen Tragflügel und legte mit seinen bahnbrechenden Experimenten den Nährboden für spätere Entwicklungen.

Ruhm als Sieg über Durchschnittlichkeit oder Geisel der Überdurchschnittlichkeit?

„Anfangs gab es nichts Schöneres, als auf der Straße erkannt zu werden. Ein Zeichen dafür, auf dem Weg nach oben zu sein. Mit der Zeit kippt das ins Gegenteil. Du wirst angesprochen, wenn es dir nicht passt. Die selben Fragen zu den selben Themen. Es ist wunderbar, sich stundenlang mit Menschen zu unterhalten, die nichts mit meinem Gesicht und meinem Namen anzufangen wissen. Sagst du ihnen aber: ‚Ich bin der Jesus-Springer. Ich bin der Ärmelkanal-Flieger' – mit einem Schlag sehen sie in dir, was du tust, und nicht, was du bist. Das ist wohl Teil des Vertrages, den du mit der Öffentlichkeit schließen musst."

Namen wie Otto von Lilienthal. Er entwickelte die Ideen Cayleys über den „Vogelflug als Grundlage der Fliegerei" in seinem gleichnamigen Buch weiter. Und vollführte nahe seiner Heimatstadt Berlin unglaubliche zweitausendfünfhundert Flugversuche. Zuletzt bestanden seine einflügeligen Gleiter aus Holmen, die mit gewachstem Segeltuch bespannt waren. Dies bewirkte, dass der Luftdruck unter dem Flügel größer war als darüber und bei entsprechendem Tempo ein dynamischer Auftrieb entstand. Weiten bis zu zweihundertfünfzig Meter erreichten seine per Gewichtsverlagerung gesteuerten Fluggeräte, ehe Lilienthal bei einem neuerlichen Versuch am 9. August 1896 sein Leben ließ.

Und natürlich Namen wie jene der Gebrüder Orville und Wilbur Wright, die 1903 mit dem ersten ernsthaft zu wertenden Motorflug einen Meilenstein setzten. Ein Meilenstein, der ein Wettrüsten der Technik nach sich zog. Das erste Ganzmetallflugzeug von Hugo Junker; ein Strecken-rekord nach dem anderen; Überquerung des Nordatlantik durch Charles Lindbergh; Zeppeline; Raketenflugzeuge; Ballone in der Stratosphäre; Beginn des Luftfahrt-Liniendienstes; Hubschrauber; Erdumrundungen; Mondlandung; Großraummaschinen; Weltraumprogramme … ein Ende ist nicht in Sicht.

Aber bei alledem liegt eines nach wie vor in weiter Ferne: das antriebslose Fliegen bei kleinstmöglicher Flügelfläche.

Der Triumph des verschmähten Außenseiters

Eine „Randerscheinung" dieses permanenten Wettrüstens waren auch in bereits längst vergangenen Tagen Wettbewerbe, wie sie etwa Lord Northcliffe von der *Daily Mail* in London mit dem damals stolzen Betrag von eintausend Pfund Sterling ausgelobt hatte. Namhafte Verwegene jener Zeit waren, wenn teils auch nur knapp, an dem eingeforderten Vorhaben gescheitert: dem motorisierten Jungfernflug über den Ärmelkanal. Inmitten vieler Größen hatte auch der Franzose Louis Blériot notiert. Blériot galt in Kollegenkreisen als untalentierter Pilot und noch untalentierterer Unternehmer. Sein winziger Einsitzer, die Blériot XI, war überdies im Vergleich zur Konkurrenz mit fünfundzwanzig luftgekühlten Pferdestärken untermotorisiert. Doch war die Blériot XI, wie erst später offenkundig wurde, eine Einflügelkonstruktion mit durchdachter Flügelsteuerung, ihrer Zeit voraus. Einzig der Motor entsprach nicht den technischen Möglichkeiten seiner Zeit. Und war unzuverlässig.

Tausende Schaulustige hatten sich um vier Uhr früh am 25. Juli 1909 versammelt, um auch dem letzten Teilnehmer frenetisch zuzujubeln. Allesamt waren sie wohl in der Erwartung, dass ihn, Blériot, das Schicksal seiner vorweg gestarteten Mitstreiter ereilen und seine Maschine irgendwo im Kanal zu Wasser gehen würde. Schon kurz nach dem Start in Richtung der Dünen von Les Baraques, einem Dorf nahe Calais, drohte das Aus. Die Unbeständigkeit der Anzani-Dreizylinder-Maschine zeigte sich, wie befürchtet überhitzte Blériots Motor. Ein plötzlicher Regenguss schenkte jedoch unerwartete Kühlung. Wenig später geriet Blériot bei einer maximalen Flughöhe von dreihundert Fuß über Wasser erneut in arge Turbulenzen: eine anfängliche Brise, die blitzschnell zu einem „Lüftchen" von zwanzig Knoten angeschwollen war und ihn von seinem Kurs zu verblasen drohte. Dennoch hielt er unbeirrt auf die weißen Klippen der englischen Küste zu und vollbrachte das Unmögliche – nach siebenunddreißig Minuten setzte er hinter der Burg von Dover auf. Zwei Staaten, die das Meer auf dreiundzwanzigeinhalb Meilen (rund vierunddreißig Kilometer) getrennt hatte, waren mit einem Mal auf dem Luftweg füreinander erreichbar. Ein Dammbruch von damals noch ungeahnter Dimension.

Der Ärmelkanal – eine Herausforderung seit Menschengedenken. An ihm gedachte sich nun auch Felix Baumgartner zu messen. Der Ärmelkanal als Schauplatz seiner Vision, die alles bis dahin Erlebte in den Schatten stellen sollte. Dort wollte er den Traum vom Fliegen träumen. Dort wollte er sich sein kleines Plätzchen in den Büchern sichern.

World Sports Award – die Tiefen eines Höhenfliegers

Der Anruf war mitten in den ersten Planungen und Vorbereitungen für das Ärmelkanalprojekt gekommen. „Du bist nominiert für den World Sports Award, Kategorie Extremsport. Der Award findet in knapp einem halben Jahr statt, am sechzehnten Jänner zweitausendeins in London. Einladung und alle Infos bekommst du in Kürze."

Die Stimme gehörte Hubert Neuper, Ex-Weltklasse-Skispringer, der nach Ende seiner aktiven Laufbahn dem Sport als Manager erhalten geblieben war und den World Sports Award ins Leben gerufen hatte. Vorerst dachte Felix an irgendeine dieser Ehrungen, wie es sie zuhauf gab. Bis ihn ein Freund aufklärte: „Letztes Jahr war dieser Award in Wien, Felix. Schon vergessen?"

Ja, richtig. Der Award in Wien. Aber da waren doch ... da waren doch die größten Sportler aus aller Welt vertreten gewesen. Und bei diesem Award sollte auch er ... ?

Die bloße Tatsache der Nominierung riss Felix im ersten Moment aus den Schuhen. Aber er war rasch wieder in festem Tritt. Und als er Tage später die offizielle Einladung in Händen hielt, waren Felix' Ganglien wieder auf Hochtouren.

„Konrad. Ich bezahle dir Flug. Hotel, alles. Dafür hängst du da drüben in England wie mit dem Karabiner an mir dran und schießt alles und jeden ab, der dir mit mir gemeinsam vor die Linse kommt. Und – Konrad: Muhammad Ali feiert seinen neunundfünfzigsten Geburtstag. Sie geben am Vorabend des Award ein großes Fest zu seinen Ehren. Ich brauche unbedingt ein Foto mit ihm, verstehst du, Konrad?"

Muhammad Ali – die Legende schlechthin. Ein Idol für Generationen. Muhammad Ali – der Mann, der auch in Europa Millionen Menschen mitten in der Nacht den Wecker stellen und aus ihren Betten vor die Fernsehapparate springen ließ, wenn er, Ali, geborener Cassius Clay, drüben überm großen Teich seinen tänzelnden Körper in den Boxring schwang. Und

zur Feier dieses Giganten war er, Felix, der Fallschirmspringer, geladen. Eine Gelegenheit, die sich vermutlich nie wieder ergeben würde. Also musste ein Foto her. Koste es, was es wolle.

Felix kannte Konrad Lagger zwar noch nicht allzu lange, doch wusste er seine Qualitäten richtig einzuschätzen. Als freier Fotograf in der Stadt Salzburg war Konrad mehr als andere auf persönliches Engagement angewiesen. Die Umtriebigkeit, mit der er ans Werk zu gehen pflegte, war jedoch in vielen Belangen einzigartig. Ein Mensch, dem kaum ein Weg zu beschwerlich war, wenn er ihn nur ans Ziel führte. So hatte er sich einmal zwei Tage und Nächte lang bei Eiseskälte mit Schlafsack und kleiner Essensration auf einem Dachboden in Deutschland verschanzt, um anlässlich eines Staatsbesuchs ein Bild von Kanzler Helmut Kohl und seinem hohen Gast zu schießen, und zwar aus einer erhöhten Position, wie sie auf Grund rigoroser Sicherheitsmaßnahmen und Absperrungen kein anderer Fotograf hatte.

Ein Mensch, der es verstand, andere durch geschicktes Umschmeicheln für sich und seine Sache zu gewinnen. Wenn einer ihn, den kleinen Felix, mit dem großen Muhammad Ali knipsen konnte, dann Konrad.

Als er Stunden vor Beginn der Feierlichkeiten an die Bar im Hilton Hotel in London schlenderte, glaubte Felix seinen Augen nicht zu trauen. Neben Konrad saß kein Geringerer als der langjährige Freund und Manager der Boxlegende Muhammad Ali. Wie immer er es angestellt haben mochte: Konrad hatte Alis Begleiter derart um den Finger gewickelt, dass die beiden in angeregter Unterhaltung jede Menge Drinks in sich hineinkippten.

Als es am Abend daran ging, auserwählte Fotografen zur Legende Muhammad vorzulassen, während die versammelte Sportprominenz im Gänsemarsch anrückte, um ihre Glückwünsche abzuliefern, machte sich das Pläuschchen an der Bar bezahlt. Der Manager erspähte Konrad in der Meute der wartenden Presseleute und gab den Bodyguards per Handzeichen zu verstehen, ihn vorzulassen.

Inzwischen kam sich Felix vor wie beim Tempelhüpfen. Wo auch immer er hintrat: Ein Top-Prominenter war bereits da. Und er, Felix, mitten

Die Royal Albert Hall. Roger Moore, Felix & eine Schöne der Nacht

drin. Der reinste Hindernisparcours war das. Ein Taumeln zwischen Superstar und Superstar. Da Michael Johnson, dort Marian Jones, da Luis Figo, dort Venus Williams, da Mark Spitz, dort Lennox Lewis, dazwischen Niki Lauda, Hermann Maier und Renate Götschl, und dort – war das nicht Buzz Aldrin, einer der ersten drei Mondastronauten?

Wie oft hatte Felix als Kind mit der Silbermünze gespielt, die er 1969, im Jahr der Mondlandung, zur Taufe erhalten hatte. Darauf abgebildet als Relief: Neil Armstrong, Kommandeur; Michael Collins, Pilot der Apollo IX; und Edwin E. alias „Buzz" Aldrin, Pilot der Mondfähre. Drei Helden, die es geschafft hatten, sich von der Erde zu lösen und in den Orbit zu tauchen. Von der Erde lösen, nun ja, in gewissem Sinn wollte er das auch. Wie oft hatte er die Münze zwischen den Fingern gehalten. Und nun war einer der drei Männer aus diesem Stück Edelmetall geklettert, um sich mit ihm, Felix, zu unterhalten.

Unglaublich. Ein Raunen lief durch die Menge, als Muhammad Ali den Raum betrat, zitternd, wackelnd, aber auch von einer Aura umgeben, wie sie nur wenige Menschen besitzen. Ali, dieser Größte der Großen. Und nun stand Felix inmitten der Schlange von Gratulanten vor ihm und schüttelte ihm die Hand.

Welchen Sport er mache?

Was sage ich nur?, dachte Felix. Was ein BASE-Jumper ist, wird er wohl kaum wissen. „Ich springe mit dem Fallschirm von Gebäuden, Brücken und Felsen", antwortete Felix.

„Oh! You're crazy!"

Die Parkinsonsche Krankheit hat seinen Körper gebeugt, dachte Felix. Aber nicht seinen Kopf. Wie sonst hätte er derart blitzschnell erkennen können, welche Gefahren in dem steckten, was er, Felix, tat?

Kaum war Felix von Muhammad Ali weggetreten – Konrad hatte es tatsächlich geschafft, zu seinem Bild zu kommen –, legte sich von hinten eine Hand auf seine Schulter. „Bist du nicht der Baumgartner?" Wer ließ fragen?

Ron Wood. Gitarristen-Legende der Rolling Stones. Aber woher wusste er … ?

„Meine Tochter ist ein großer Fan von dir", lachte Ron. „Die liebt solche Spinner. Tu mir einen Gefallen, gib mir ein Autogramm für sie."

Wer lässt fragen? Ron Wood. Felix & der Hermann Maier

Träumte er? Ron Wood fragte ihn um ein Autogramm? Und wenn es für Rons Meerschweinchen gewesen wäre, er hätte ihm ohne zu zögern fünf gegeben.

Einfach unglaublich.

Der Tag des Award. Je näher er gekommen war, desto größere Chancen hatte Felix sich ausgerechnet. Eine der Jurystimmen war durch die Internetwahl bestimmt worden, die schon im Vorfeld stattgefunden hatte. Da hatte Felix die Nase vorne. All seine Freunde und Bekannten hatten sich unzählige Male ins Netz eingeloggt, um ihre Stimme für ihn abzugeben. Durchaus legitim, taten doch die Konkurrenten genau das Gleiche. Bloß schien er den größeren Stab an Getreuen hinter sich zu haben.

Björn Dunkerbeck: Ihn fürchtete Felix am allermeisten. Zwölfmal war er Weltmeister geworden. Ein Topsportler, eine Ausnahmeerscheinung von einem Windsurfer. Daneben natürlich Eric Baroné, der Extrem-Mountainbiker. Ein ebenso wilder Hund, wie er einer war. Mit zweihundertzweiundzwanzig Stundenkilometer stürzte sich der Franzose mit seinem Fahrrad die Hänge hinab.

Fünfzehn Kategorien mit jeweils fünf nominierten Athleten gab es insgesamt, von Fußball über Motorsport und Leichtathletik bis zum Extremsport. Die Szenerie auf der Bühne machte Felix zusätzlich optimistisch. War da nicht genau hinter Roger Moore und Desirée Nosbusch – den beiden Moderatoren der Show – inmitten der abstrakten Figuren des bildenden Künstlers Jos Pirkner eine überlebensgroße Abbildung seines Sprungs von einem Unimog in Hüttau auf die Wand projiziert? Wenn das kein Omen war.

Und dazu der aufbrausende Applaus, ja frenetische Jubel im Saal, als seine wildesten Stunts, Jesus, Twin Towers und einige mehr, auf einer Videoleinwand zu sehen waren. Viel stärker, viel intensiver als bei der Präsentation der Leistungen seiner vier Mitbewerber.

„And the winner is … "

Felix, der Medienprofi

Felix Baumgartner. Wer sonst. Da passte alles zusammen. Der Jubel, das Bild hinter den Moderatoren. Jetzt steh ich gleich da draußen auf diesem Glaspodium und rede vor einer Milliarde Menschen live im Fernsehen. Diese Chance haben sonst nur der amerikanische Präsident und der Papst, dachte Felix. Und vielleicht die Staatschefs von Indien und China. Kein Wunder bei so vielen Einwohnern … Wie gut, dass ich vor einer Stunde noch eine kleine Rede vorbereitet und auf den Zettel in meiner Hosentasche gekritzelt habe. Nicht diesen ewig gleichen Schmus von wegen Dank an alle Sponsoren und so weiter und so fort. Wie gut, dass ich ein paar eigene Worte gefunden habe. Für diesen neuen Höhepunkt in meinem Leben. Mein Gott, bin ich nervös. Das hat's ja überhaupt noch nie gegeben, dass ich so gezittert habe.

„… Miguel Martinez!“

Wie bitte?

Die haben den Zettel vertauscht, dachte Felix.

Miguel Martinez? Der Cross-Country-Biker? Der mit Abstand Schwächste in ihrer Gruppe? Einer, der beim Award in der Sparte Extremsport gelandet war, weil sie nicht wussten, wohin sie ihn sonst tun sollten? Einer, der in der Kategorie für wilde Hunde gar nichts verloren hatte?

Das ist bestimmt ein Irrtum. Die Leute pfeifen ja schon alle. Die haben doch auch gerade vorhin die Videos gesehen. Da war Martinez weit abgeschlagen. Praktisch gar nicht vorhanden. Und jetzt wackelt dieser kleine Spanier da hinaus und stammelt in seinem schlechten Englisch irgendetwas daher, dachte Felix. Das kann doch nicht sein. Holt ihn runter von der Bühne! Das ist ein Irrtum!

Sie holten ihn nicht herunter. Es war kein Irrtum.

Felix fiel in ein Loch. Ein tiefes Loch dumpfer Ohnmacht, Wut und Enttäuschung. Jeden anderen in seiner Gruppe hätte er akzeptiert, auch wenn es weh getan hätte. Sie alle waren verwegene Burschen. Aber ein Cross-Country-Radfahrer, der vom wilden Hund so weit entfernt war wie Michael Schumacher von einem Sympathieträger?

Niemals.

Keine Siegesfeier, keine Storys in der Zeitung. Die Freunde daheim vor den TV-Apparaten, was würden sie sagen? Mit einem Schlag alle Träume zerplatzt. Am nächsten Tag hatte er als frisch gebackener Champion vom Hilton Hotel springen wollen. Wen würde das jetzt noch interessieren, wo er, der wilde Hund, von einem Soft-Radfahrer ausgestochen worden war?

Aufmunterndes Schulterklopfen. Eine Frechheit, diese Entscheidung, Felix. Freunde und Bekannte waren einhellig dieser Meinung. Auch die vielen, die alles via Fernsehen mitverfolgt und ihm sofort per SMS Solidarität bekundet hatten. Drei Dutzend mindestens.

Die Party am Abend? Ein Interview für den Österreichischen Rundfunk? Neben Hermann Maier und Renate Götschl, die beide in ihrer Kategorie gewonnen hatten? Kein Interesse. Erstmals im Leben war ihm nicht gelungen, was er sich vorgenommen hatte. Für Felix war eine Welt zusammengebrochen an diesem Abend. Zurück ins Hotelzimmer und einbunkern. Sonst nichts.

Der Auswahlmodus war Schuld. Was sonst? Ex-Fußballer Toni Polster, selbst Mitglied der Jury, hatte Felix Einzelheiten genannt. Etwa darüber, dass die Jury eher konservativ und nicht mit Lifestyle-Typen besetzt war. Außerdem gab es als Entscheidungshilfe ein Buch, in dem alle Sportler abgebildet und daneben in zehn Zeilen ihre Leistungen aufgelistet waren. Bei einem Hermann Maier oder einem Michael Schumacher wusste ohnedies jeder, wozu er imstande war. Aber gerade in seiner, der heikelsten Kategorie von allen, einem Sport, der nicht jeden Tag in den Medien vertreten war: Da hätten sie doch jedem Juror ein Zwei-Minuten-Video dazugeben können. Dann hätten sich die Damen und Herren ein Bild machen können und wären nicht auf die paar Zeilen Information angewiesen gewesen. Kein Wunder, dass es der Martinez geworden ist, dachte Felix nun. Er ist als Einziger von uns ein Olympiasieger. Alle anderen Sportarten in der Kategorie „Extrem" waren ja gar nicht olympisch. Bei ihm waren Worte wie Wettkampf oder Meisterschaft ohnedies fehl am Platz. Und Medaillen gab's schon gar keine.

Der große Moment: Felix bei Ali. Eintragen in der Promi-Liste. Kampf für die Kamera mit Box-Weltmeister Lennox Lewis

Hätte die Jury vor ihrer Entscheidung gesehen, wie es Eric Barone bei zweihundert Stundenkilometer mit seinem Fahrrad zerriß oder wie Björn Dunkerbeck eine Vierzig-Meter-Welle absurfte, auf der Flucht vor dem lauernden Tod, oder wie er, Felix, ein ums andere Mal sein Leben aufs Spiel setzte …

Aber sie wussten es nicht besser, dachte Felix. Sie konnten es nicht besser wissen, weil man es ihnen nicht gesagt hatte. Das wäre Sache der Organisatoren gewesen. Was ihn zusätzlich bestärkte: Auch bei den Damen hatte eine Cross-Country-Bikerin das große Los gezogen. Ebenfalls Gewinnerin einer Goldmedaille.

Bloß eine Möglichkeit hatte Felix in all seinen Überlegungen außer Acht gelassen, jene, die auch viele seiner Freunde nach dem ersten Schock zu teilen begannen: Es war ganz gut, dass Felix in seinem Höhenflug einen Dämpfer erfahren hatte. Womöglich hätte er geglaubt, die ganze Welt in Stücke reißen zu können …

Das Buch für Entschuldigungen: *„Jeder hat so ein Buch, um darin nach Ausreden zu blättern. Geht es darum, mir etwas einzureden, bin ich nahezu genial. Da bestünde ich jeden Test mit dem Lügendetektor, so fest glaube ich daran. Schuld bin ich fast nie. Das ist wichtig für mein Ego. Damit es makellos bleibt. Ich sage: Hätte ein anderer das und das gemacht, wäre das und das nicht eingetreten. So einfach ist das. Obwohl ich im Hinterkopf weiß, wie es sich wirklich verhält. Ein Selbstschutzprogramm. Der Lernprozess bleibt dabei auf der Strecke. Fehler suchen, sich eingestehen und ändern – das Grundprinzip, wie Niki Lauda es beschreibt, hat für mich keine Gültigkeit. Ich kenne mich: Ich bin rechthaberisch, suche Fehler prinzipiell bei anderen und will meinen Standpunkt durchsetzen. Zumindest bei Dingen, die mir wichtig sind. Das war auch beim Award so. Aber wer weiß, wofür es gut war. Womöglich hätte mich der Größenwahn vollends gepackt. Lehrgeld bezahlen musste ich bisher kaum. Vor allem, was die Machenschaften mancher Manager angeht. Erfahrungen mit einer Art Mafia, wie es sie etwa im Fußball gibt, kenne ich nicht. Aber noch jeder hat seine Ohrfeige bekommen."*

ICARUS

Das Geheimnis der Gleitzahl

Eins zu drei, bestenfalls eins zu dreieinhalb. So lautete der Stand der Dinge.

Aus Delta-Wing I, dem anfänglichen Modell der Münchner Studenten, war nach diversen Unstimmigkeiten, was Vorstellungen und Forderungen der beiden jungen Männer aus Bayern betraf, inzwischen Delta-Wing II geworden. Ein Red-Bull-eigenes Projekt mit einem abgeänderten und weiterentwickelten Flügel. Ein Delta-Wing mit der Gleitzahl von eins zu dreieinhalb. Was so viel bedeutete wie: Bei einem Meter Abwärtsbewegung würde der Flügel zugleich eine horizontale Strecke von maximal dreieinhalb Meter bewältigen. Ein sehr guter Wert für einen „freien Vorwärtsfall". Doch bei weitem nicht gut genug. Denn Vorausberechnungen hatten ergeben, dass Felix zur Bewältigung der gewaltigen Distanz von vierunddreißig Kilometer aus einer Höhe von rund neuntausend Meter starten hätte müssen und gleichzeitig eine Gleitzahl von zumindest eins zu fünf benötigte. Von dreieinhalb auf fünf: was nach einem winzigen Hüpferchen aussah, bedeutete in der Welt der Aerodynamik einen Quantensprung.

Wingsuit – der erste kleine Schritt zum Fliegen

Erfahrung in Sachen Gleitflug hatte Felix bis dahin bloß mit seinem Wingsuit gesammelt, einem hautengen Ganzkörperanzug mit schwimmhautähnlichen Stoffflächen, vom Schritt bis zu den Knöcheln einerseits und von der Achselhöhle bis zu Handgelenken und Hüften andererseits angenäht. Ein Fleisch gewordener Batman sozusagen. Doch war der Radius dieses Wingsuit stark limitiert, weil mit Stoff niemals die Flug- und Gleiteigenschaften eines starren Flügels zu erzielen waren. Für Streckenflüge war der Wingsuit somit gänzlich ungeeignet.

Was er benötigte, war ein Fluggerät, wie es noch nicht existierte. Ein Flügel, der ihm, dem antriebslos den Äther Durchmessenden, den größtmöglichen Auftrieb verschaffte, einen dynamischen Auftrieb. Dafür hieß es Anleihe nehmen bei einem Herrn namens Bernoulli.

Das Spiel mit den Medien II

Bei Fernsehstationen ist es üblich, Beiträge über Sportler zu produzieren und sie mit einer einmaligen Pauschale abzugelten. Dieses Material wird dann beliebig oft verwendet oder weiterverkauft. Das habe ich rasch erkannt. Deshalb gestatte ich in meinen Verträgen den TV-Sendern immer nur ein einmaliges Ausstrahlungsrecht. Somit kann ich ihnen ihr eigenes Material mehrmals verkaufen. Es geht mir dabei nicht ums Geld – es ist die Herausforderung. Der gelungene Versuch, die zu manipulieren, die sonst alles und jeden manipulieren."

Fragen ohne Antworten

Wie fliegen sie eigentlich, die tonnenschweren Blechvögel, die tagtäglich zu Tausenden über unseren Köpfen von hier nach dort streben? Einmal abgesehen davon, dass sie mächtige Turbinen mit ebenso mächtiger Schubkraft unter den Spannen seitlich ihrer Lenden tragen. Was sie oben hält und nicht wie den sprichwörtlichen Stein vom Himmel fallen lässt, ist das von uns allen einmal erlernte, dann wieder vergessene, daher vermeintlich geheimnisvolle und dabei doch so einfach nachzuvollziehende Prinzip, dessen Ansätze Jacob Bernoulli, Spross der berühmten Schweizer Mathematikerfamilie des siebzehnten Jahrhunderts, erkannt hat: die Herstellung einer Beziehung zwischen Fließgeschwindigkeit und Druck. Das Bernoulli-Prinzip als Grundgesetz der Strömungsmechanik.

In der Aerodynamik erklärt es den Auftrieb einer Flugzeugtragfläche während des Flugs. Flügel wie auch Tragflächen sind so konstruiert, dass die darauf treffende Luft sich teilt und schneller über die Oberseite strömt als über die Unterseite. Auf der Unterseite von Flügel oder Tragfläche entsteht ein verstärkter Druck nach oben. Gleichzeitig aber bildet sich an der Oberseite ein Unterdruck, der einen Sog nach oben bedingt. Dabei ist dieser Sog, der in anschaulichen Experimenten auch gerne mit den Fliehkräften verglichen wird, welche bei rasanter Kurvenfahrt auf die Insassen eines Wagens wirken, etwa doppelt so stark wie der von unten wirkende Druck. Das Zusammenspiel beider Kräfte ruft den Auftrieb hervor. Eine im Gegensatz zur statischen, wie man sie sich etwa bei gasgefüllten Ballonen zunutze macht, dynamische, weil nur an einem in der Vorwärtsbewegung befindlichen Flügel entstehende Kraft.

Und wie fliegt nun er, dieser zweiundsiebzig Kilogramm leichte Menschenvogel namens Baumgartner? Genau nach diesem Muster. Bloß dass sein Antrieb nicht aus PS-starken Turbinen, sondern aus dem freien Fall erfolgt.

Mutter Eva & Sohn Felix:
„Sie ist mein Lebensmensch“

Auftrieb oder: die rasante Kurvenfahrt

Eine Gleitzahl von eins zu fünf also ist das Mindestmaß aller Dinge. Welches Profil sollten die beiden Mini-Tragflächen haben, um in allen Luftschichten den idealen Auftrieb zu erzielen? Musste gar ein neuer Flügel, ein Delta-Wing III her? Einer, der mit den beiden bisherigen nichts mehr gemein hatte? Wie war der Zauberwert von eins zu fünf zu erreichen? Lediglich eine von vielen offenen Fragen.

Welche äußeren Gegebenheiten würde er dort oben vorfinden? Ein Spaziergang würde es keinesfalls werden, vielmehr eine Grenzerfahrung weit jenseits des Vorstellbaren, eine Belastung für Körper und Geist, die ihm Übermenschliches abverlangen würde.

Wie sah es mit der Sauerstoffversorgung aus?

Die Geschwindigkeit – würde sie einhundert, zweihundert oder gar dreihundert Kilometer pro Stunde betragen? Wäre er anfänglich durch den geringen Reibungswiderstand der dünnen Luft womöglich noch viel schneller?

Wie kalt wäre es in neuntausend Meter bei derartigem Tempo? Fünfzig, siebzig, einhundert Grad unter Null?

Wie konnte er den Flügel, der sich, am Beispiel des jüngsten Modells betrachtet, bisher nur durch Gewichtsverlagerung partiell um die Längsachse drehen ließ, steuern? Mit Steuerklappen, die per Joystick in den seitlichen Griffen zu bedienen waren?

Welche Windverhältnisse würden ihn erwarten? Müsste er, um auf Kurs zu bleiben, womöglich ständig vorhalten, das heißt: in einen allfälligen Seitenwind steuern, um ein Abdriften in die Gegenrichtung zu verhindern?

Welche Flugbahn wäre, daraus resultierend, die ideale? Jene von Dover nach Calais? Jene von Calais nach Dover?

Was war mit der Landung? Schließlich konnte er mit dem Ding nicht in voller Fahrt zu Boden gehen. Wie musste der Fallschirm zwischen die Tragflächen verpackt werden, um möglichst wenig Angriffsfläche zu bieten?

Welche Höhe wäre als unterstes Limit anzusetzen, um den

Fallschirm zu öffnen? Der Schirm konnte sich ja im Flügel verfangen. In diesem Fall musste er beide abtrennen, um auf den Reserveschirm zurückzugreifen. Was wiederum ein Muss an ausreichender „Arbeitshöhe" bedeutete.

Was geschah, wenn er das Bewusstsein verlor?

Wie lange würde dieser Flug der Superlative dauern?

Welche konditionellen Voraussetzungen galt es zu erfüllen? Ein Topathlet war er zwar jetzt schon, doch konnte ihm dieser Trip womöglich mehr Kraft abverlangen, als er sich vorzustellen vermochte. Schließlich war sein Körper gewissermaßen der Flugzeugrumpf. Seine Haltung musste in jedem Fall perfekt sein. Über die gesamte Dauer des Fluges. Einmal die Füße ein wenig nach unten durchhängen lassen und der ganze Gleitwinkel war beim Teufel. Perfekte Körperhaltung wie aus einem Metallguss also. Nur so waren optimale aerodynamische Voraussetzungen zu schaffen. Nur so war an ein Gelingen zu denken.

Und dazu kam die Frage aller Fragen: Würde er überhaupt eine Überfluggenehmigung erhalten? Mit einem irrwitzigen Projekt wie diesem? Als antriebsloses Menschenflugzeug würde er so gut wie alle Luftraumkorridore durchkreuzen – jene für Großraummaschinen ebenso wie jene für kleinere Privatflugzeuge. Wer würde eine derartige Genehmigung erteilen? Die englischen Behörden? Die französischen? Die internationale Luftraumbehörde? Und wer hatte die nötigen Kontakte, das Zusammenwirken aller Verantwortlichen zu koordinieren, um diese Erlaubnis einzuholen?

Ein heißer Tanz in der eisigen Todeszone

Mit jedem zusätzlichen Detail und der daraus entstehenden Problematik wurde klarer: Ein Projekt wie dieses bedingte neben Pioniergeist und Innovation vor allem hundertprozentige Professionalität, was die Berechnung sämtlicher Eventualitäten anlangte. Andernfalls würde die Kanalüberquerung zum Himmelfahrtskommando werden.

Die Antworten auf einige offene Fragen hatte Felix in der Zwischenzeit recherchiert. Etwa die Sache mit der Kälte: Allein schon der Gedanke, bei fünfzig Grad unter Null aus einem Flugzeug zu springen und mit vermutlich mehreren Hundert Stundenkilometern durch den Äther zu brausen, ließ den Atem stocken. Die Geschwindigkeit mit eingerechnet, würde die Außentemperatur zu Beginn an die hundert Grad unter Null betragen. Eine absolute Todeszone, in die er sich da zu begeben dachte. Felix musste von Kopf bis Fuß geschützt werden. Jeder frei liegende Körperteil würde sofort schockgefrieren. Was Felix auf jeden Fall brauchte, war ein Thermooverall, wie ihn die französische Firma Jonathan Fletcher herstellte. Ein spezialbeschichteter Anzug, in dessen Gewebe Kohlefaserfäden eingearbeitet waren, um ihn – nach dem Prinzip einer fliegenden Thermoskanne – vor allem in den ersten Minuten des Überflugs vor der bitteren Kälte zu schützen, bis er in Sphären hinab stieße, in denen es sich auch ohne Kälteschutz dahingleiten ließ.

Weiters das Problem der Atmung: Felix benötigte einen Spezialhelm, der aus einer kleinen Flasche im Hohlkörper des Flügels mit Sauerstoff gespeist würde. Überdies sollte dieser Helm neben einer Funkeinrichtung über ein Navigationssystem verfügen, das ihm während des Fluges auf der Innenseite des Visiers alle erforderlichen Daten wie Flughöhe, Koordinaten und Geschwindigkeit einblenden würde. Eine Technik, wie man sie in der Formel 1 bereits verwendete. Denn eines wollte Felix keinesfalls: daran scheitern, dass er sich womöglich verflog.

Grundvoraussetzung für jeden weiteren Gedanken an das Projekt Channel Crossing war jedoch ein perfekt abgestimmter Flügel, ein mit Sicherheit neuer Flügel, wie sich mehr und mehr herauskristallisierte, und eine Firma, die ihm diesen neuen Flügel, diesen Delta-Wing III, bauen konnte.

Im Disneyland für BASE-Springer

Schon das erste Schnuppern am freien, ungebremsten Fall ließ Felix alle Strapazen vergessen, die ihn bis hierher geführt hatten, in eine Welt aus zerklüftetem Fels und Eis, weit entrückt einer Ordnung, die er als die seine und daher einzige erachtet hatte. Das erste Schnuppern schon befreite ihn von allem, was er an Zivilisationsballast mitgeschleppt hatte. Das erste Schnuppern als Beginn eines freien Falls von nicht enden wollenden vierzig, fünfzig, fünfundfünfzig Sekunden, Zeit und Raum, die Bilder vergangener Wochen in dieser Fremde mit ihren fremden Menschen noch einmal einzusaugen.

Die Schotterpiste von Clyderiver – ein erstes Bild voller Nüchternheit. Keine Abflughalle, drei nackte Sessel im Freien, ein paar Container inmitten des Eismeeres. Da war der „Airport" von Iqaluit Stunden zuvor noch ein Ort der Vielfalt und Hochtechnisierung gewesen. Dort hatten sie wenigstens Monitore an der Decke. Iqaluit, Hauptstadt des jüngsten kanadischen Territoriums Nunavut, viertausend Seelen (Tendenz stark steigend) unter flachen Blechdächern. An Montreal durfte er erst gar nicht denken. Drei Nächte praller Luxus, das traute Bild eines beschwerdenfreien Lebens aus der Heimat, der er an diesem 4. Mai 2001 entflogen war. Nach einigem Zaudern, nach langem Zögern, nach vielem Zweifeln.

Die Zweifel waren berechtigt gewesen, hatte Felix bis zuletzt gedacht. Baffin Island im Osten der kanadischen Arktis: Bis zu dem Auftrag hatte er nicht einmal von der Existenz dieses Landstrichs gewusst. Fünf Burschen sollten mit Schlittenhunden in eine der allerletzten unberührten Abenteuerregionen auf dem Erdball expediert werden und dort einen coolen Film drehen. Vier Amis und er, Felix. Sprünge von tausend Meter senkrecht abfallenden Felswänden wurden in Aussicht gestellt. Eine Felswand neben der anderen. Fünfzig Sekunden freier Fall am Felsmassiv entlang. Ein Disneyland für BASE-Springer.

Sensationelle Bilder könnten das werden, aufgenommen aus Hubschraubern mit Gyroskop-Kameras an Bord. Das beste, was auf diesem

Sektor zu haben war. Verlockung pur für ihn, Felix, den Fetischisten in Sachen Top-Aufnahmen. Wäre da nicht der Faktor Arktis gewesen. Dreißig, nein: vierzig Grad unter Null. Eine Gefriertruhe war dagegen ein Wärmekissen.

Doch er hatte nur mehr eins vor Augen: die Kanalüberquerung. Und dort oben in neuntausend Metern Höhe erwartete ihn alles andere als ein Badehosenurlaub. Kältetraining war also angesagt. Je früher, desto besser.

Dennoch: Baffin Island kam ihm nicht gelegen. Die Sache war viel zu kurzfristig angesetzt. Das war gegen seine Prinzipien einer ausführlichen Planung. Er hatte keine Ahnung, was ihn erwarten, wie Körper und Geist auf diesen eisigen Schock reagieren würden. Ernährung, Thermoregulierung, Fettreserven – alles Stichworte, die ihm unentwegt durch den Kopf gegeistert waren. Auch die Freunde hatten abgeraten. „Lass es bleiben, Felix“, hatten sie gemahnt. „Wir haben mit Experten gesprochen. Das ist ein Wahnsinn, so überraschend und so unvorbereitet.“ Womöglich warf ihn diese Expedition in die Arktis um Monate zurück. Einen Rückschlag dieser Art konnte er auf seinem Weg zum Ärmelkanal nicht brauchen. Zumal er gar keine passende Bekleidung hatte. Oberste Thermoklasse war gefragt, Spezial-Equipment, wie es nicht überall zu haben war. Das Wärmste auf dem Markt Verfügbare. Keinesfalls aber Sachen aus Baumwolle. Einmal kurz geschwitzt und danach lange gefroren.

Daher die Absage drei Tage vor Abflug. Und die Absage der Absage, als ihn Thomas Überall kurz darauf beschwörend anrief.

Zwei Tonnen Gepäck; fünf Springer, vier Kameraleute, ein Fotograf, ein Bergführer und sechs Inuit, die ihnen als ortskundige Träger und Führer zur Seite stehen sollten. Siebzehn Mann hoch der ganze Tross. Und Gedanken an die mächtigen Felswände, die beim Anflug auf Iqaluit wie Zinnsoldaten aufgereiht zu Dutzenden unter ihnen weggetaucht waren.

Achthundert Menschen in zweihundertfünfzig wohl beheizten, mit bescheidenem Luxus aus einer weit entfernten Zivilisation bestückten Containern: Fernseher, Video, „Terminator“-Kassette. Inuit, die tagein tagaus in

Ein bisschen Übergepäck. Impressionen aus dem Containerdorf

Tausend Meter hohe Felswände – Faszination Baffin Island

ihren Trikes auf und ab fahren. Inuit, die dem trügerischen Schein einer Pseudo-Zivilisation erliegen und dabei alles verkümmern lassen, was ihre Vorfahren an Jahrhunderte langer Tradition bewahrt haben. Inuit, die ihre bescheidenen „Einkünfte", besser gesagt: Almosen des kanadischen Staats, für ein paar geleistete Arbeitsstunden zur Instandhaltung der Siedlung, in den Einkaufscontainer tragen und dort umsetzen in Waren, welche die Trostlosigkeit ihrer Existenz lindern sollen. Spirituosen und Drogen vornehmlich. Und fünfzehn Jahre junge Inuit, die sich mit dem Schnüffeln von Auspuffgasen berauschen und derart dem dumpfen Hämmern der Eintönigkeit zu entfliehen vermeinen.

Zur bedingungslosen Treue dem Menschen gegenüber erzogen

Allerorts offene Türen – Bilder, die unserer Welt fremd erscheinen: bei aller Bedrückung, bei allem Mangel an Perspektive doch gelebte Freundlichkeit, Momente der Offenheit, selbstverständliches Teilen, ständiges Kommen und Gehen und Geben und Nehmen, Tag der offenen Tür das ganze Jahr. Persönlicher Besitz und Neid als Fremdwörter. Doch inmitten aller Unbekümmertheit ein Umgang mit diesem Wildnis-Biotop von Heimat, als sei dessen schlichte Schönheit in unerschöpflichem Überfluss vorhanden: stundenlang qualmende Motoren herrenloser Fahrzeuge; leck geschlagene Fässer und halb verbrannte Öldosen, die irgendwann einmal im Meer landen; wahllos abgegebene Schüsse auf Möwen mit dem Ziel, sie nicht um ihres spärlichen Fleisches willen, sondern aus bloßer Lust am Töten abzuschlachten. Und das Schweigen der Ankömmlinge zu alledem.

Was ist Talent, was harte Arbeit?

„Alles Springerische, das Gefühl für die Dreidimensionalität, motorische Dinge, Jonglieren, Akrobatik – das fällt mir in den Schoß. Doch ist Talent allein zu wenig. Erst die harte Arbeit bringt es. Und die beginnt beim körperlichen Training. Eine zähe Angelegenheit. Dazu die Planung meines Sports. Medienbetreuung, Sponsorensuche. Beinhartes Business. Ich treffe täglich die unterschiedlichsten Leute aus den unterschiedlichsten Branchen. Vom Manager über den Techniker bis zum Reporter. Das schafft mir als Einzelkämpfer einen guten Horizont. Und ich lerne jeden Tag. Ich versuche alles Brauchbare für mich einzusetzen."

Das angstvolle Zucken eines Hundes vor dem nächsten Schlag – Bilder eines kleinen Buben, unter dessen wuchtig geführten Hieben sich der Vierbeiner duckte. Beim Einspannen vor den Schlitten hatte er Mätzchen gemacht, die ihm nun vergolten wurden. Ein Willkürakt blinder Gewalt? Vielmehr das Heranziehen eines bedingungslos ergebenen Gefährten als Garant für ein weiteres Überleben. Ein unfolgsamer Hund konnte bei den oft tagelangen Schlittenfahrten durch die Wildnis das Verderben für Hund und Hundeführer bedeuten. Diese Lektion hatte Felix gegen erste innere Widerstände gelernt. Der Eingriff von außen ist zumeist der Tod eines bestehenden Systems.

Vorbeiziehende Schatten – nächtliche Kopfbilder von Eisbären, die Felix nicht mehr aus dem Sinn wollten. Über fünfzig Kilometer hinweg können sie bei günstigem Wind die Witterung von Nahrung aufnehmen. Wenn sie schon unbedingt ein Zelt niederreißen müssen, dann nicht unbedingt meines. Gedanken, die Felix und seine Kollegen jede Nacht mit in ihre Schlafsäcke nahmen. Weshalb sie auch ein eigenes unbemanntes Proviantzelt installiert hatten. Eine Art Opferaltar. Man wusste ja nie …

Der rege Körper des amerikanischen Bergführers – ein knochenharter, quirliger Hund, wie sie nur selten zu finden sind. Sechsunddreißig Tage hatte er einmal allein in einer Felswand in einem kleinen Biwak ausgeharrt, als ihm der Wettergott übel mitspielte. Sechsunddreißig Tage, dachte Felix. Ich wäre längst gesprungen. Das muss dich doch in den Wahnsinn treiben. Allen Respekt dieser Welt wollte Felix fortan Menschen wie ihm zollen für das, was sie zu leisten imstande waren. Wie auch der Bergführer Felix im Stillen bewunderte für das, was er tat und was er selbst niemals tun würde.

Der reglose Körper des Kameramanns Bob – ein tödlicher Herzinfarkt riss ihn aus ihrer Mitte. Schon bei Antritt der Reise hatte Bob eine Vorahnung geäußert, was den Tod eines Expeditionsteilnehmers anging. Bloß dass er dabei an einen der fünf Springer gedacht hatte.

Die Expedition zu den Felsen des Sam Ford Fjord – zwei Tage in

Eine schroffe,
bizarre Welt

nahezu regloser Position, zwölf, dreizehn Stunden am Rücken liegend auf dem Schlitten über raue Piste, dazwischen eisiges Warten im Nebel und die Angst vor Spalten. Auch wenn sie dich gleich herausholten, dachte Felix, würde das den sicheren Tod bedeuten. Von Nässe und Kälte würde er sich trotz Gaskocher und Reservekleidung nicht mehr erholen, da draußen, wo weit und breit nichts war außer nichts.

Die Fünfer-Seilschaft beim Queren eines Eisfeldes – klack, klack, klack, schön die Steigeisen setzen, nicht daneben steigen und stürzen bei fünfundvierzig Grad Schräge. Und wenn doch, dann: Umdrehen in Bauchlage und rein mit dem Pickel ins Eis! Mit aller Wucht! Nur kein Tempo aufbauen! Sonst braust ihr mit hundertfünfzig Sachen in die nächste Eisspalte! Die warnenden Worte des Bergführers klangen unentwegt im Ohr. Und die Bilder aus dem Film „Cliffhanger“ tanzten vor dem inneren Auge. Er glaubte zu wissen, was er tat. Felix war ja ein alter Klettergartenkletterer. Aber wussten das die anderen vier auch? Jede Seilschaft ist so gut wie ihr schwächstes Glied. Ein Kurs in Vertrauensbildung war dieser vierwöchige Trip zu den Felsen. Mit einem Betriebsausflug der Zuckerbäcker hätte er das nicht gewagt. Aber diese Burschen waren keine Angsthasen. Und er kannte sie alle: Mike Vail, Charles Bryan, Shane McConkey und Miles Aisher, vier Profis, keine Frage.

Die letzten Schritte zur Felskante – als hätte er Fesseln um die Beine gewunden. So traumhaft der Wingsuit im Flug war, so albtraumhaft war die „Beinfreiheit“ bei Gehen. Vor allem, wenn man damit auf abschüssigem Gelände unterwegs war. Zweimal war Felix bereits gestürzt. Worauf er die Teller seiner Skistöcke abmontierte und auf die Schuhsohlen nähte. Die kleinen Spitzen an der Unterseite gaben ein wenig Halt. Ausrutschen kurz vor dem Sprung konnte tödlich sein. Da dreht es dich nur allzu leicht zur Wand hin – und auf Wiedersehen. Und dazu diese erbärmliche Kälte. Kälte war immer ein Stressfaktor. Dreißig Prozent mehr Stress, dachte Felix. Gut, dass er vorher noch pinkeln war. Eine seiner Marotten. Ohne das geht es nicht. Nur beim Jesus nicht. Eigenartig, überlegte Felix. Warum gerade dort nicht?

Ah, diese elende Kälte. In jede Faser seines angespannten Körpers schien sie zu krauchen. Die anderen hatten ihre wohligen Daunenjacken an. Aber er, der Herr Optik in Person, musste sich den Arsch abfrieren. Wie er da in seiner dünnen Springerhaut über dem Abgrund wackelte und zitterte. Alles für ein paar gute Aufnahmen. Schließlich war er der Einzige, der in farbenprächtiger Montur vor der Kamera auf und ab fliegen würde. Das Bild der anderen: schwarze Männlein vor grauer Felswand. Er nicht, nein. Er wollte sich abheben vom Felsmassiv, hervorstechen, wie er es oft genug getan hatte. Das war er seiner professionellen Einstellung schuldig. Dafür musste eben gefroren werden. Punktum.

Der Windschatten – bei Sprüngen mit dem Wingsuit war das immer eine haarige Angelegenheit, weil er dabei ein gewaltiges Lee hinter sich nachzog. Nur allzu leicht konnte der kleine Hilfsschirm in diesen lufttoten Raum hinter ihm fallen und dort womöglich eine Ewigkeit herumtänzeln, ehe er eine kleine Brise bekam und endlich tat, was er tun sollte: nämlich den Hauptschirm zu ziehen. Die Arme konnte er ja kaum bewegen, und den kleinen Schirm aus dem Handgelenk weit genug wegzuschleudern hätte bestenfalls ein mit der Kelle geübter Maurer vermocht. Vielleicht der Hermann Maier, dachte Felix. Der war ja Maurer gewesen, bevor er Skifahrer wurde. Der würde den Schirm nur so hinaus schnalzen in den Fahrtwind. Aber er? Deshalb galt bei Flügen mit dem Wingsuit immer die Devise: schon zweihundert Meter über dem Boden ziehen und nicht wie sonst bis zum Anschlag draufbleiben.

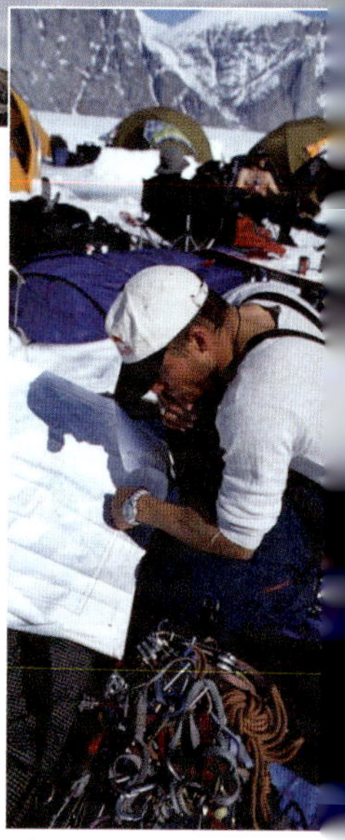

Ob geistig oder real – kein Sprung ohne perfekte Vorbereitung

Der Delta-Wing – wie einmalig müsste es sein, ihn jetzt hier zu haben. Eben erst hatte er sich abgestoßen zu einem von einundachtzig

Glaube ans Ich & mentale Stärke?
„Was mir in der Jugend durch die Bremsmanöver meines Vaters an Selbstvertrauen gefehlt hat, habe ich jetzt umso mehr. Mein Sport hat mich gelehrt, weniger übertriebene Ehrfurcht zu zeigen. Vor dem Richter wie vor einem Star – alle sind sie Menschen. Alle kochen sie mit Wasser. Nicht empor geht der Blick, sondern nach vorne. Ich wachse täglich an dem, was ich tue. Und werde mit jedem Sprung mental stärker."

Mit Steigeisen über dem Schneefeld. Eine Landschaft, die den Atem raubt

Sprüngen, die er und seine vier Kollegen gemeinsam absolvierten. Eben erst waren die ersten Sekunden des Schnupperns im freien Fall vorübergezogen, da musste er schon an ihn denken. Und daran, wie schön es wäre, ihn jetzt und hier auf dem Rücken zu haben, den Delta-Wing.

Wiewohl Felix nur zu gut wusste: Alles was sich im Low-Speed-Bereich abspielte, war mit dem Flügel viel zu riskant. Er benötigte den Druck, um manövrieren zu können. Diesen Druck musste er mit dem Flügel am Rücken aber erst aufbauen. Dazu brauchte es Tempo und somit gut und gerne sechshundert Meter freien Fall. Schon deshalb wäre der Flügel-Sprung von der Felswand nicht machbar. Zumal er beim Start Gefahr lief, gegen die Wand zu knallen. Ohne Anpressdruck beherrschte nicht er den Flügel, sondern der Flügel ihn. Da schon lieber aus großen Höhen lospreschen und eventuell vor einer Kulisse wie diesen Bergen in Baffin Island ein paar Figuren ziehen. Vielleicht ein andermal. Wenn er ihn nur schon hätte, seinen neuen Delta-Wing.

Immer noch zog der zerklüftete Fels in rasanter Fahrt an Felix vorüber. Und mit ihm die wenigen verbleibenden Sekunden. Der Abschied von, der letzte Sprung in Baffin Island. Eine einzige Herausforderung. Für den Körper. Für den Geist. Dreiundfünfzig, vierundfünfzig, fünfundfünfzig, … ziiiiiiiehen.

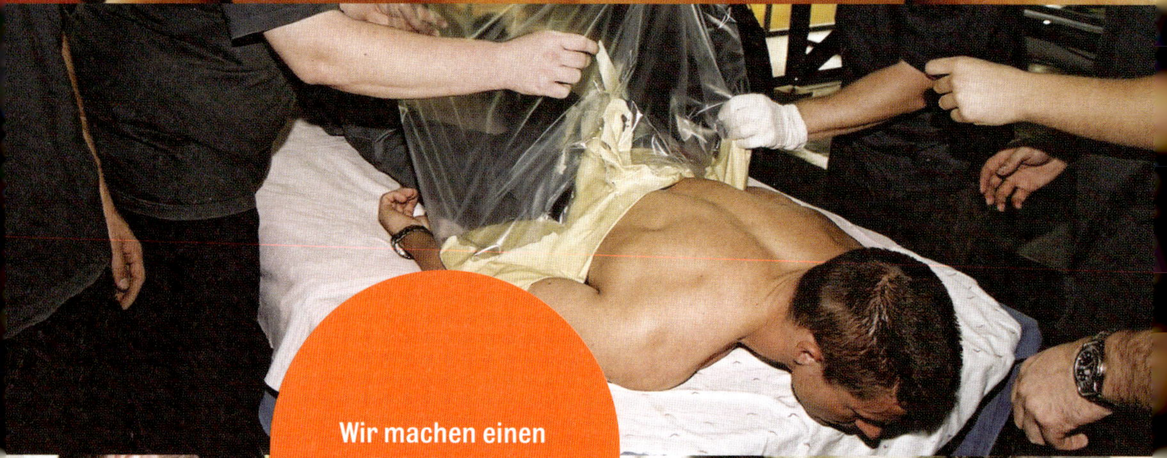

Wir machen einen „Felix-Dummy“

Know-how aus der Formel 1

Delta-Wing III – wer konnte ihn bauen? Wer brachte Wissen und vor allem innovative Begeisterung mit? Die Lösung hieß Carbo Tech. Ein High-Tech-Betrieb, der mit Carbonverkleidungen und Heckflügeln im Rallye- und Motorradsport internationale Meriten erworben hat, im 24-Stunden-Rennen von Le Mans dick im Geschäft ist und seit geraumer Zeit auch in der Königsliga Formel 1 kräftig mitmischt – und wie Felix in der Stadt Salzburg beheimatet ist. Für die weiteren logistischen Abläufe jedenfalls ein großer Vorteil. Und auch für das Image des Projekts, wie Felix immer wieder betont, denn: „Eine rein österreichische Sache soll es werden. Pilot, Flügel, Know-how, Sponsor … Damit alle Welt sieht, was ein kleines Land zu Stande bringt."

Ein Treffen mit Folgen

Im Folgenden Auszüge aus dem Gesprächsprotokoll des ersten richtungweisenden Meetings bei Carbo Tech am Abend des 3. Oktober 2001. Ein Treffen, das vordergründig viele Fragen abklären, in der Tiefe aber einen Wust an zusätzlichen Problemen aufwerfen und tiefe Einblicke in die ungeahnte Komplexität der Operation Channel Crossing verschaffen sollte.

Die (ver-) handelnden Personen:

Felix Baumgartner – weiß, was er will, weiß aber nicht, wie er dorthin kommt.

Karl Wagner – Chef des Vierzig-Mann-Betriebes Carbo Tech.

Alfred Glatzmeier – Aerodynamiker der Firma Rosenbauer.

Konrad Lagger – Fotograf, Freund, Flugzeugexperte und Wegbegleiter Felix'.

Robert Stasny – Freund und Vertreter der Firma Red Bull.

Zu den Themen Form, Größe, Profil und Aerodynamik des Delta-Wing III:

Felix: „Derzeit passt nix zusammen. Der Fallschirm ist ein

Das Spiel mit den Medien II

„Ich habe einen Instinkt dafür, die Marke Felix Baumgartner zu verkaufen. Früher musste ich das Spiel der Medien mitspielen, um in der Öffentlichkeit präsent zu sein. Heute habe ich den Spieß umgedreht. Ein Sender kann noch so groß sein – ruft mich einer am Vorabend an, um mich zu einer Sendung einzuladen, weiß ich: Dem ist einer ausgefallen. Also sage ich ab. Denn ich will mich perfekt auf einen Auftritt vorbereiten können und kein Lückenbüßer sein."

Riesenmugel und hängt überall raus."

Karl: „Die ganze Sache muss so kompakt wie möglich werden."

Alfred: „Wir müssen auf Felix hören. Sicherheit ist das oberste Prinzip. Der Fallschirm wird nie aerodynamisch werden. Aber wir könnten ihn unter eine dünnwandige, absprengbare Klappe verpacken."

Karl: „Absprengbar? Wie der Schleudersitz eines Piloten?"

Alfred: „Genau. Vom Grundansatz her ist der bisherige Flügel nicht schlecht. Wer da dran war, hatte Gespür für Formen und Aerodynamik, aber es fehlt im Detail. Wir müssen hinten ein S-Schlag-Profil integrieren. Damit sich das Ding selbst stabilisiert."

Karl: „Ist ein Tiefdecker möglich?"

Alfred: „Nein, der wäre instabil. Es muss ein Hochdecker sein."

Felix: „Außerdem schaut ein Hochdecker viel geiler aus."

Alfred: „Wir brauchen eine Trimmgeschwindigkeit, die sich von allein einstellt. Rein rechnerisch werden wir im Schnitt etwas mehr als zweihundert Stundenkilometer erreichen. Das heißt: Felix muss seine Körperhaltung rund zehn Minuten konstant halten."

Karl (zeigt hinter sich auf ein Wandmodell): „Außerdem muss eine Effetanalyse her. So wie bei unserem Rallye-Flügel, den wir gebaut haben. Der hier hat vierhundert Kilogramm Abtrieb. In unserem Fall geht es aber natürlich um Auftrieb."

Alfred: „Der Flügel hört über der Kniekehle auf. Unterhalb werden wir in den Anzug Schaumstoffkeile integrieren, um Verwirbelungen zu vermeiden. Wir sollten im Windkanal testen, wie Felix und der Flügel in der Luft liegen."

Konrad: „Toni Innauer hat mir gesagt, er war mit seinen Leuten im Windkanal im Arsenal in Wien. Die haben eine gute Software und Messdatenauswahl. Felix kann sich dort in jeder beliebigen Fluglage fixieren und die Haltung optimieren. Einziger Wermutstropfen ist, dass eine Stunde an die sechzigtausend Schilling kostet. Und man lange vorher reservieren muss."

Felix: „Zu meinem Anzug brauche ich ein spezielles Rückenteil, das perfekt an meinen Körper angepasst wird. Anzug und diese Rückenweste müssen eine Einheit darstellen. Als Grundmodell. Der Ärmelkanal ist eine Geschichte. Welchen Flügel ich nachher für Flugshows verwende, ist eine andere Sache. Der wird dann einfach draufgeklickt, und fertig. So kann ich auch bei Red Bull besser argumentieren, was die Entwicklungskosten betrifft."

Karl: „Dafür brauchen wir dich aber in digitaler Form."

Felix: „Tut das weh?"

Karl: „Kein Problem. Du kommst in eine Druckkammer bei sechs Bar und fünfundvierzig Grad. Das ist wie Tauchen in sechzig Meter Tiefe."

Felix: „Ein Grundmodell muss her. Und zwar sehr rasch. Auf zweiundsiebzig Kilo bei einem Meter zweiundsiebzig Größe abgestimmt."

Karl: „Zwei solche pro/e-Menschen haben wir schon gemacht. Ich glaube mit eins sechsundsiebzig und eins neunzig. Und jetzt machen wir halt einen Felix-Dummy."

Zu den Themen Sicherheit und Höhe:

Felix: „Wichtig ist das Abtrennen des Schirms, wenn etwas schief läuft. Ob beim Flug oder beim Ziehen des Fallschirms. Da kann sich leicht irgendwas verhängen. Der Flügel entwickelt eine ungeheure Eigendynamik."

Alfred: „Verständlich, wenn du mit zweihundert Sachen durch die Gegend schießt."

Felix: „Aber wenn ich schon abtrennen muss, dann braucht der Flügel auch einen Fallschirm. Sonst raucht der womöglich noch auf die Autobahn. Das kommt nicht sehr gut rüber. Sollte alles klappen und ich schon am Schirm hängen, dann bremst der Flügel enorm. Schirme brauchen aber eine gewisse Grundgeschwindigkeit für die Landung. Ist der Schirm zu klein, wird er instabil. Das heißt: Ich brauche einen größeren Schirm, wenn ich mit dem Flügel hinten drauf heil runterkommen will. Der Hauptschirm muss einhundertsiebzig Squarefeet als unterstes Limit haben. Die Reserve ist ohnedies sehr klein. Aber so ein großer Schirm braucht natürlich Platz, den

wir fast nicht haben. Ich kann nur schauen, dass ich ihn länger und flacher packe, damit er unter den Abdeckung passt."

Karl: „Damit du den Flügel im Notfall leicht weg bekommst, könnten wir an den Rundungen, die über den Schultern verlaufen, zwei Sollbruchstellen einbauen. Oder sie mit einem Klebeband fixieren."

Felix: „Klebeband höre ich nicht gern. Andererseits: Mein Leben hing ja auch schon einmal an einem Müllsack."

Robert: „In welcher Höhe ziehst du den Schirm?"

Felix: „Siebenhundert Meter über dem Festland, wenn alles perfekt läuft. Maximal aber bei sechshundert. Wahrscheinlich bin ich da noch ganz steif von der Kälte und der starren Haltung. Ein kleines Zeit- und Höhenpolster muss deshalb schon her."

Karl (in Anspielung auf den Jesus-Sprung in Rio): „Siebenhundert Meter? Das ist ja mädchenhaft. Du springst doch sonst auch aus dreißig Meter Höhe!"

Felix: „Wenn schon, dann bitte neunundzwanzig!"

Alfred: „In welcher Höhe fliegst du weg?"

Felix: „Irgendwo um die neuntausend, sofern wir mit der Gleitzahl hinkommen."

Alfred: „Nimm doch 8848. Die Mount-Everest-Höhe. Das ist wirklich plakativ. Ein Flug vom Dach der Welt."

Felix (begeistert): „Super. Das ist ein echter Aufreißer. Je weiter wir runter gehen, desto mehr entfernt sich die Geschichte von High-Tech. Desto menschlicher, desto erdverbundener, desto ehrlicher wird sie. Außerdem hab ich zu Hause ein Foto, wo ich mit Sir Edmund Hillary drauf bin."

Konrad (lacht): „Bravo, Alfred. Für einen Aerodynamiker eine relativ gute Idee."

Zum Thema Steuerung:

Felix: „Wir haben uns darauf geeinigt, dass in diesem Modell vorerst keine Steuerklappen eingebaut werden. Das machen wir später, wenn das Ding so

Perfekte Arbeitsteilung: Felix schneidet die Teile seiner Spezialweste zu – Larry vernäht sie

weit ausgereift ist, dass wir damit zu den großen Airshows in aller Welt fahren können. Felix Baumgartner als Ein-Mann-Flugzeug. Das pfeift. Wichtig ist, hat Alfred gesagt, dass ich raschestmöglich eine Gleitgeschwindigkeit einnehme, damit ich mit vollem Tempo dahinnageln kann. Gestartet wird ohnehin nur bei besten Bedingungen. Also auch bei optimaler Sicht. Da werd ich mich schon nicht verfliegen."

Alfred: „Die Navigation ist nicht so wichtig. Die Landzunge, auf die er zuhalten muss, sieht er allemal."

Karl: „Also steuern über Gewichtsverlagerung, am besten über die Füße."

Felix: „Derzeit habe ich sehr viel seitliches Spiel, weil der Flügel nicht fest sitzt. Ich kann ihn im Flug hin und her schieben und damit lenken. Später erfolgt das Austarieren nur mehr über die Beinstellung."

Alfred: „Er sollte im Inneren eine Auflage haben, die seinem Körper entspricht, damit er die richtige Schwerpunktlage hat."

Karl: „Ein Keil, der auf Anschlag geht."

Alfred: „Genau. So kannst du weder vor noch zurück. Die Gleitfluggeschwindigkeit, die du erreichst, kannst du nur minimal beeinflussen, weil du praktisch drinnen steckst. Die Steuerung erfolgt über die Hochachse, damit du nicht zufällig wieder zurückfliegst. Und über die Wirbelsäule musst du das Gewicht nach links oder rechts schieben."

Karl: „Die Frage ist, ob wir auf die Schuhe hinten kleine Flächen drauf tun sollten. Wegen der Aerodynamik."

Konrad: „Richtig. Solche, die an einem Ende wie Flossen zusammengehen. Das ist wie beim Tauchen. Wenn du den Fuß drehst, gehst du hinüber. Und am besten vorne auch gleich."

Felix: „Hinten eine Finne finde ich ja noch halbwegs cool. Aber vorne? Ich will doch nicht wie eine Witzfigur wirken. Da hab ich die Lacher auf meiner Seite. Wenn ich auch noch Flossen drauf hab, glauben die Leute, ich bin Duffy Duck."

Alfred: „Ein Keil über der Achillessehne bringt wohl am meisten."

Konrad: „Bei der Montage auf den Schuh ist die Eins-zu-eins-Übertragung nicht gegeben, weil ein Spielraum dazwischen ist. Warum baut der Karl nicht gleich auch den Schuh samt Keil als ein ganzes Teil aus Carbon? So ähnlich wie beim Harry Egger!"

Alfred: „Der Egger hat einen Schaumstoffkeil, da darf nix fest sein. Weil: Wenn es den zerbröselt, schneidet ihm der Kohlefaserteil den Fuß ab."

Felix (grinst):„Das Problem juckt uns nicht. Wenn's mich zerbröselt, ist ein Fuß mehr oder weniger kein Thema. Dann müsst ihr halt ein bisserl länger suchen, bis ihr alle Teile von mir beisammen habt."

Zum Thema Material: Karl: „Kohlefaser ist sehr vibrationsbeständig und ermüdet kaum. Der Audi-Flügel, den wir gebaut haben, hat ein Displacement von einundsiebzig Millimeter."

Felix: „Das brauchen wir auch!"

Karl: „Ideal wäre, wenn wir den ganzen Flügel samt Stegen in einem Guss aushärten könnten. Kohlefaser ist genau so gut wie Stahl, besser als Aluminium. Und viel leichter. Da kommen wir auf drei, vielleicht vier Kilo."

Felix: „Der jetzige hat um die neun Kilogramm."

Karl: „Ja, aber das ist ein Prototyp, der unter ganz anderen Voraussetzungen hergestellt wurde. Da wurde über Schaum drüber weg laminiert. Wobei es deswegen noch lange kein Pfusch ist."

Felix: „Das war eine Low-Budget-Geschichte zweier Studenten in einem Keller."

Alfred: „Aber du, Felix, bist ein Luftfahrzeug. Wir müssen deinen Flügel nach den Richtlinien für Flugzeuge dimensionieren, weil die Flächenbelastung relativ hoch ist. Auf zumindest 580 Kilometer pro Stunde. Karl, ich gebe dir die Geschwindigkeiten vor, dadurch hast du dann Staudruck, Biegemoment und Auftriebsverteilung."

Karl: „Wir müssen noch eine geeignete Fräserei finden. Da geht's in erster Linie um Geld. Für ein Modell werden wir sicher 250.000 bis 300.000 Schilling hinblättern. Am besten nehmen wir einen großen Block,

**Auf Zehntel-Millimeter genau:
Flügelbau bei Carbo Tech**

den können wir nachfräsen, falls sich das Profil um ein, zwei Prozent ändert."

Felix: „Also gut. Die ersten beiden Schritte: Alfred besorgt die CAD-Daten für den Flügel in Form eines Volumenmodells und Karl schaut wegen der geeigneten Fräserei."

Alfred: „Hält das Material bei achtzig bis zweihundert Grad unter Null?"

Karl: „Sicherlich. Und auch im positiven Bereich. Bis 135 Grad Wärme kann ich es dir garantieren."

Zu den Themen Geschwindigkeit, Fitness und Zubehör:

Alfred: „Als Profi erwarte ich von Felix, dass er zehn oder elf Minuten die perfekte Körperhaltung einnimmt. Da heißt's fleißig trainieren in der Kammer. Obwohl: Lange sind elf Minuten schon. Daher müssen wir sämtliche Kräfte fern halten, damit das Ding nicht kraftgesteuert wird. Wovon wir reden, sind Richtungskorrekturen, nicht mehr. Derzeit haben wir einen Anstellwinkel von acht bis zehn Grad."

Karl: „Wie kommst du rauf? Mit einem Ballon?"

Felix: „Nein, per Flugzeug. Ein Ballon geht dorthin, wo der Wind hingeht. In die gewünschte Position zu kommen ist praktisch unmöglich, da kannst du gleich Lotto spielen."

Felix (richtet sich an Alfred): „Was ist mit dem Tempo? Bin ich immer gleich schnell?"

Alfred (holt zu einem kleinen, rechnerischen Exkurs in Sachen Auftrieb aus): „Nein. In zehntausend Meter Höhe hast du 380 Stundenkilometer drauf. In Bodennähe nur an die einhundertsiebzig. Das liegt daran, dass sich Luftdichte und Geschwindigkeit ziemlich linear zueinander verhalten. Oben bist du, relativ zur Erde gesehen, um das Zweieinhalbfache schneller als unten bei einer Sinkgeschwindigkeit von dreißig Meter pro Sekunde. In zweitausend Meter Höhe sind es nur zwölf Meter. Mit der Höhe nimmt ja der Druck ab. In zehntausend Meter ist der

Rekorde und ihre Bedeutung?

„Es mag danach aussehen, aber ich bin kein Rekordjäger. Der Jesus-Sprung aus neunundzwanzig Meter Höhe war nicht der Versuch eines Weltrekords. Was ich wollte, war die Einzigartigkeit von Bild und Herausforderung. Kommt ein noch wilderer Hund und springt aus achtundzwanzig Meter – es täte weh. Aber tiefer würde ich nicht mehr springen. Das geht auch gar nicht. Einmaliges zu vollbringen, das ist mein Ziel. Denn so lange man über mich spricht, bin ich am Leben."

Druck halb so hoch wie in fünftausend und nur ein Viertel von jenem in zweieinhalbtausend Meter. Das ist ja ganz einfach: Luftdichte ro mal Geschwindigkeit v zum Quadrat mit Faktor halbe und Flügelfläche S als Faktor. Und der so genannte Auftriebsbeiwert des Tragflügels, der ist konstant, weil von der Geometrie vorgegeben. Wir können nur Geschwindigkeit und Luftdichte verändern."

Die Köpfe der Laien rauchen.

Konrad: „Das ist diese berühmte Sache mit Ground-Speed und True-Air-Speed."

Alfred: „Denk ans Drachenfliegen. Bei einer Fluggeschwindigkeit von angenommen vierzig Stundenkilometern ist das deine Fluggeschwindigkeit gegenüber der Luft. Wohlgemerkt bei Windstille. Bei vierzig Stundenkilometer Gegenwind sind es immer noch vierzig gegenüber der Luft, gegenüber dem Boden aber null."

Felix: „Ein weiteres Problem ist der Rauch."

Alfred: „Die zehn Minuten Flugzeit wirst du wohl ohne Zigarette auskommen."

Robert: „Er meint Rauchpatronen."

Felix: „Ich will einen Strich über den Kanal ziehen und nicht nur ein Punkt in der Landschaft sein. Ohne Rauch bin ich ja kaum noch zu sehen. Solche Patronen kann man sich auch bauen lassen."

Karl: „Ich dachte, das sind so kleine CO_2-Kapseln."

Alfred: „Wir sprechen von Rauch, nicht von Raucherl."

Konrad: „Am besten in Rot und Blau. Die beiden Farben, die sowohl Engländer als auch Franzosen in ihren Nationalflaggen tragen."

Alfred: „Vielleicht mit Intervallzündung, alle fünf Sekunden etwa."

Konrad (schürzt die Lippen):„Und eine kleine Bohrung in die Winglet, damit's auch noch schön pfeift."

Alfred (entrüstet): „Nix da. Pfeifen ist Widerstand, und auf Widerstand pfeifen wir. Ein Pfeiferl kannst du dir später für deine Airshows einbauen lassen."

Felix: „Wie schaut's aus mit Bordkameras? Der Flug soll live in alle Welt übertragen werden. Dafür brauchen wir Lipstick-Kameras mit möglichst vielen unterschiedlichen Blickwinkeln. Nach einer Minute wird dasselbe Bild fad. Wir wollen den Zusehern ja etwas bieten. Wie in der Formel 1."

Karl: „Eine profilgetreue Einbettung also. Das krieg ich hin, eventuell mit einer Plexiglasabdeckung."

Felix: „Gesichtsaufnahmen werden wir keine bekommen. Bei dem Flügel ist das nicht drinnen. Aber dafür gibt es ja die Hubschrauber, die neben mir herfliegen. Die können mit Gyroskop-Kameras arbeiten."

Zum Thema Konkurrenz:

Konrad: „Was ist mit den beiden Burschen aus München, von denen ihr euch im Unfrieden getrennt habt? Planen die irgendetwas, womit sie dir womöglich den Flug abstechen?"

Felix: „Leicht möglich. Aber damit müssen wir leben. Die haben weder Know-how noch Budget, um etwas Ähnliches auf die Beine zu stellen."

Konrad: „Aber sie könnten zum Beispiel aus vielleicht sechstausend Meter Höhe die paar Kilometer von Gibraltar nach Afrika hinübersegeln. Wenn du dann mit deinem Ärmelkanal daherkommst, haben sie dir im Vorfeld die Show gestohlen. Da kann deine Sache dreimal so lang und zehnmal so gefährlich sein. Der Aha-Effekt des Neuen ist verloren."

Alfred: „Du könntest ja im Sommer über einen großen Badesee drüberziehen – von einem Ende zum anderen, vor den Augen Zigtausender Menschen. Die hätten allesamt ein unvergessliches Live-Erlebnis, weil sie quasi bei der Geburt des Spaceman dabei waren – und du wärst auf jeden Fall der Erste gewesen."

Felix (wiegelt energisch ab): „Nix da! Das Einzigartige am Channel Crossing darf durch keine derartige Aktion schon vorher entwertet werden. Wir schaffen das. Und dann arbeiten wir an einer Serienversion des Flügels. Das wird in der ganzen Welt eine Lawine loslösen. Das wird extrem! Ihr werdet sehen!"

Das Extreme ist das Normale

„Ich definiere für mich den Grenzgänger so, dass er unterwegs ist zwischen Durchkommen und Umkommen. Das Ziel ist das Nichtumkommen …“ Reinhold Messner (Bayerischer Rundfunk III am 23. September 1994)

Auf den ersten Blick scheint das genaue Gegenteil der Fall. Doch wandeln sie weder traumtänzerisch noch bar jeder Orientierung durchs Leben. Sie wollen leben – und zwar so intensiv wie nur irgendwie möglich. „Solange ich gesund bin und klar denken kann, bin ich unterwegs – als Grenzgänger.“

Grenzgängern wie Reinhold Messner ist es zeitlebens eine Herausforderung, das zu erfahren, was drüben liegt. Jenseits dieser Grenze des Machbaren. Ziel ist dabei nicht der Bruch allerletzter Tabus, sondern vielmehr das Anerkennen jenes Tabus, das uns erst zu Menschen macht: unser Begrenztsein. Grenzgänger sein heißt demnach, die Grenzen zu erfahren, sie aber womöglich nicht zu überschreiten.

Es wäre nicht Felix, würde er den Rahmen dieses Grundschemas für sich und seinen Sport nicht adaptieren. Was bedeutet nun für ihn das …

Herantasten an Extreme: *„Ein erfolgreicher Extremsportler, der einen Namen zu verteidigen hat, sieht das Motto ‚Höher, schneller, weiter‘ immer vor sich. Mehr Risiko ist die logische Konsequenz. Ein ständiges Ausreizen, ohne dabei wirklich zu weit gehen zu wollen. Bei mir ist es das späte Öffnen des Fallschirms. Das Problem liegt nicht darin, vielleicht zu tief zu ziehen. Ich habe die Distanzen zum Boden im Auge. Die unterschwellige Angst besteht vielmehr darin, dass bei einhundert Sprüngen einmal der Schirm etwas später aufgeht, weil der Hilfsschirm irgendwo ein kleines Lee, einen Windschatten, einfängt. Das Risiko in Kauf zu nehmen, mag dumm erscheinen. Aber das kalkuliert jeder Extremsportler irgendwo im Hinterkopf mit ein. Der Surfer weiß: Diese Welle überlebe ich nur im Stehen. Und ich*

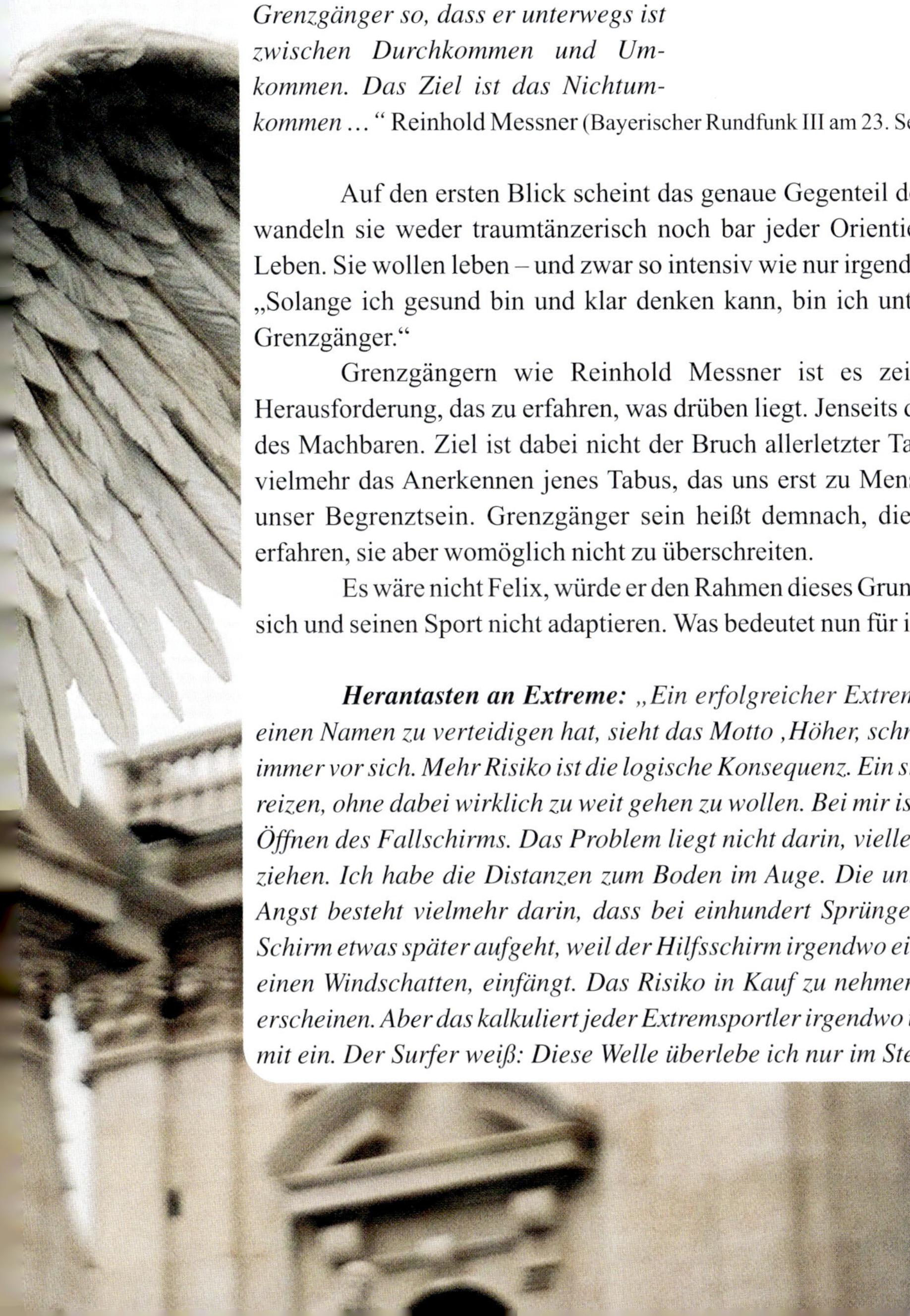

weiß: Diesen Sprung überlebe ich nur, wenn der Schirm perfekt aufgeht. Ich sehe und erkenne die Gefahr und begegne ihr möglichst positiv und professionell. Genau dort bin ich in meinem Element.“ Felix B.

Der Alpha Jet – eine Herausforderung mehr. Flugschüler Felix am Steuer eines Schulungshelikopters

Alles was Flügel hat fliegt – oder: Die Luft als persönliches Element

Das persönliche Element. Die einen spüren es und leben es aus. Die anderen leben es aus, obwohl sie es gar nicht spüren. Andere wiederum spüren es nicht und leben es daher auch nicht aus. Ganz zu schweigen von jenen, die es spüren und dennoch nicht ausleben. In Felix' Fall brauchte es weder Flegeljahre noch zunehmende Reife, um zu erkennen: Er war in seinem Element, wenn er sich in ihm bewegen konnte – dem Element Luft.

Fallschirmspringen war die eine Sache, die des Fallens. Der Ärmelkanal jedoch ließ eine neue Richtung erkennen, eine, die er bisher nur am Rande gestreift und somit, wie er nun zu spüren vermeinte, sträflich vernachlässigt hatte – das Fliegen.

„Alles was fliegt, will ich erlernen“, war fortan das Motto. Der Hubschrauberflug zum Beach-Volleyball-Grand-Slam-Turnier in Klagenfurt im August 2002 als lernwilliger Passagier an der Seite eines alten Bekannten kam ihm da mehr als gelegen. Schon am Vortag hatte er sich alles erklären lassen – das Zusammenspiel der Pedale, die Bewegungen mit dem Stick, dem Pitch, das Ablesen der Instrumente. All das in der leisen Hoffnung, unter fachkundiger Aufsicht das zweite Steuerruder, wenn auch nur für ein paar Augenblicke,

Die Luft als sein persönliches Element

Körperbeherrschung pur – ob auf einem Einrad oder nur auf einem Rad

übernehmen zu dürfen. Die Erfüllung eines Bubentraumes.

Felix' Faible für eine perfekte Vorbereitung schlug auch hier zu Buche. Zum Erstaunen seines Piloten legte er einen für ein Greenhorn ganz hervorragenden Flug hin. Kein Wunder: Hatte er sich doch alles genauestens eingeprägt und bereits am Vorabend im Bett liegend mit emporgestreckten Armen und Beinen einen Flug um den anderen in Richtung Zimmerdecke simuliert. Solange, bis ihm das Gemerkte in Fleisch und Blut übergegangen war.

Das Spiel mit der Feinmotorik ist seine Sache. Die Vorbereitung auf das Channel Crossing, sagte er sich, würde ihm alles abverlangen, was an Wissen und Können für ihn erreichbar war. So hatte er, nicht zuletzt um die voneinander unabhängige Koordinationsfähigkeit seiner Arme und Beine zu trainieren, mit dem Schlagzeugspielen angefangen.

Alles, was der perfekten Beherrschung seines Körpers zuträglich schien, kam in Frage. Etwa das Einradfahren, das er in Windeseile so gut beherrschte, dass er auf dem wackeligen Gefährt durch die Siedlung seiner Mutter auf und ab düsen konnte. Pedale vor, Pedale zurück, links, rechts. Mit dem Fahrrad nach links zu kippen zieht eine Korrektur der Balance nach sich. Beim Einrad aber muss die Hüfte blitzschnell nach außen gedreht und gleichzeitig in die Pedale getreten werden. Ein ständiger Kampf gegen Neigungen – in welche Richtung auch immer.

Auch der erste Helikopterflug war ein Kampf gegen Neigungen. Vor allem gegen jene, immer und überall zu spät dran zu sein. Das Geheimnis lag darin, schon im Ansatz zu erkennen, wo die Maschine hinwollte. Und sofort gegenzusteuern. Ein ständiges Antizipieren des nächsten Augenblicks. Genau das, was ihm auch beim Delta-Wing III anfänglich ins Haus stehen würde.

Tod & Elend

„Wenn ich einschlage und gleich tot bin … dann ist das eben mein Schicksal. Ein Teil des Vertrags. Ich will alles – nur keine Querschnittlähmung. Dann musst du mich erlösen, Mutti', hat er mich einmal gebeten. Das ist leicht gesagt. Die Sache mit dem zertrümmerten Arm war schon schlimm genug. Und dann erst solch ein Elend – ich könnt' es nicht mit ansehen." Mutter Eva B.

Unverwundbarkeit und Trugschluss

Er war keine zwei Sekunden in der Luft gewesen und auch schon wieder unten. Begleitet von einem durchdringenden Krachen. Der erste Eindruck sagte ihm, dass dieses Krachen nicht das Gestänge des Paragleiters war, mit dem er soeben von einem Übungshang im bayrischen Berchtesgaden abzuheben gedachte. Die erste Reaktion seines Körpers sagte ihm, dass dieses Krachen, gleichsam hausgemacht, aus ihm selbst gekommen war. Und der erste Blick auf das, was schlaff unter seiner linken Schulter baumelte, sagte ihm: „Verdammter Mist. Der Arm ist hinüber."

Vor ein paar Tagen noch das erstmalige Manövrieren eines Hubschraubers. Und gleich danach hatte er diesen unglaublich schönen Paragleiterflug über dem Zeppezauer Haus auf dem Salzburger Untersberg erlebt. Ein Adler hatte sich in denselben Aufwind gestellt wie er. Dicht an dicht, nur wenige Meter neben ihm kreiste der Aar in majestätischer Eintracht aus Flugtechnik und Spiel mit dem Wind. Felix träumte von einer Wiedergeburt als Vogel.

In jedem Sport das Maximum herausholen wollte er. Ob beim Motorradfahren ein Wheely oder beim Drachenfliegen ein Looping. Und dieser Flug, bei dessen Start er sich und das Gerät ungespitzt im Boden versenkt hatte, hätte ihm das nötige Gefühl dafür vermitteln sollen. Doch stattdessen lag er nun mit zertrümmertem linkem Oberarm auf dem Abhang. Neben ihm, mit der Fernsehkamera bewaffnet, ORF-Sportreporter Harry Manzl, der alles auf Band hatte.

„Versprich mir, dass du es nicht bringst", stöhnte Felix. „Bitte, Harry, sie dürfen mich so nicht sehen!"

Felix sah sich im Operationssaal liegen. Er sah, was er in den kommenden Wochen und Monaten alles nicht würde tun können – der Sprung vom Berliner Sendeturm anlässlich der Präsentation der neuen Rolling-Stones-CD. Ein weiterer Auftrag in Hamburg. Gutes Geld wäre das gewesen. Und natürlich das Kart-Rennen in Monaco. Sogar an den Kauf

Erfüllung eines Jugendtraums: der erste Porsche

eines eigenen Gokarts hatte er gedacht, um im Vorfeld heimlich zu trainieren. Schließlich wollte er unter all den großen Namen aus dem Rennsport, die sich für dieses Event angesagt hatten, nicht als amateurhafter Idiot von einem Straßenpiloten dastehen. Er wollte es zumindest versuchen. Das war er, wie andere Dinge auch, seinem Ego schuldig.

Und dann dieser Crash. Jetzt, wo alles perfekt lief, wo der Weg zum Ärmelkanal klarer denn je vor ihm lag. Gerade jetzt, wo er auch schon ein klein wenig zu glauben begonnen hatte, das Glück für sich gepachtet zu haben. Und mit ihm die Aura der Unverwundbarkeit.

Abflug durch den Mischwald

Die Annahme, womöglich unverwundbar zu sein, kam nicht von ungefähr. Zwar war Felix erst zwei Monate zuvor beim Red-Bull-Flugtag in Prag bei der Landung ein Missgeschick unterlaufen, das ihn schnurstracks unter das Messer des Salzburger Chirurgen Gerhard Oberthaler führte (ein ausgerissener Knorpel im ohnedies ein wenig lädierten Knie). Doch prophezeite ihm der Mediziner: „Bei deinem tollen Muskelaufbau wirst du in ein paar Wochen wieder fit sein." Sechs Tage nach der Operation hechtete Felix bereits wieder für einen Show-Sprung aus dem Hubschrauber. Vielleicht nicht besonders clever, dafür aber problemlos, weil praktisch schmerzfrei. Der Körper signalisiert es dir ohnedies, hatte er sich gesagt. Und in diesem Fall Recht behalten.

Und dann die Sache mit dem Porsche. Der absolute Höhepunkt schlechthin.

Der 7. Juni 2002. Felix war auf dem Weg nach St. Wolfgang. Die flotte Fahrt durch einen verregneten Abend auf der Bundesstraße nahe St. Gilgen im Salzburger Flachgau. Bis mit einem Mal alle vier Räder gleichzeitig die Bodenhaftung verloren und Mann und Fahrzeug zum unfreiwilligen Schwimmkurs anhoben. 285-er-Patschen auf den Felgen, Spurrillen, Aquaplaning – ein mörderischer Mix. Gegenverkehr. Zwei

Scheinwerfer halten auf ihn zu. Gegenlenken. Aufmachen zum Außenrand hin. Schleuderkurs-Theorie in Praxis-Not. Gefahr ist nicht gleich Erstarren, nicht gleich Lähmung. Vielmehr höchste Aktivität. Ergebnis jahrelangen Umgangs mit kritischen Momenten. Das überdrehende Heck abfangen. Zurück in die eigene Spur. Geschafft. Und der Gegenausschlag. Kein Grip auf dünnem Wasserfilm.. Das Heck überholt von links. Gegenlen … Ein Schnalzer. Den Bruchteil einer Sekunde nichts. Dann das vertraute Gefühl von freiem Fall. Und ab geht die Post. Blätter, Nadeln, Äste rauschen vorbei. Bitte nur nicht aufspießen. Wahrnehmung auf maximale Intensität geschaltet. Ganz von selbst. Ein Flug wie eine kleine Ewigkeit. Wieder ein Schnalzer. Ein heftiger Schlag, als ob der Hals sich auf Hüfthöhe umblicken wollte. Der Kopf seitwärts gegen die Scheibe. Klirren von Glas. Stille.

Felix blickte an sich hinab. Nichts. Kein Kratzer. Nur das dumpfe Dröhnen im Schädel von der unliebsamen Bekanntschaft mit dem Seitenfenster. Rechts neben ihm ein metallenes Monster. Dort, wo eigentlich Freundin Sabine hätte sitzen sollen, das Ende eines meterlangen Stücks Leitschiene, durch das Heck ins Wageninnere geschossen. Sabine war nicht rechtzeitig von der Arbeit gekommen und daher zurückgeblieben. Erst später am Abend wollten sie sich treffen.

Stille. Mit einem Mal Gekreisch. „Was machen Sie in meinem Garten!?!“

Felix kletterte ins Freie, sah Qualm unter der Motorhaube hervorquellen. „Der Wagen beginnt gleich zu brennen! Holen Sie die Feuerwehr!“

„Verschwinden Sie aus meinem Garten. Sie und ihre Kiste!“

Da war nichts zu machen. Nach und nach wurde die Situation erkennbar. Felix’ Wagen hatte durch dichten Mischwald hindurch einen Fünfzehn-Meter-Flug von der Bundesstraße hinab zum Häuschen einer alten Frau hingelegt, dabei eine Blautanne wie ein Streichholz geknickt. Erstaunlich, dachte Felix. Der Porsche steht auf allen vier Rädern. Der ist gut

Das Ende eines Jugendtraums: der erste Porsche

austariert. Besser als mein Flügel. Oder war's vielleicht doch nur Riesenglück, dass er so schön geflogen war?

Ein Lastwagenchauffeur, eben die steile Böschung hinabgestolpert, kam zu Hilfe.

„Wo ist der Fahrer?"

„Das bin ich."

Entgeistertes Kopfschütteln. Gefolgt vom vollen Aufgebot: Rettung, Feuerwehr. Gendarmerie.

„Der Alkomat wartet schon. Und einen Urintest brauchen wir auch gleich. Sie wissen ja, wegen der Drogen."

Drogen? Er und Drogen? War der gute Mann bei Trost?

„Kommen Sie doch mit. Wir bringen Sie ins Krankenhaus zum Durchchecken." Ein dankbares Lächeln für die Sanitäterin. Und ebenso dankende Ablehnung.

„Glauben Sie mir, mir fehlt nichts."

Der Alkomat. Felix blies aus Leibeskräften.

„Name!"

„Baumgartner … Felix Baumgartner."

„Baumgartner … Baumgartner … Sind sie nicht dieser Fallschirmspringer?"

„Genau der."

„Sie haben einskommazwei Promille."

„Das kann nicht sein. Ich bin völlig nüchtern. Das muss ich anfechten!"

„A kloana Schmäh." Es gab ihn also doch noch, den Prominenten-Bonus. Wiewohl Felix ihn nicht benötigt hätte. Drogen und Alkohol hatten in seinem Leben keinen Platz. Von Drogen und Alkohol war bei dem Herrn mit dem nassgeregneten Amtskapperl nun aber auch keine Rede mehr.

„Als BASE-Sprung können S' das aber nicht verkaufen."

Wollte Felix auch gar nicht. Festhalten für später wollte er diesen

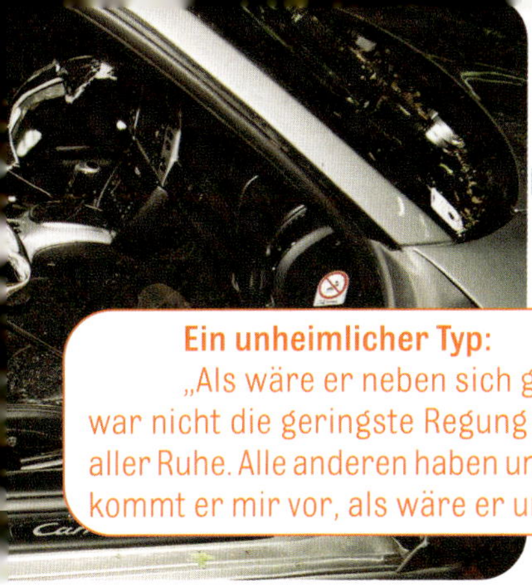

Ein unheimlicher Typ:
„Als wäre er neben sich gestanden und gar nicht dabei gewesen. Der ganze Unfall – ihm war nicht die geringste Regung anzumerken. Er stand neben dem Porschewrack und filmte in aller Ruhe. Alle anderen haben um ein Vielfaches mehr Aufsehen gemacht als er selbst. Manchmal kommt er mir vor, als wäre er unsterblich. Der ganze Typ ist unheimlich!" Mutter Eva B.

Ein äußerst teurer Blechsalat

Flug aber sehr wohl. Oder vielmehr dessen Resultat. Die Videokamera im Kofferraum hatte es ihm gleichgetan und war wie durch ein Wunder unversehrt geblieben.

Felix ging um das Wrack, den Blick auf den kleinen Digital-Bildschirm fixiert, bis ein Abschleppwagen den schrottreifen Porsche-kadaver zurück auf die Bundesstraße gehievt hatte. Momente wie diese muss man festhalten, dachte er. Wie locker er diesen Crash doch weggesteckt hatte. Wirklich erstaunlich. So wie damals, als er mit seinem Pickup in steiler Talfahrt auf eine vereiste Kurve zuschlitterte und instinktiv das Heck mit der Handbremse herumriss. Weil er als Mechaniker wusste, dass Reparaturen vorne beim Motorblock wesentlich teurer waren als hinten. Wie abgebrüht so ein Hirn doch arbeiten konnte, dachte er. Und wie locker er diese Dinge sehen und wegstecken konnte.

Für manche Menschen in seinem Umfeld ein bisschen zu locker.

Am Tag nach dem Unfall gab Sabine Felix den Laufpass.

„Hätte es Verletzte oder gar Tote gegeben – das wäre auch für mich eine Katastrophe gewesen. Mein ganzes Leben hätte sich schlagartig geändert. Aber es war ja zum Glück niemand verletzt worden. Als Extremsportler, der ständig in Gefahr ist, stecke ich das weg und gehe zur Tagesordnung über. Für mich war es in diesem Moment keine schlimme Geschichte, derentwegen ich fünf Tage Trauer hätte tragen müssen. Sabine sah das etwas anders. Zu Recht, muss ich aus heutiger Sicht sagen. Sabine war selbst eine Top-Sportlerin. Seit langem wieder einmal eine Frau, mit der ich mir eine Zukunft vorstellen konnte. Als diese Porsche-Geschichte passierte, waren wir keine zwei Wochen zusammen. Sie hat es nie ausgesprochen, aber es war, als hätte jemand einen Schalter umgelegt. Sie dachte wohl: ‚Zwei Wochen, und schon ein kapitaler Unfall. Um diesen Typen müsste ich mich ständig sorgen. Da weißt du ja nie, wann, in welchem Zustand oder ob er überhaupt nach Hause kommt.'" Felix B.

Felix' Lockerheit im Umgang mit dem Unfall hinterließ auch andernorts tiefe Spuren von Antipathie. Wie etwa bei jenem Deutschen, dessen Suzuki er beinahe torpediert und nur um Haaresbreite verfehlt hatte. Ein Stück geborstener Leitschiene war durch die Windschutzscheibe seines Wagens gedrungen und zwischen Fahrer- und Beifahrersitz stecken geblieben. Im Schock fuhr der Mann noch zwei Kilometer weiter und kehrte erst viel später zur Unfallstelle zurück.

Als Felix ihn Tage später anrief, um sich zu entschuldigen, entlud sich am Telefon der aufgestaute Zorn des unschuldigen Opfers: „Was sind Sie nur für ein Mensch. Als ich zurückkam zur Unfallstelle, standen Sie da und filmten in aller Ruhe ihr kaputtes Auto. Zuerst bringen Sie mich beinahe um … am liebsten hätte ich Sie durch den Fleischwolf gedreht. Als ob es nichts Wichtigeres gäbe auf der Welt als Sie und diesen Scheißwagen!"

Keine Frage, für den Deutschen war Felix das Arschloch der Nation. Was er ihm, wenn er in sich ging, auch nicht verübeln konnte. Dennoch war er froh, die Aufnahmen gemacht zu haben. Er wollte alles im Leben dokumentiert haben. Auch dieses Häubchen auf dem Kopf, das sie ihm vor ein paar Stunden für die Operation übergestreift hatten.

Die Schlacht der Könige

Schön langsam erholte sich Felix von der Narkose. Mit dem Schwinden der betäubenden Wirkung aber kamen die Schmerzen im linken Arm. Die Folgen des kapitalen Sturzes mit dem Hängegleiter hatten die schlimmsten Befürchtungen, die er schon oben auf dem Berg gehabt hatte, noch übertroffen. Der Arm war ein einziger Trümmerhaufen. Der Knochen war zerschmettert. Felix niedergeschmettert.

War es das Ende seiner Träume vom Fliegen? Womöglich würde er den Arm niemals wieder völlig bewegen können? Ein Ikarus mit lahmem Flügel? Undenkbar. Lachhaft.

Wie schnell sich das Leben doch ändern konnte. Bereits nach dem Autounfall hatte er diesen Gedanken gefasst. Wäre dem Deutschen etwas

Felix' erstes Antreten bei der Schlacht der Könige

passiert … nicht auszudenken. Wäre Sabine neben ihm gesessen, dort, wo die Leitschiene Überrollbügel und Beifahrersitz zerfetzt hatte … noch weniger auszudenken. Du hast sie umgebracht, hätten sie gesagt, dachte Felix. Du könntest den Sport an den Nagel hängen und auswandern. Alle würden sie mit dem Finger auf dich zeigen. Seht, da kommt er, der rasende Mörder. Red Bull hätte gesagt: So einen Werbeträger können wir nicht brauchen. Verständlich, dachte Felix. Du führst ein Leben, wo gerade alles nach Maß läuft, und dann bist du einmal leichtsinnig, gibst eine Sekunde nicht Acht, und alles ist vorbei. Das Ende all dessen, was du dir geschaffen hast. Wie schnell sich das Leben doch ändern kann.

Dabei hatte er, Felix, bisher all das Glück an seiner Seite gehabt, was andere Pech hatten. Erst kürzlich war ein Bekannter zu Tode gekommen. Ein harmloser Dreher mit seinem RS4. Und der Anprall an einem Verkehrszeichen. Der Wagen war beinahe heil, der Fahrer tot. Mit dem Kopf gegen die Eisenstange.

Die wildesten Aktionen hatte Felix schon unbeschadet überstanden. Wenn er nur an Ibiza dachte. Wie geehrt er sich gefühlt hatte durch die Einladung von Motocross-Weltmeister Heinz Kinigadner zur alljährlichen „Battle of Kings", der Schlacht der Könige. Heinz hatte auf der spanischen Baleareninsel eine eigene Anlage, wo Kapazitäten wie Paris-Dakar-Sieger Fabrizio Meoni, Trial-Spezialist Doug Lampkin, 500er-Profi Gerry McCoy, KTM-Star Giovanni Sala, Rallye-Fahrer Chris Rosenberger, aber auch Ex-Abfahrts-Skiweltcup-Sieger Luc Alphand zwei Tage lang die sprichwörtliche Sau raus ließen und in den unterschiedlichsten Disziplinen Jux-Rennen – bei vollem Tempo – austrugen. Mit ein, zwei Ausnahmen waren sie allesamt Motorsport-Vollblutprofis ersten Ranges. Und in diesem Konzert der Großen durfte er, Felix Baumgartner, mitgeigen. Nicht zuletzt, weil Kinigadner wie Felix ein Red-Bull-Sportler war.

„Versuche nicht, die anderen zu verstauben", hatte Heinz im Vorfeld gewarnt. „Das geht ins Auge, glaube mir. Sonst wären alle jene Trottel, die das ganze Jahr nix anderes machen als Motorrad zu fahren." Kinigadner,

McCoy, Sala oder Meoni gegen Baumgartner – im Fußball hieße das: FC Arsenal gegen FC Hau-Daneben.

Ich komme selber aus der Motorenbranche, dachte Felix. Ich bin ja da nicht der Zuckerbäcker. Und gab vom ersten Bewerb an vollen Gummi.

Beim Super-Motocross – mit Straßenbereifung auf einer Gokart-Bahn, der Letzte jeder Runde scheidet aus – passierte Felix dreimal die Start-Ziel-Linie, ehe er sich verabschiedete.

Beim Gokart-Fahren sah die Sache anders aus. Bis kurz vor Schluss führte Felix das Feld an, ehe ihn der ausgebuffte Profi Meoni in der letzten Kurve aus dem Rennen bugsierte. Trotz allem hatte Felix eine tolle Figur abgegeben. Wie auch beim Speedcar-Bewerb mit Sandbuggys.

Und beim Trial. Die ersten beiden Container nahm Felix in Profimanier. Entscheidend war ein sprichwörtlich gutes Stehvermögen. Das hatte er vom Training mit dem Fahrrad. Auf dem dritten Container gesellte sich Freund Größenwahn hinzu – und mit ihm der Absturz.

Die Ernüchterung folgte auf dem Fuß: Enduro-Bergfahren über eine zerklüftete, steile Felsstraße. War Giovanni Sala in ein paar Sekunden oben, so brauchte Felix fünfzehn Anläufe und fünfundzwanzig Minuten.

Beim Jet-Ski-Bewerb stand die Technik für Felix auf der Bremse. Ein paar Aussetzer zu Beginn – und der Pulk war weg. Nicht einmal er dachte an eine Aufholjagd. Und seine Maschine war ohnedies nicht flott zu kriegen.

Alles in allem aber lief es gut. Zu gut. Übermut und Überehrgeiz taten das Ihre: Während eines mächtigen Luftsprungs mit dem Motorrad köpfelte Felix über die Balance und überschlug sich zweimal. Fazit: Daumenluxation, Prellungen und Abschürfungen am ganzen Körper und eine böse Fleischwunde, die ihm der Kickstarter in die Wade geschlagen hatte.

Gute Figur, wenn's ums Gasgeben geht. Und auch als Patient ...

Klippenspringen. Der letzte Bewerb. Ihn würde er in Anbetracht seines geschundenen Körpers wohl oder übel sausen lassen müssen. „Die machen alle einen Kacherl-Sprung da hinunter. Die Filmaufnahmen davon kann ich doch keinem Menschen zeigen." Durch Heinz' „Notlage" angestachelt, besann sich Felix eines Besseren. Die Luft war schließlich sein Element, da könnte, da würde er es ihnen allen noch einmal so richtig zeigen. Dachte es, streifte die Verbände vom Körper und hechtete über den Klippenrand in die Tiefe. Ein wundervoller Auerbachsalto, wie er ihn beim BASE-Springen unzählige Male in den Äther gesetzt hatte. Der feine Unterschied bestand einzig darin, dass die Wasseroberfläche beim Aufprall aus großer Höhe hart wie Beton wird. Und ihm zum restlosen Öffnen der Figur noch zwei Meter fehlten.

Der Blessuren-Bestand war um zwei blaue Schienbeine ergänzt. Hinzu kamen der symbolische Preis für den „wildesten Hund" (der Sieger des eigentlichen Wettkampfes hieß Gerry McCoy, ein Allrounder mit dem besten Einfühlungsvermögen von allen) und die Freude über die genialen Fotos vom Klippensprung. Das war die Sache allemal wert gewesen, dachte Felix. Schließlich war ihm doch so gut wie nichts passiert. Nur ein paar Kratzer hatte er davongetragen. Ein Oberschenkelbruch – das wäre etwas anderes gewesen. Aber diese kleinen Schrammen und der angeknackste Finger ... Und vielleicht auch noch eine gebrochene Rippe. Das musste schon drin sein.

Wie schnell sich das Leben doch ändern konnte. Er würde sehr viel Zeit haben in nächster Zeit, darüber nachzudenken.

Der schlechte Umgang mit schlechten Zeiten

Felix hatte nicht geahnt, wie miserabel er mit Situationen wie dieser umgehen würde. Gedanken an schwere Verletzungen waren zwar regelmäßig aufgetaucht, doch hatte er sie immer wieder in die Versenkung des Unterbewusstseins verbannt. Ein Vor-sich-Herschieben, das ihm im Krankenhaus offenbar wurde. Ans Bett gefesselt

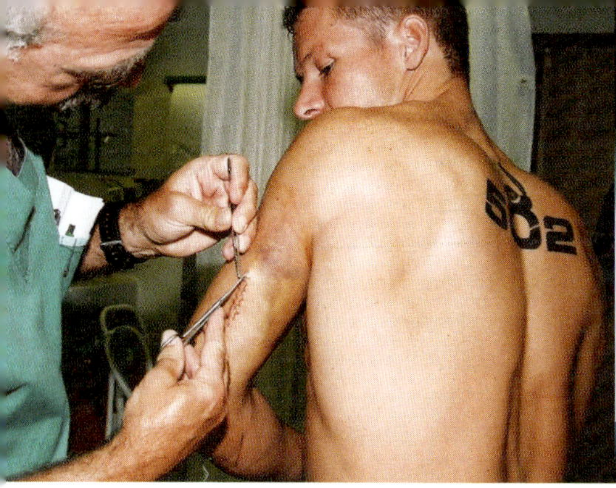

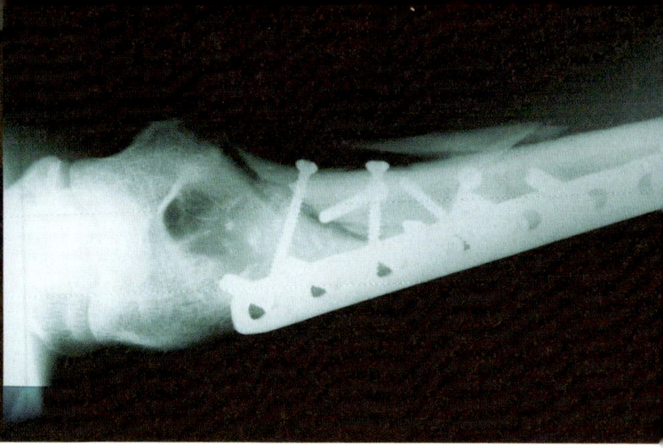

Niederschmetternd: der zerschmetterte Arm

und dabei in seiner ganzen Hilflosigkeit aller Welt ausgeliefert zu sein – das war das Schlimmste. Er, der Held der Lüfte mit dem Nimbus des Ewig-Starken, als kleines Bündel Mensch in den Fängen der Ärzte- und Schwesternschaft. Ein Bild des Jammers.

Und dazu der Mangel an Privatsphäre. Schon am frühen Morgen der Weckauftritt der weißen Engel, die ihm Frühstück ans Bett servierten. Und – welch Horror – den ganzen Tag ein Auf- und Niedergehen der Türschnalle. Die Besucher gaben sich die Klinke regelrecht in die Hand. Fünfmal, zehnmal, dreißigmal dieselbe Geschichte. Jeder meinte es gut, und jeder mehr machte es noch schlechter. Sie sollten ihn doch nur als Sportler sehen. Und nicht als … als Mensch aus Fleisch und Blut.

Tausendmal dieselben nervigen Fragen aus tausend verschiedenen Mündern. Sie gingen wieder zurück in ihre Büros oder sonstwohin, gesättigt durch seine Antworten. Er aber blieb zurück, jedes Mal um ein kleines Stück seines Lebens beraubt.

Nach sieben Tagen im Salzburger Unfallkrankenhaus gab ihm Oberarzt Arthur Trost grünes Licht für eine weitere Genesung hinter den eigenen vier Wänden. Diese eine Woche war Horror genug gewesen, dachte Felix. Wie musste es erst einem Freund ergangen sein, der nach einem Motorradunfall auf einem Misthaufen gelandet und dort lange Zeit unentdeckt mit offenen Wunden auf hochgiftigem, aggressivem Schweinemist gelegen war. Den Fuß hätten sie ihm beinahe amputiert. Statt auf Motorrädern sitzt er nur mehr mit der Playstation vor dem Fernseher. Und Spitäler meidet er wie der Teufel das Weihwasser. Kein Wunder nach einem Jahr Aufenthalt. Ein Jahr, zweiundfünfzigmal so lange wie er, Felix. Wie konnte ein Mensch das durchstehen?

„Vergiss alles, was du dir für die nächsten Monate vorgenommen hast.“ Die mahnenden Wort von Arthur Trost waren von nun an ein ständiger Weggefährte. Die operative Wiederanbindung von Sehnen und Muskeln in seinem havarierten Arm war ein höchst komplizierter Eingriff gewesen. „Wenn du dich nicht daran hältst und die Schrauben da drinnen ausreißen,

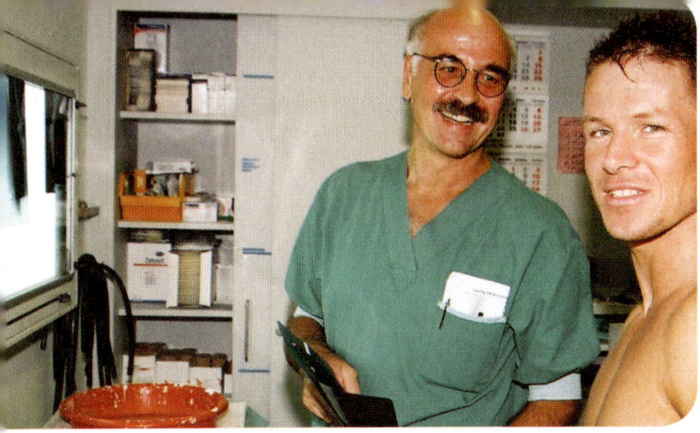

Erste Hoffnung schöpfen: Arthur Trost mit Patient Baumgartner

muss eine Titanstange hinein. Sofern wir überhaupt noch Substanz finden, wo wir sie festmachen können. Dann bist du zumindest für ein Jahr weg vom Fenster. Wenn nicht gänzlich."

An das jähe Ende seiner Karriere wollte er gar nicht denken. Allein die Drohung eines ganzen Jahres verfehlte ihre Wirkung nicht. Ein Jahr? In einem Jahr wollte er doch schon ein gefeierter Ikarus sein. Der Schock saß tief. So tief, dass Felix erstmals die Worte eines Arztes für bare Münze nahm und – vorerst zumindest – jeden Versuch unterließ, die vorgegebenen Phasen für Regeneration und Muskelwiederaufbau jenem Tempo anzupassen, das er selbst als das richtige empfunden hätte.

Die Kraft eines Tiefs

Die ersten Prognosen waren verheerend gewesen, die Gipsabnahme drei Wochen später umso erbaulicher. „Deine Wundheilung ist beinahe einzigartig", sagte Dr. Arthur Trost. „Ich kenne nur zwei Menschen, die derart schwere Verletzungen so rasch wegstecken – dich und den Hermann Maier."

Bis zu diesem Augenblick hatte Felix sich in einem nicht enden wollenden Tief gewähnt. Der mächtige Sog seiner Ängste, durch Krankheit oder Verletzung seine Ziele in weite, womöglich unerreichbare Ferne gerückt zu sehen, hatte ihn in die Tiefe gezogen. Ein Kopf, der vor Ideenreichtum sprühte, auf einem schwer ramponierten Körper. Unendlich viele Male hatte er sich inmitten einer Meute internationaler Journalisten gesehen, die Fäuste zum Triumph geballt. Felix am Ende eines langen Weges, den er am liebsten schon gegangen wäre, den nächsten Schritt vor Augen. Pioniergeist bedeutete auch, um einen Schritt weiter zu sein, als man war.

Zweieinhalb Jahre waren seit Beginn der Operation Ärmelkanal verstrichen, Jahre voller Entbehrungen und Rückschläge. Rückschläge, die das neuerliche Motivieren zur Qual gemacht hatten. Zu fern war das Ziel über lange Strecken erschienen. Felix – der Erfolgshungrige. War der große Hunger, jener nach dem Ärmelkanal, nicht gleich zu stillen, mussten Placebos her. Kleine Häppchen für Zwischendurch. Die perfekte mediale Vermarktung des

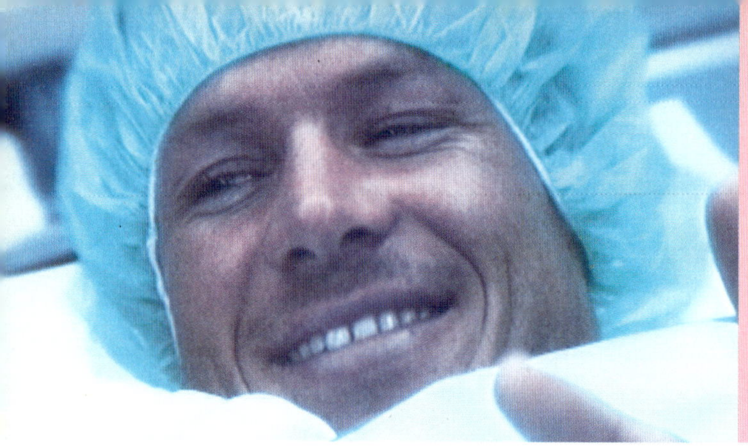

Felix unter der Haube – ein Lächeln für die Krankenschwester

Überfluges im Vorfeld war ein solches Placebo. Daran ließ es sich aufrichten. Wenn das Interesse der Medien aus aller Welt aufs Neue aufflammte. Wenn der Sinn, den er seinen Aktivitäten beimaß, durch öffentliche Präsenz seiner Person transparent wurde. Lebensunterhalt, Selbstbestätigung und Motivation waren seine Ebene nach innen – Unterhaltung und Theater jene nach außen. Brot und Spiele. Felix als Gladiator der Moderne.

Doch viel mehr zählte, was Arthur soeben gesagt hatte: „Eine Wundheilung wie Hermann Maier." In den ersten Tagen nach seinem Motorradunfall hatten Hermanns innere Organe verrückt gespielt. Dann hatte die Amputation gedroht. Sei froh, wenn du wieder gehen kannst, hatten sie ihm gesagt. Sei froh, wenn du wieder schmerzfrei laufen kannst. Sei froh, wenn du je wieder auf Skiern stehen kannst, revidierten sie neuerlich. Das Wunder der Wundheilung Maier. Bis hin zur Silbermedaille im Super-G bei den Weltmeisterschaften in St. Moritz.

Das Wunder Maier. Ihm hatte Arthur Felix' Kompensationsgabe gleichgestellt, was die Verarbeitung schwerer körperlicher Schäden betraf. Die größte Motivation überhaupt. Wie gerne hätte er in den vergangenen Wochen den Reset-Knopf im Hirn gedrückt, um endlich loslassen zu können. Das Durchbrechen des ständigen Kreislaufs, der alles nur um sie drehen ließ – seine Projekte, seine Karriere. Berauschender Gedanke in Zeiten regen Aufwinds, abgrundtief quälender Ballast in Zeiten der Flaute. Mit einem Mal war sie wieder da – diese Kraft. Felix' unerschütterliche Manpower, der Blick nach oben. Die perfekte Ernährung musste her, um alles Gift der Operation aus dem Körper zu schwemmen. Dazu Spezialpulver für den Knochenaufbau. Erste Klimmzüge und das erste Training mit Gewichten. Die Richtung war wieder vorgegeben, sie war klarer denn je. Zumal ein neuer Mann an Bord des Ärmelkanalteams durch seine Brillanz den stärksten Auftrieb überhaupt gab.

Das Spiel der Medien II

„Bei meinem Porsche-Unfall hätten sie mich vernichten können. Aber sie haben es nicht getan. In Österreich herrscht eine andere Kultur. Manche nennen es Freunderlwirtschaft. Bei einigen Zeitungen hagelte es genau deshalb Beschwerdeanrufe. Ein Arzt schrieb in einem Leserbrief, dass kein Wort über das unschuldige Unfallopfer verloren worden sei. Und über dessen psychischen Zustand. Und darüber, dass mit zweierlei Maß gemessen werde. Er sprach von Verharmlosung und Schönfärberei. Der Mann hatte absolut Recht. Auch wenn es gegen mich gerichtet war ..."

Felix' Umgang mit Niederlagen? Sucht Fehler bei sich selbst, analysiert und behebt sie.
Felix' größte Schwächen? Unpünktlichkeit; vergisst manchmal, was andere für ihn getan haben.
Felix' größte Stärken? Professionalität, akribische Vorbereitung, überlässt nichts dem Zufall, schnelle Auffassungsgabe
Felix' Erfolgsrezept? Verkauft sich gut, wirkt in Interviews natürlich und locker, kann sehr gut frei reden.
Felix sieht mich als ... wandelndes Lexikon.
Was hat Felix, was ich nicht habe? Mehr Mut & Selbstvertrauen, Glück und die richtigen Leute um sich.
Was habe ich, was Felix nicht hat? Vielleicht das noch bessere Organisationstalent und drei Kinder, die mich viele Dinge anders sehen lassen.
Felix' Umgang mit sich selbst? Diszipliniert, intensiv lebend.
Felix & sein Charakter? Zielstrebig, gerecht.

Konrad Lagger, Fotograf & langjähriger Freund

David Unterberg / Kameramann & Felix' treuester Gefährte

Felix' Umgang mit Niederlagen? Genauso gut wie mit Siegen. Doch hätten ihm ein paar Dämpfer mehr nicht geschadet. Er ist vom Glück verwöhnt, kennt aber auch die Schattenseite eines entbehrungsreichen Lebens.
Felix' größte Schwächen? Ich passe ...
Felix' größte Stärken? Führungsqualität eines Alphatiers. Kann Leute koordinieren, motivieren, sieht Dinge präzise und analytisch.
Felix' Erfolgsrezept? Der Glaube an sich selbst.
Felix sieht mich als ... treuen Gefährten, er weiß, dass er sich in jeder Situation auf mich verlassen kann.
Was hat Felix, was ich nicht habe? Lockeren Umgang mit allem und jedem.
Was habe ich, was Felix nicht hat? Gute Kameraführung.
Felix' Umgang mit sich selbst? Er ist im Reinen mit sich bezüglich all dessen, was er tut, und hart zu sich, wenn es seine Ziele erfordern.
Felix & sein Charakter? Furchtlos; souverän; sehr egoistisch; nimmt wenig Rücksicht, ist dafür aber authentisch; großzügig; umsichtig; fordernd; geistreich; spricht eine Sprache voller Metaphern, wie in einem Comicstrip; bewahrt in Extremsituationen die Ruhe und lässt keinen hängen.

Ein genialer Kopf –
Rüdiger Kunz im
Spantenmodell des
neuen Flügels

Der Wunderknabe

Ausklinken. Langsames Gleiten, immer langsamer. Bedächtig beinahe schon. Dann die Nase nach vorne gekippt, das Ende der Bedächtigkeit. Mehr und mehr senkrecht, mehr und mehr erdwärts. Anschwellendes Schütteln und Scheppern, Knattern und Knarren, Pfeifen und Fauchen. Tempo aufbauen. Augen starr auf die Anzeige gerichtet. Zweihundert, zweihundertfünfzig. Genau richtig, ruft die Stimme. Mit aller Trägheit fällt der Körper in den Gurt. Schlaffe Wangen hängen nach unten weg. Genau richtig. Ziiiiiiiiiiehen. Straffheit und Trägheit tauschen die Plätze. Mit aller Trägheit fällt der Gurt gegen den Körper. Mit aller Trägheit fällt der Körper in den Sitz. Ein Sturz nach unten in Windeseile zum Sturz nach oben verkehrt. Ebenso senkrecht. Nur himmelwärts. Bis zum Anschlag. Die vormals schlaffen Wangen als Zentrum der Anspannung. Wo vorne war, ist hinten. Kopf in den Nacken ist gleich Blick nach unten. Verkehrte Welt. Und über den Anschlag hinaus. Schau nach hinten, ruft die Stimme. Eine Rundreise an der Wölbung des Firmaments. Die zweiten einhundertachtzig Grad auf dem Rückweg in die Normalität. Wieder tauschen sie die Plätze, die Schlaffheit, die Trägheit. Und vielleicht auch ein paar innere Organe. Kleine Wandervögel auf kleinem Raum. In abgeschirmter Kanzel.

Der erste Looping.

Und neuerlich empor. Erlöschende Aufwärtskraft. Der Anschlag. Doch diesmal nicht darüber hinaus. Vielmehr darin verharren. Eine Ewigkeit direkt auf Anschlag. Kein Fauchen und Pfeifen, kein Knarren und Knattern, kein Scheppern und Schütteln. Totenstille. Unheimlich. Der Rumpf eines Segelfliegers steht, einem Schwert gleich, senkrecht gen Himmel. Eine kleine Ewigkeit nicht der Hauch einer Strömung. Luftleer scheint der Raum. Unerträglich die Stille. Durchbrochen von festem Tritt in die Pedale. Gelöst durch seitliches Kippen über fünfzehn Meter Tragfläche. Ruderflattern verboten. Absturz nach Muster eines trägen Steins verboten. Aufbau von Strömung unbedingt erwünscht. Gefühl für die Steuerung dringend erfordert. Patentrezept dafür nicht bekannt.

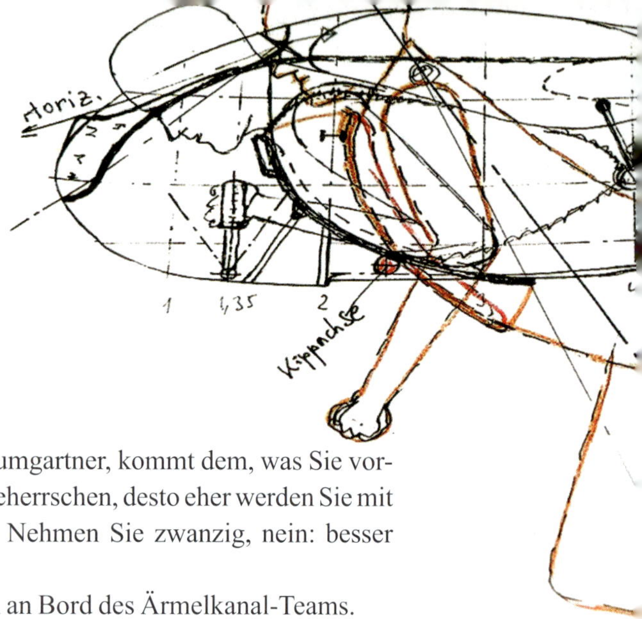

„Der Segelkunstflug, Herr Baumgartner, kommt dem, was Sie vorhaben, am nächsten. Je besser Sie ihn beherrschen, desto eher werden Sie mit Ihrem neuen Flügel zurechtkommen. Nehmen Sie zwanzig, nein: besser dreißig Stunden."

Rüdiger Kunz, der neue Mann an Bord des Ärmelkanal-Teams.

Einmal mehr war es Fotograf, Freund und Flugzeug-Fetischist Konrad Lagger gewesen, der sein Wissen über die Fliegerei zu Felix' Nutzen eingebracht hatte. Alfred, der Aerodynamiker der Firma Rosenbauer, hatte Felix ein halbes Jahr lang hingehalten, ohne die Konstruktionspläne samt CAD-Daten zu liefern. Bis Felix der Kragen platzte und es zum Bruch kam.

Der Meister legt Hand an. Und fabriziert eine Zeichnung ganz nach dem Vorbild des guten alten da Vinci

Diamond Aircraft in Wiener Neustadt, lautete Konrads Tipp. Der Firmenchef ließ sich von Felix das Projekt erklären, um doch abzuwinken. „Sehr interessant, aber dafür müsste ich mindestens zwei Leute abstellen, die ich nicht entbehren kann. Warum nehmen Sie nicht den Kunz? Der hat bei uns als Berater fungiert. Ein alter Fuchs und darüber hinaus eine Koryphäe."

Kunz war natürlich längst in Pension mit seinen sechsundsiebzig Lenzen. Ein reichlich alter Fuchs, dachte Felix. Schon auf dem Weg zu Rüdiger Kunz malte er in Gedanken das Bild dieses *aerodynamischen Wunderknaben*. Ein gebücktes Männlein mit Hörgerät, dem jeder Satz fünfmal ins Ohr gebrüllt werden musste.

Was ihm entgegensprang, war ein Urquell von Esprit und Jugend im Alter. Das Haar mit Pomade in aerodynamischer Stromlinienform nach hinten gesträhnt, der Körper in einen Anzug aus feinem Zwirn gehüllt, die Bewegungen leichtfüßig, als hätte seine biologische Uhr irgendwann vor fünfzig Jahren zu ticken aufgehört.

Rüdiger Kunz' Referenzen: In jungen Jahren den Segelflugschein gemacht. Dann ein Leben für die Luftfahrt. Auch an der aerodynamischen Entwicklung des Eurofighters war Rüdiger Kunz maßgeblich beteiligt. Und so „nebenbei" die Teilnahme am SÄNGER-Weltraumprogramm und Mitarbeiter bei einer amerikanischen Rüstungsfirma.

Kunz hielt, was Diamond Aircraft versprach. Exakt zehn Minuten

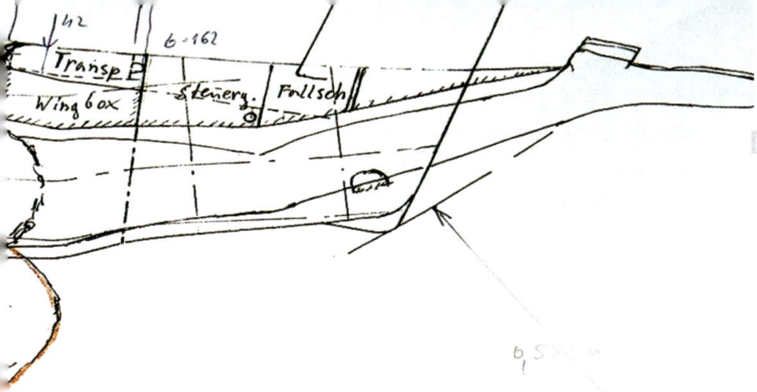

benötigte er, um eine erste Analyse zu erstellen: „Wir werden die geforderte Gleitzahl von eins zu fünf erreichen. Dafür müssen wir auf einhundertachtzig Zentimeter Spannweite gehen. Minimum."

„Maximum", konterte Felix. „Mehr darf es nicht sein. Der Flügel muss so klein wie möglich bleiben. Nur so ist das Projekt Channel Crossing glaubwürdig und authentisch. Sonst kann ich gleich in dreitausend Meter Höhe mit kurzer Hose und Zigarre im Mundwinkel starten."

Kunz' folgende Vorgaben waren klar und präzise.

Ausbauphase eins: Planung bis zur Fertigstellung des Flügels.

Ausbauphase zwei: Betreuung der Testflüge samt Einbauten.

Ausbauphase drei: Feinabstimmung bis hin zum Ärmelkanalflug.

Ich helfe Ihnen bei der Konstruktion dieses Flügels, weil es eine reizvolle Herausforderung ist. Und weil ich immer Sinn für Pioniergeist gehabt habe. Nur deshalb."

Was zuvor in einem halben Jahr nicht machbar schien, lag eine Woche später auf dem Tisch: das Belegbuch, der teuerste und schwierigste Teil. Karls Begeisterung kannte keine Grenzen, als Felix Rüdiger Kunz und mit ihm die erforderlichen Unterlagen zu Carbo Tech brachte. Kunz hatte nicht nur alle CAD-Daten für den neuen Flügel geliefert, sondern auch gleich sämtliche Kanten und den Faserverlauf des Materials mit einberechnet. Und das, obwohl er niemals zuvor mit Kohlefaser gearbeitet hatte. Seine Sattelfestigkeit schien beinahe unheimlich.

Umso mehr Anreiz für Karl, die Kompetenz dieses alten Mannes auf den Prüfstand zu stellen. Er wies auf das Poster des Le-Mans-Flügels, des ganzen Stolzes bei Carbo Tech.

„Was schätzen Sie, Herr Kunz, welchen Abtriebswert hat dieser Flügel? Einhundertsechzig Zentimeter ist er breit."

Kunz nahm Papier und Bleistift, kritzelte und murmelte fünfzig Sekunden lang vor sich hin. „Schätzen gibt es nicht. Einhundertdreißig Kilo."

Erwischt, dachte Karl. Und rief triumphierend. „Er hat knapp vierhundert!"

Konstrukteur Kunz und Ikarus Felix mit lahmem Flügel

Felix war erschüttert. Das Bild seines ganz persönlichen Unantastbaren namens Kunz begann soeben vor ihm zu zerbröckeln. Das wäre ja noch schöner, dachte Karl. Wir haben wochenlang herumgetüftelt und der gute Mann will in fünfzig Sekunden zu dem gleichen Resultat kommen?!?

Bis ein neuerlicher Blick auf das Poster alles zurechtrückte. Kunz hatte den Wert für eine Flügelfläche berechnet. Der Le-Mans-Flügel hatte jedoch drei übereinander liegende. Drei mal einhundertdreißig machte … knapp vierhundert … und Karl sprachlos … und jede weitere Diskussion überflüssig.

„Sie werden mit dem Flügel bis zu dreihundertzwanzig Stundenkilometer erreichen", wandte sich Kunz wieder an Felix. „Und Sie können Tonnenrollen um die eigene Achse vollführen. Unter einer Sekunde. Schneller als jedes Flugzeug, weil Sie viel wendiger sind. Wenn Sie einen Looping machen wollen – auch möglich. Sie bauen dabei nur sechzig Meter an Höhe ab. Das wäre was für Ihre Air-Shows, die Sie abhalten wollen, oder?"

Bis dahin waren Felix' Hoffnungen in Sachen Fliegen recht leise gewesen. Im Reich der Musik das zart intonierte, einstimmige Leitmotiv einer Ouvertüre. Was Kunz ihm aber mit dem Delta-Wing III zu komponieren gedachte, war eine Symphonie in drei Sätzen bei großorchestraler Besetzung.

„Genau dafür, Herr Baumgartner, brauchen Sie die Segelkunstflugausbildung. Selbst für den besten Fallschirmspringer ist dieser Flügel ohne spezielles Training nicht zu bändigen." Das war Wohlklang in Felix' Ohren. Was gab es Schöneres als einen Flügel, den bis auf weiteres kein Mensch außer ihm beherrschen würde?

Eine Agentur für alle Fälle

Der Enthusiasmus, mit dem auch Rüdiger Kunz zur Sache ging, war Felix Beweis genug: Einen Besseren hätte er nicht finden können. Zwei Idealisten, durch Generationen getrennt, in einer gemeinsamen Vision geeint. Und noch etwas ließ sie gut zueinander stehen: Hatte er einmal das passende Stichwort, hob Kunz in bester Baumgartner-Manier zu einem nicht enden wollenden Redeschwall an. Auch darin waren sie beide in ihrem Element.

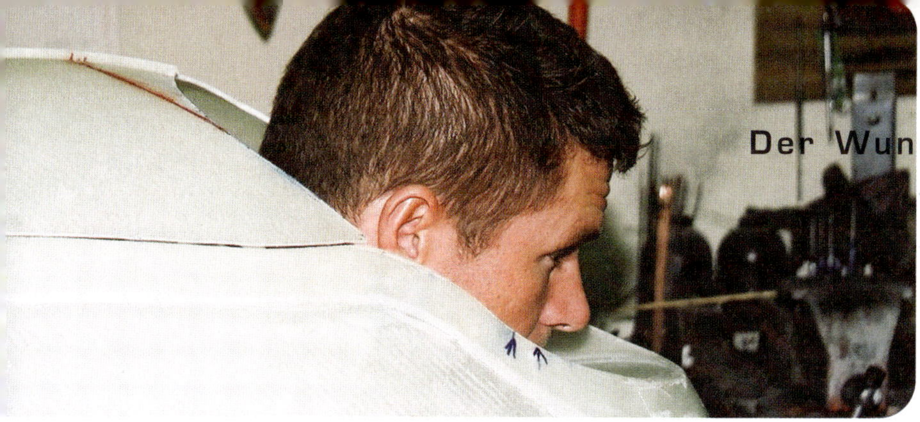

Im Bauch der Vollversion – der erste Holzdummy

Wovon Kunz sprach, war eine „Vollversion“: ein Delta Wing, der aus Felix ein voll verkleidetes Menschenflugzeug machen würde. Bestehend aus zwei Elementen, die, dem Vorbild der Segelfliegerei folgend, voneinander unabhängig konstruiert werden mussten: dem Flügel und dem Rumpf.

Der Flügel sollte im Wesentlichen der Urversion der Konstrukteure aus München entsprechen, aufgepeppt unter den Gesichtspunkten modernster Aerodynamik und perfekter Materialverarbeitung. Und er musste abtrennbar sein, um jedwede Änderung am Rumpf getrennt durchführen zu können.

Der Rumpf, so viel stand bereits fest, war der weitaus härtere Brocken. Jener Teil des Ganzen, der einen Wust an ungelösten Problemen aufwarf. Vor allem, was die Sicherheit des Piloten betraf.

Kunz’ natürlicher Begleiter, genährt durch Sattelfestigkeit und Genialität in seinem Metier, hieß unerschütterlicher Glaube. Sein Credo: Was ich baue, passt, fliegt und hält. Felix natürlicher Begleiter, genährt durch perfektionierten Überlebenswillen und jahrelange Erfahrung in Extrembereichen, hieß tausendprozentige Vorsicht. Sein Credo: Ich fliege nur, wenn alles passt, hält und ich überleben kann. Kunz’ Vorstellung von Sicherheit war jene, die er in Jahrzehnten des Flugzeugbaus erworben hatte. Er war ein aerodynamischer Genius, aber kein Fallschirmspringer. Er kannte all die unliebsamen Überraschungen und tödlichen Risken nicht, die dieser Sport in Extrembereichen parat hatte. Vor allem, was das (Nicht-) Öffnen des Schirms anging.

Felix’ größte Sorge beim neuen Flügel: Wie komme ich aus diesem fliegenden Sarg heraus, wenn irgendetwas schief läuft? Möglichst schnell und ohne Verhängen der Leinen? Schief laufen konnte dort oben in der Todeszone von knapp neuntausend Meter so gut wie alles.

Vorweg stand aber ein „Problemchen“ ganz anderer Natur an – die Überflugerlaubnis.

Die Lösung hieß Flying Pictures, die englische Agentur für alle Fälle. Ein fünfköpfiges, hochkarätiges Team um Ian Ashpole, gefragte Top-Spezialisten in allem, was mit dem Element Luft zu tun hat, ein jeder perfekt ausgebildeter Pilot, Fallschirmspringer, Ballonfahrer, Wetterexperte und

Filmer. Ob halsbrecherische Stunts für James-Bond-Filme oder Massen-absprünge aus Heißluftballons – Flying Pictures machte es möglich.

Die Anforderungen für das Channel Crossing waren klar: Der Flug musste sowohl von Dover nach Calais als auch in entgegengesetzter Richtung möglich sein. Erste Blicke auf Windkarten der Ärmelkanalregion hatten gezeigt: Mit Wechselfällen der Windlaunen war immer zu rechnen. Ideal, so wusste Felix aus seinen bisherigen Delta-Wing-Erfahrungen, war Rückenwind. Anders als bei motorisierten „Kollegen“ oder Drachenfliegern mit großer Spannfläche spielte beim antriebslosen Einmannflugzeug Felix der Faktor Auftrieb bei Gegenwind keine Rolle. Vielmehr würde ihm Gegenwind ein entscheidendes Maß an Leistung rauben. Daher also lieber Rückenwind. Und daher also auch die Option, in beide Richtungen fliegen zu können. Die Entscheidung darüber würde, je nach Wetterlage, erst Stunden davor fallen.

Gleich nach dem ersten Meeting in England zogen Ian Ashpole und sein Team alle Register und ließen die Kontakte spielen. 22.000 englische Red-Bull-Pfund und ein paar Wochen später kam die Erfolgsbotschaft: „Ihr habt die Permission, aber mit jeder Menge bürokratischer Auflagen und einer entscheidenden Einschränkung.“

Die Auflagen: Für Delta Wing III musste ein eigenes Manual, eine Art Typenschein erstellt werden. Vom Crashtest über Zerreißproben bis hin zu Festigkeitsgutachten. Versicherungstechnisch gesehen galt Felix nach wie vor als Fallschirmspringer, sein Flügel aber als Flugzeug. Würde er, aus welchem Grund und mit welchem Ausgang für ihn selbst auch immer, den Delta Wing verlieren und sein Flügel auf ein Boot, ein Hausdach oder eine stark befahrene Straße knallen, so hätte das – Manual hin, Manual her – in jedem Fall böse Folgen. Den behördlichen Auflagen aber wäre Genüge getan. Schließlich gab es ja das Zertifikat.

Die Einschränkung: 4.30 Uhr Union Time Code.

Dann nämlich musste Felix den kontrollierten Luftraum zwischen Frankreich und England verlassen haben, ehe das undurchdringliche Gewirr

Ein „rustikaler" Beginn ...
und endlose Besprechungen
mit Karl von Carbo Tech

des frühmorgendlichen Flugverkehrs über den Kanal hereinbrach. Sperren der Luftraumkorridore für ein Flugzeug der etwas anderen Art – nun ja, aber nur bis 4.30 Uhr. Danach müsse man sich, so die Behörden, wieder auf den reibungslosen Verkehr der Silbervögel aus aller Welt konzentrieren. Und nicht auf die aufreibenden Allüren eines schrägen Vogels from little Austria.

Aufschieben verboten

4.30 UTC hieß: Felix musste im Morgengrauen eines Hochsommertages starten. Als Deadline wurde der 31. Juli 2003 gesetzt. Bis dahin waren die Lichtverhältnisse zu so früher Stunde noch sehr gut. Mit jedem weiteren Tag jedoch rückte der Sonnenaufgang um je eine Minute nach hinten – und mit ihm die Chance ins Abseits, den heiß ersehnten Überflug zeitgerecht über die Bühne Ärmelkanal zu bringen.

Unendlich lange drei Jahre waren ins Land gezogen, seit die Idee des Channel Crossing aufgekeimt war. Drei Jahre voller Träume, Hoffnungen und Rückschläge. Mehrmals hatte das Projekt auf die lange Bank geschoben werden müssen. Der Grund war immer ein und derselbe – der Flügel. Er brachte bei weitem nicht die Gleitleistung, die auch nur den leisesten Gedanken einer erfolgreichen Kanalüberquerung erlaubt hätte.

Nun jedoch verhielt sich die Sache völlig anders. Rüdiger Kunz und seine beinahe unheimliche aerodynamische Sattelfestigkeit hatten neuen Aufwind gebracht. Und Felix darin bestärkt, dass es noch diesen Sommer passieren musste. Zumal es ein ganz besonderes Jahr war. Im Dezember 1903 hatten die Gebrüder Wilbur und Orville Wright den ersten zählbaren Motorflug vollführt. Und einhundert Jahre danach wollte er, Felix Baumgartner, jener Mensch(envogel) sein, der den Ärmelkanal im freien Fall queren und somit erneut Geschichte schreiben würde. Er wollte, nein: er konnte sich der Magie dieser Symbolkraft nicht entziehen. Daher hieß es fortan: Wir müssen es versuchen. Aufschieben verboten!

Red Bull

Mensch gegen Maschine

Irrwitzig. Undurchführbar. Ja geradezu irrational. Anders ließ sich auf den ersten Blick kaum qualifizieren, was Red-Bull-Eigner Dietrich Mateschitz als sein neuestes Projekt im Frühjahr 2003 an Felix herantrug: Mensch gegen Maschine, ein Wettfliegen zwischen einer 500-PS-starken Pilatus Porter Propellermaschine und Felix, nur seinen Delta-Wing um den Leib gegürtet.

Der Reiz, es dennoch zu versuchen, war gerade für ein Extremsport-Kaliber à la Baumgartner ein doppelter: zum einen das Wrightsche Hundert-Jahr-Jubiläum. Damals das erste Flugzeug – nun der erste fliegende Mensch. Noch dazu im Wettstreit mit einer Maschine. Und zum anderen hätte die „Bühne" dieser ungleichen Konkurrenz herausfordernder nicht sein können: der *Taurus World Stunt Award*, Anfang Juni dieses Jahres und erstmals in den berühmten Paramount Studios von Los Angeles.

Der Award war 2001 von Mateschitz ins Leben gerufen worden, um endlich jenen ein Denkmal zu setzen, die das ganze Jahr über im Schatten der gefeierten Hollywood-Größen stehen – den Stuntleuten. Männer wie Frauen, die mit waghalsigen Kunststücken die steilen Karrieren vieler Stars mitbegründet, ja erst ermöglicht haben. Wie jene Arnold Schwarzeneggers, der selbst sagt: „Ohne diese großartigen Menschen wäre ich nichts." Schwarzenegger und Filmkollegen wie Steven Spielberg, Bruce Willis, Hale Berry, Silvester Stallone – um nur ein paar zu nennen – haben sich der Idee des Taurus Award verschrieben, ihn von Anbeginn kräftig unterstützt. Und bereits im dritten Jahr halb Hollywood in ihrem Gefolge. Bestes Indiz dafür: Der rote Teppich musste zuletzt bereits auf das Dreifache der ursprünglichen Dimension vergrößert werden.

Traumfabrik Hollywood. Glamour, Glanz und Glorie. Sammelbecken aufgesetzter Eitelkeiten, aufgespritzter Lippen und praller Silikonbrüste, aber auch Hort unvergleichlicher Chancen und Gebärmutter atemberaubender Karrieren. Felix' Traum, im Konzert der ganz Großen mitzugeigen, war mit einem Mal zum Greifen nah. Wiewohl er, Marsch- und

Der Lake Powell – einmal ganz echt …

Blickrichtung Ärmelkanal, keine Minute zu verlieren hatte. Der neue Flügel war noch nicht einmal gebaut, Dutzende Tests mussten absolviert werden. Dazu Höhentraining und vieles mehr. Der Trip nach Hollywood würde ihn mindestens drei Wochen kosten. Kostbare Zeit, die er nicht hatte. Aber auch Zeit, die er sich nehmen musste. Hollywood – das war der Lockruf des Showbusiness. Und, so dachte Felix, wo Hollywood drauf steht, kann ruhig auch ein bisschen Felix drin sein.

Der Main Stunt – verlieren verboten

Sein Part bestand darin, den so genannten Main Stunt zu absolvieren. Im Vorjahr hatte Bob Brown diese so ehrenvolle wie halsbrecherische Aufgabe übernommen. Er hechtete brennend durch eine Fensterscheibe und stürzte aus dem vierzigsten (!) Stockwerk des Warner Building in die Tiefe. Dabei nahm sich das Sprungtuch aus der Vogelperspektive des Stuntman wie eine in Längsrichtung halbierte Briefmarke aus. Eine mörderische Akrobatikeinlage. Und diesmal sollte Felix' Wettflug gegen die Pilatus Porter sich als roter Faden durchs Programm ziehen. Immer wieder, so sah es das Drehbuch vor, würde zwischen Ehrungen, Ovationen und Filmclips „live" in die Wüste von Arizona geschaltet werden, um von den Vorbereitungen und vom Wettflug über den Lake Powell zu berichten. Dazu noch Bilder seiner besten Sprünge – Twin Towers, Jesus … Bilder, die den Menschen in Erinnerung rufen sollten: Seht her, das ist der Mann, der auch schon …

Danach hätte er, Felix, seinen zweiten großen Auftritt – gemeinsam auf der Bühne mit Superstar Dennis Hopper („Easy Rider", „Apoycalypse Now", „Speed"), umjubelt von der halben Filmwelt, bewundert von Abermillionen Fernsehzusehern in aller Welt. Eine einmalige Gelegenheit.

Danach hieß aber auch: verlieren verboten! Mit der Zusage hatte Felix sich selbst enormen Druck auferlegt. Der Grundgedanke dahinter war jener: Didi Mateschitz nominiert mich für den Main Stunt. Das heißt, er setzt enormes Vertrauen in mich. Er glaubt daran, dass ich gewinnen kann. Also muss ich gewinnen!

... und einmal auf dem Storyboard Marke Hollywood

Ein Drehbuch der Marke Hollywood

(Lake Powell, Arizona. Die Stimme des Piloten der Sky-Van-Transportmaschine knarrt im Sprechfunk über sonores Propellerbrummen hinweg:) „Wir sind jetzt über fünftausend Meter. Lasst ihn los, er hat es so gewollt."

(Kamera-Großaufnahme von Felix, Schweißperlen im Gesicht, angestrengter Blick. Schnitt. Eine Hand zündet die Rauchpatronen an Felix' Fuß. Schnitt. Außenaufnahme der Sky Van. Schnitt. Ampel schaltet auf Grün, mit Signaltönen akustisch untermalt.) „Drei, zwo, eins … goooo!"

(Exit. Felix springt, das Gesicht der Kamera im Flugzeugbauch zugewandt, rücklings in die Tiefe. Unter ihm zu sehen: – die Pilatus Porter. Schnitt. Die Pilatus Porter senkt ihre Nase nach unten. Der Pilot:) „Jetzt sind nur noch wir zwei am Himmel."

(Kameramann in der Sky Van:) „Ich hab ihn." *(Kurze Pause)* „Wo ist er, ich hab ihn verloren!"

(Die Pilatus und Felix fliegen nebeneinander her. Pilatus-Pilot:) „Da, an meinem linken Flügel."

(Seitenaufnahme des Pilatus-Piloten:) „Verdammt, er kommt mir zu nahe."

(Flugszene, Außenansicht. Beide Kontrahenten dicht an dicht.) „Okay, er taucht jetzt unter mir durch."

(Pilot der Sky Van:) „Der Kerl ist mir unheimlich, ich muss ihm nach."

(Pilatus-Pilot:) „Jetzt ist er wieder über mir."

(Cockpit-Großaufnahme. Pilatus-Pilot:) „Ich sehe die Ziellinie. Noch fünfzehn Kilometer. Ich hänge ihn ab."

(Pilatus-Pilot blickt seitlich aus dem Fenster.) „Nein, er ist wieder da. Ich muss steiler abtauchen. Er ist verdammt schnell. 220 km/h!"

(Höhenmesser in Großaufnahme. Schnitt. Pilatus im Steilflug, Außenaufnahme.) „Ich kann ihn abhängen."

Absprung aus
der Sky Van –
und das
Fotofinish über
dem Lake Powell

(Pilatus liegt voran. Pilot:) „Hey, Felix. Wer ist jetzt der Champion?“

(Flugszene, Außenaufnahme. Beide kreuzen den Lake Powell.) „Nur noch fünf Meilen. Das muss reichen. Ich reiß noch mal die Nase runter. Jaaaa, schwerelos im Sturzflug.“

(Großaufnahme Cockpit,- Steuerung. Schnitt. Großaufnahme Fußpedal. Schnitt. Pilatus-Pilot:) „Verdammt, er kommt schon wieder! 250 km/h! Jetzt ist er gleichauf mit mir! Flieg, mein Vogel. Wir schaffen es.“

(Felix und die Pilatus nebeneinander. Pilatus-Pilot:) „Nur noch drei Kilometer.“ *(Kurze Pause)* „Halt die Richtung, Baby, noch 1500 Meter.“

(Blick aus der Bordkamera an Felix' rechtem Flügel. Siegesgewiss formt Felix kleinen Finger und Daumen der rechten Hand zu Stierhörnern. Schnitt. Pilatus-Pilot plärrt in den Funk:) „Er überholt mich! Ich schaff es nicht mehr, mein Vogel bricht mir sonst weg!“

(Aufnahme aus der Vogelperspektive. Felix passiert vor der Pilatus das Ziel. Pilatus-Pilot:) „Jaaaa, die Ziellinie – gute Arbeit, Felix!“

(Felix zieht in voller Vorwärtsfahrt die Reißleine. Durch die enorme Bremswirkung schnellen Beine und Hüfte empor, ein halber Überschlag, der in den Leinen des Fallschirms endet. Schnitt. Landung. Schnitt. Jubelpose.

Ein perfektes Drehbuch der Marke Hollywood. Aber auch perfekte Arbeit der Marke Baumgartner. Wochenlange Vorbereitungen waren dem spektakulären Rennen gegen die Pilatus Porter vorangegangen. Dass der Wettkampf nicht wirklich „live“ gesendet wurde, war von vornherein klar. Das Storyboard sah 65 unterschiedliche Kameraeinstellungen vor, all die Shots bei einem einzigen Versuch einzufangen, war selbst für Topprofis unmöglich. Vielmehr musste die 30-köpfige Filmcrew sich zuerst auf Felix'

Red Bull
Red Bull

spezielle Flugeigenschaften einstellen. Zwei Drehtage vor der malerischen Kulisse des Lake Powell wurden anberaumt. Auf Felix' Terminplan standen dabei nicht weniger als 18 Absprünge. Maximale Belastung und Stress bei minimaler Zeit. Und dazu der enorme Druck. Brachte Felix die erwartete Leistung nicht, gab es keinen Main Stunt. Daher galt auch: Versagen verboten!

Grundverschiedener hätten die Kontrahenten nicht sein können. Da die Pilatus Porter, vor fünfhundert Pferdestärken purer Kraft strotzend – dort der Mensch(envogel) Felix Baumgartner. Es galt, einen gemeinsamen Modus zu finden. Eine Grundebene für beide. Das „Auslaufmodell" Delta-Wing II verfügte weder über Höhen- noch über Seitenruder. Deshalb wurde jener Gleitwinkel, mit dem Felix dem Boden zuraste, als Grundgröße festgelegt. Konnte auch die Pilatus im gleichen Winkel bei annähernd gleicher Geschwindigkeit fliegen, war die prinzipielle Konfiguration gegeben. Wobei die Herausforderung für den Flugzeugpiloten vor allem darin lag, Winkel und Motorleistung bzw. -drosselung richtig zu dosieren.

Was vorerst kaum machbar schien. Felix hatte mit dem kleineren Delta-Wing der Serie II begonnen. Er war leichter zu bändigen, sank jedoch – wie drei Versuche zeigten – viel zu steil. Wäre die Pilatus sein Tempo gegangen, hätte der Pilot die Maschine über die „Red Line" treiben müssen. Sprich: Er wäre über die Bauartgeschwindigkeit des Flugzeuges gegangen. Wäre er einen Abfangbogen geflogen, um die Maschine abzufangen, wäre ein Bersten der Tragflächen wegen der enormen Belastung kaum zu verhindern gewesen. Abhilfe verschaffte „Delta-Wing II der Große". Seine Flugkonfiguration war in Hinblick auf die Pilatus Porter perfekt. Grundvoraussetzung für das Rennen war auch, dass beide Piloten, der erfahrene Stuntflieger Bill Richards einerseits und Felix andererseits, immer Sichtkontakt hatten. Geriet Felix zu nahe an die Porter und womöglich in den Propeller, wäre das für beide Flieger das Todesurteil. Höchste Professionalität und Konzentration waren gefragt. Und die richtige Taktik. Die Felix mit einem simplen Trick kurz vor der Ziellinie, einem Seitenarm des Lake Powell, aus dem Köcher holte: Er drückte den Flügel nach unten und legte so noch Tempo zu. Gerade genug, um

Zwei höchst ungleiche Konkurrenten ... und ein paar lässige Gesten für die Fotografen

die Pilatus auf den letzten Metern bei Tempo 250 abzuhängen und das Rennen zu machen. Genau genommen: die Rennen zu machen. Denn anders als im TV rund um den Globus zu sehen, traten Mensch und Maschine zweimal gegeneinander an. Beide Male mit dem besseren Ende für Felix.

Neu war für Felix neben der reizvollen Herausforderung eines: Erstmals hatte er es mit einer Produktion zu tun, wo ausschließlich Vollprofis am Werk waren. Und er selbst sich nur auf seinen eigentlichen Part zu konzentrieren hatte. Fliegen. Sonst nichts. Alles war perfekt organisiert: Regisseur, Kameraleute, Assistenten, drei Schauspieler, die den Funkverkehr der Piloten während des Rennens im Studio aufnahmen – bis hin zum kleinsten Handlanger. Jede Tätigkeit hatte ihren Verantwortlichen. Ob Stunt-Koordinator, Flügelputzer, Fallschirmpacker oder jener Gehilfe, der vor dem Absprung die Rauchpatrone an Felix' Fuß zündete, um ihn als qualmenden High-Speed-Strich in der Landschaft vor den Kameras vorbeiziehen zu lassen.

Eine Frage der nationalen Sicherheit

Apropos Strich in der Landschaft: Der Transport der Rauchpatronen in die Wüste von Arizona und deren Montage an Felix' Fuß zogen einen Staatsakt mittlerer Dimension nach sich, der selbst das Wiehern des österreichischen Amtsschimmels harmlos erscheinen ließ. Denn: Wer die kleinen rauchenden Dinger in Händen halten wollte, musste eine behördlich beglaubigte Erlaubnis für diesen Kontakt aufweisen. Übergeben werden konnte die *heiße Ware* an einen anderen konzessionierten Rauchträger nur unter wechselseitigem Vorweisen des Zertifikats. Er könnte ja weiß Gott was damit anstellen. Amerika nach dem 11. September.

Höchste bürokratische Weihen wurden auch jenen Herren zuteil, die Felix' Auftritt beim Stunt Award reglementierten. Dass ein Baumgartner – noch dazu nach solchem Wettrennen – die Bühne standesgemäß aus der Luft betreten musste, verstand sich von selbst.

Der österreichische Gedanke: Absprung aus zweihundertfünfzig Meter Höhe, Einflugschneise vorbei am Turmgerüst der Paramount Studios

Die Einflugschneise. Standesgemäßer Auftritt auf dem Red Carpet. Felix, auch ein Mann von Welt

und Landung auf der Open-Air-Bühne. Für einen Vollblutspringer ein Klacks.

Die sicherheitspolitische amerikanische Wahrheit: Wer auf Bühnen springen will, muss *demo-jumper* sein, braucht also ein *pro type rating*. Zu erlangen durch zehn Sprünge auf eine zwei mal zwei Meter große Fläche, Landung stehend. Danach erfolgt die Erlaubnis zum Testsprung für den eigentlichen Sprung. Dabei über den Köpfen des Auditoriums hereinsegeln? Unmöglich, per Gesetz verboten. Nationale Sicherheit, versteht sich. Dazu ein Mindestabstand von sieben Meter zum Publikum bei der Landung, den Gehweg (zwei Meter) nicht mitgerechnet. Und weil die ohnedies schmale Bühne, derart auf halbe Breite reduziert, weiter unterteilt ist, setzen die Behördenhengste mit Klebeband ein Kreuz auf den Boden. Genau da oder gar nicht.

Ohnmächtiger Zorn gegen übermächtigen Reiz. Die behandeln mich als kleinen Idioten, dachte Felix. Die denken wohl: Der eine ist ein wilder Hund (ich), der andere, der sich als Berater des wilden Hundes ausgibt (Tracy), ein Tollpatsch. Was wollen die beiden überhaupt?

Die Versuchung, vor Millionen TV-Zusehern direkt vor Moderator Dennis Hopper zu landen, obsiegte. Nach heftigen Protesten waren die zehn Demo-Sprünge auf drei hinunterlizitiert worden – und beim eigentlichen Testsprung knallte Felix den Fersenabsatz millimetergenau auf die Markierung. Schweigen auf der Waldlichtung der letzten Zweifler.

Nichtsdestotrotz erfolgte Felix' Auftritt gehend. Was die Bürokratie nicht geschafft hatte, besorgte ihr Verbündeter namens Wettergott. Der wolkenverhangene Himmel über der Skyline von Los Angeles ließ die vorgeschriebene Mindestabsprunghöhe von sechshundert Meter zur letztlich unüberwindbaren Hürde werden.

Dennoch: Die Reise nach Hollywood war ein Triumphzug geworden, der Felix zum Star gemacht hatte. Größen wie Arnold Schwarzenegger, Harrison Ford, Quentin Tarantino, Vin Diesel, Michelle Rodriguez oder Stuntlegende Terry Leonard – und er mitten drin. Die Creme de la Creme war bei der Ausstrahlung seines Stunts in frenetischen Jubel ausgebrochen – noch bevor er die Bühne betrat. Hätte ihm das jemand vor ein paar Jahren prophezeit …

Licht und Schatten des Taurus ...
... mit Dennis Hopper auf „Satelite“-Tour

Dabei sollten Felix Tür und Tor zur Filmbranche schon ein halbes Jahr zuvor geöffnet werden – so jedenfalls wollten es Pete und Sandy, zwei US-Drehbuchschreiber mit, wie es schien, blendenden Kontakten ins Showbusiness. Das Paar war auf der Suche nach einem echten, lebenden Action-Hero gewesen und über Felix' Homepage gestolpert. Sie bombardierten ihn mit E-Mails und versprachen, in den USA eine eigene Felix-„502“-Baumgartner-Show auf die Beine zu stellen. Eine Five-O-Two-Show. Mit Arnold Schwarzenegger als Promotor.

Der großen Reden kleiner Haken: Nach einem Casting Anfang Dezember 2002 flatterte Felix ein Vertragsentwurf ins Haus. Felix: „Hätte ich das unterschrieben – die hätten am nächsten Tag meine Nieren verkaufen können, ohne mich zu fragen.“ Pete und Sandy wollten fünfzig Prozent aller direkten und indirekten Einnahmen dieser Show. Größenwahn, attestierte Felix: „Die dachten wohl, ich dummer Sportler aus Österreich schalte das Hirn aus und falle in Ohnmacht, wenn Hollywood klingelt.“

Felix lehnte in der Folge auch jeden weiteren Vertragsentwurf ab – bis Pete und Sandy das Handtuch und Felix aus dem Rennen warfen. Begleitet von einer E-Mail mit drei Fragen samt Antworten:

1. Red Bull ist eine Super-Firma. Aber glaubst du, dass sie dich hier in LA zum Star machen können? Die Antwort ist NEIN.

2. Helmut Tucek ist ein Super-Freund. Aber glaubst du, dass er die nötigen Kontakte hat? Die Antwort ist NEIN.

3. Felix Baumgartner ist ein Super-Athlet. Aber glaubst du, dass er es hier ohne uns schaffen kann? Die Antwort ist NEIN.

Noch vor den Dreharbeiten zum Wettflug schickte Felix eine E-Mail an Pete und Sandy: „Bin in der Stadt, treffen wir uns doch!“ Null Reaktion.

Nach den Dreharbeiten gab Felix erneut Nachricht. „Habt Ihr meine E-Mail-Adresse verloren? Habe einen kleinen Stunt gemacht, an der Ost- und Westküste läuft eine Show mit mir. Wird auch weltweit in 56 Ländern übertragen. War gerade mit Dennis Hopper auf vierstündiger Satellite Tour durch alle Medien quer über den Kontinent. P. S.: Die Antwort ist JA!“

Red Bull

Drei entscheidende Neuerungen zeichneten Delta-Wing III gegenüber den bisherigen Prototypen aus: Das S-Schlag-Profil war aerodynamisch per-fektioniert worden. Wie auch die Winglets, seitlich und am hinteren Ende des Flügels angebrachte Stabilisierungsklappen. Und die Tragfläche war größer, wiewohl die Spannweite mit einhundertachtzig Zentimeter nur geringfügig über jener der ersten beiden Flügel lag.

Änderungen gab es auch, was Ausrüstung und Ablauf betraf: Der Sauerstoff musste an Felix' Körper befestigt werden und nicht, wie anfänglich geplant, im Rumpf des Flügels. Gäbe es beim oder kurz nach dem Start eine Panne, wäre der Pilot plötzlich ohne Atemluft. Verworfen wurde auch die Idee einer Navigationsanzeige auf der Visierinnenseite. Felix: „Die Gefahr, dass ich mich verfliege, ist minimal. Gestartet werden kann ohnedies nur bei besten Wetterbedingungen, wenn die Sicht so gut ist, dass ich am Horizont den ungefähren Zielpunkt ausmachen kann. Außerdem wird zur besseren Orientierung ein Flugzeug vor mir herfliegen."

Abstand nahmen Baumgartner und sein Team auch von einer Live-Übertragung in alle Welt. Tenor: Zu dieser nachtschlafenden Zeit erreichen wir nur einen Bruchteil jener vielen Millionen Menschen, die ansonsten zur besten Sendezeit vor den Schirmen sitzen. Und noch ein ebenso starkes, wenn auch nur hinter vorgehaltener Hand vorgebrachtes oder überhaupt unausgesprochenes Argument stand im Raum: das Worst-Case-Szenario. Jener Fall, dass Felix schwer verunglücken oder womöglich sein Leben lassen könnte. Eine Möglichkeit, die bei Extrem-Abenteuern dieser Art einkalkuliert werden musste. Das Verderben saß Felix immer im Nacken. Der voyeuristische, live eingefangene Blick über die Schultern eines Todespiloten war in niemandes Interesse – nicht in jenem seiner Familie, Freunde und Wegbegleiter, nicht in jenem der Sponsoren und am allerwenigsten in Felix' eigenem.

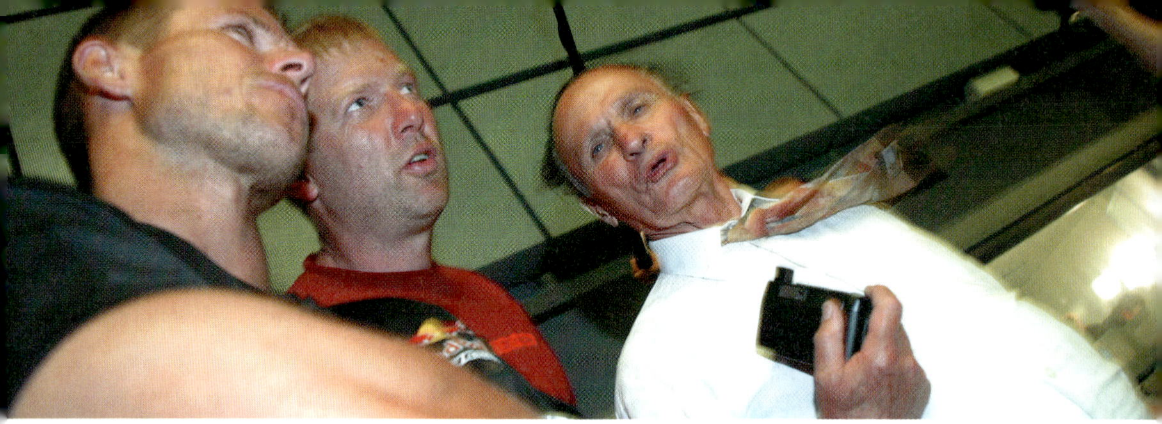

Ein Dummy mit Zukunft

Der Windkanal – das Ende einer jeden Haarpracht und Bekleidungsordnung

Der Tag X rückte bedrohlich heran – und mit ihm die Gefahr, dass es sich wieder nicht ausgehen könnte. Zwar waren Grundform und Prototyp des neuen Flügels bereits seit einem halben Jahr fertig, doch war es eben nur der Flügel und nicht der Rumpf. Noch im Frühjahr sollten Felix und sein Delta-Wing III mittels gefinkelter Aufhängung auf das Dach eines Porsches geschnallt und auf einem Rundkurs in der ehemaligen DDR bei 140 km/h aerodynamischen Tests unterzogen werden. Bis auf ein nächtliches Foto-Shooting mit martialischen Bildern auf einer Landebahn des Salzburger Airports blieb von dem Konzept aber herzlich wenig übrig.

Stattdessen über lange Strecken hin stilles Weitertüfteln im ebenso stillen Kämmerchen. Kunz' Berechnungen, was die Gleitzahl des neuen Wunderdings anging, verhießen Einzigartiges. Seine Prognose: „Wir erreichen in der verkleideten Vollversion einen Wert von zumindest eins zu sechs."

Bloß: Die Zeit lief unaufhaltsam davon. Als Felix für drei Wochen zu den Dreharbeiten für den Taurus Award in die USA abhob, war es bereits Mitte Mai. Und er hatte bis dahin noch kein einziges Mal den neuen Flügel, geschweige denn die gesamte Flügel-Rumpf-Konstruktion testen können. Dabei war die Flugtauglichkeit des Gerätes nur eines von vielen Problemen, die es in zahllosen Versuchen zu lösen galt.

Nach Felix' Rückkehr jedoch keimte Hoffnung auf: Der Rumpf-Dummy war fertig. Was fehlte, waren die Steuerung und ein ausgeklügeltes System, wie sich Felix im Falle des Falles rasch und sicher herauskatapultieren konnte. Delta-Wing III war nach siebenhundert Konstruktions- und neunhundert Baustunden aber so weit gediehen, dass sich damit erste Windkanaltests anstellen ließen. So würden Felix und Kunz zumindest erfahren, wo sie standen.

Freitag, der 13. Juni – ein Datum wie eine Verheißung. Die da lautete: eins zu sieben Komma vier. Das war die unglaubliche Gleitzahl, die Delta-Wing III im Windkanal des Audi-Werkes in Ingolstadt lieferte. Auf

Eine Option für die Zukunft – Delta-Wing III mit Rumpf, die „Vollversion“

Anhieb. Selbst den Profitestern des deutschen Automobilherstellers verschlug es die Rede, als sie sahen, wie perfekt die kleinen aufgeklebten Wollfädchen sich in die Luftströmung schmiegten. Nicht die kleinste ungewollte Verwirbelung. Felix über den Flügel: „Ein radikales Ding!“

Zumindest ebenso radikal war aber auch der Bremsfaktor Zeit, der Felix’ anfängliche Euphorie bremste. Der da hieß: Wollen wir über den Kanal, dann müssen wir so bald wie möglich in die Luft mit dem Ding.

Ohne Kunz Bescheid zu geben, ließ Felix bei Carbo Tech einen Flügel herauslaminieren. Ohne Rumpf und ohne Steuerklappen. Wollte er es noch in diesem Jahr bewerkstelligen, dann einzig und allein mit der abgespeckten, dem Delta-Wing II ähnlichen Version. Was Felix, je länger er darüber sinnierte, ohnedies sympathischer erschien.

Kunz’ „Vollversion“ war eine großartige Option und Investition in die Zukunft; für das Projekt Ärmelkanal steckte jedoch bereits zu viel Flugzeug und zu wenig Mensch darin. Felix fasste den heimlichen Beschluss, Kunz erst dann zu informieren, wenn es unbedingt notwendig war. Ein paar Tage vor dem geplanten Überflug. Am besten würde er Heli Tucek vorschieben, den besseren Diplomaten in Angelegenheiten wie dieser. Wiewohl die Hiobsbotschaft ohnedies nur eine eingeschränkte war: Auch der „nackte“ Flügel war ein Werk von Rüdiger Kunz. Und er hatte die ebenfalls sensationelle Gleitzahl von eins zu vier Komma fünf. Doch wer wusste schon, wie Kunz mit seinen sechsundsiebzig Lenzen reagieren würde? Schließlich waren er und Felix aus demselben Holz geschnitzt – aus jenem für gnadenlose Fanatiker.

Die Druckkammer

Als hätte er einen Medizinball verschluckt. Felix’ Blick wanderte die Brust hinab einen gerippten, dreifingerdicken Schlauch entlang. Doch da war nichts, nur sein über Jahre hinweg antrainierter Waschbrettbauch, der sich wie eine aufgeblähte Kugel anfühlte. Das Ende jedes Atemzuges ließ den Eindruck schwinden, jedes neuerliche Luftholen aber wiederum vermittelte das Gefühl

Druckatmung und medizinische Checks in Königsbrück (Deutschland)

zu zerplatzen. Eineinhalb Meter neben ihm das nahezu gleiche Bild: sein Ballonfahrerfreund Heli Tucek mit dem Ballonbauchgefühl. Des Rätsels Lösung: Druckatmung in der Druckkammer im Flugmedizinischen Zentrum in der ehemaligen DDR, wo den beiden Sauerstoff mit 0,6 Bar Unterdruck in den Körper gepresst wurde. Ein Muss für Felix und Heli bei der Vorbereitung auf das Projekt Channel Crossing. Sinn der Übung war es, Felix' und Helis Körper das Fehlen des nötigen Umgebungsdrucks in elftausend Meter Höhe zu demonstrieren. Und eben per Druckatmung auszugleichen. Wiewohl beide wussten: So hoch wollen wir gar nicht hinauf.

Wesentlich praxisorientierter in Bezug auf ihr Vorhaben war da schon die nächste Simulation: siebentausendfünfhundert Meter bei plötzlichem Vereisen der Ventile für die Sauerstoffzufuhr. Den Lungen bleibt gerade das wenige, was die Umgebung an Atemnahrung zu bieten hat. Felix: „Wie in einem Western aus den Fünfzigern. Auf einmal siehst du alles nur noch in Schwarzweiß." Ein Schweißausbruch auf der Jagd nach dem anderen. Dazu die Suche nach dem Scharfstellknopf für die eigene Optik. Fehlanzeige. Der Herzmuskel ein einziges rasendes Pulsieren. Und das im untätigen Sitzen. Bewegungslos. Knapp vier Minuten sind es nun bereits. Ich bin gespannt, wie lange es dauert, bis ich nichts mehr checke, denkt Felix. Wann hört das Hirn auf, richtige Entscheidungen zu treffen? Wie weit geht der Wille über die körperliche Belastbarkeit hinaus? Die Sauerstoffsättigung im Blut ist auf siebzig Prozent gesunken. „Abbruch! Sicherheitsvorschriften. Sorry, Felix."

Auch ohne das Limit vollständig ausreizen zu können: Die Erfahrung für Grenzgänger Felix war eine einschneidende. Jene nämlich, dass dort oben in sieben-, acht-, neuntausend Meter jede Kleinigkeit sich zur tödlichen Größe auswachsen könnte. Sauerstoff als Lebenselixier Nummer eins. Und dazu die Gewissheit, alles Erdenkliche zu tun, um gerade in den ersten Minuten seines Überfluges ausreichend davon zu haben.

Hier würde Felix eine seiner Stärken ausspielen können – Nerven bewahren. Ruhig Blut heißt … ruhig schnaufen. Nur keine hastigen

Kleiner geht's nicht mehr – das antriebslose Einmann-Flugzeug der Zukunft

Atemzüge. Taucher wissen es: Je schneller der Atem, desto höher die Durchflussgeschwindigkeit des Sauerstoffs durch Schlauch und Ventile. In der Flasche noch flüssig, expandiert austretendes Sauerstoffgas und bildet Kondenswasser. Je mehr Expansion, je mehr Kondenswasser, desto mehr Vereisungsgefahr. Was auch für das Helmvisier Gültigkeit hatte. Je mehr Atemluft ausströmte, desto eher die Gefahr, im Blindflug auf Calais zuhalten zu müssen. Kein erbaulicher Gedanke. Aber Teil dieses Abenteuers.

Dover – Calais? Calais – Dover?

Mögliche Landeplätze erforschen. So lautete das Ziel der Ärmelkanal-Stippvisite, zu der Felix, Heli, Thomas Überall und neun weitere Auserwählte Anfang Juli 2003 in einer gecharterten Propellermaschine aufbrachen. Die Wahrscheinlichkeit, von England nach Frankreich zu fliegen, war sehr hoch. Die meiste Zeit über blies Westwind, dreißig bis vierzig km/h, aus Ost-Nord-Ost kommend, auf den Verlauf von Felix' Flugstrecke bezogen als seitlich von links hinten. Dennoch war auch Plan B in Betracht zu ziehen. Schließlich konnte der Wind drehen.

Mein Gott, lass all das endlich vorbei sein, dachte Felix, als ihre Maschine über französischem Festland aufs offene Meer zuhielt. Ich hab schon bald keine Kraft mehr. Jahrelanges Vorbereiten, und noch immer kein Licht am Ende des Tunnels.

Mit dem ersten Blick auf die Kreidefelsen entlang der Küste von Dover aber warf Felix alles Zaudern und Hadern ab, das sich als drückender Mantel der Ungewissheit über ihn gebreitet hatte. Auch wenn er sie nicht wirklich riechen konnte hier heroben: Die salzige Brise der Meeresluft stieg ihm bereits in die Nase. Da war er wieder, dieser *Spirit*, der, erst einmal aufgenommen, bei allen vorangegangenen Aktionen auch dieses unbändige Feuer in ihm entfacht hatte.

Die Liste möglicher Landeplätze wurde in ein Ranking gebettet. Je nach Attraktivität der Örtlichkeit. War ein Fleckchen ohne jeden *Spirit*, ein nichtswürdiges Stückchen Erde, wurde es ganz nach hinten gereiht. Ein

Die „Pink“ Sky Van. Felix beim Fallschirmpacken im MIG-21-Bunker am Plattensee

Leuchtturm als Hintergrund? Nicht schlecht. Wie auch jenes riesige, eingefriedete Areal nahe Dover, auf dem das Aushubmaterial für den Eurotunnel lagerte. Eurotunnel und Euroflieger Felix – das hatte etwas.

Auf französischer Seite lag die Lösung klar auf der Hand: das Cap Blanc-Nez nahe dem Flughafen von Calais, der als Basislager des Baumgartner-Trosses dienen sollte. Der Name des Flughafens: *Louis Blériot*, welch geschichtsträchtiger Ort. Blériot und Baumgartner – die beiden Ärmelkanalflieger. Einzige Schwierigkeit: Der Airport musste schon ab 3.30 Uhr offen sein, um von dort aus mit der Sky Van Pink in die Lüfte gehen zu können. Eine kleine Sondervereinbarung machte es möglich.

Ritt über den Plattensee

Drei Männer, in schmutzigblauen Overalls unter einem Wellblechdach in wackeligen Plastikstühlen Schutz suchend vor der gleißenden Sonne über der ungarischen Tiefebene. Bodenpersonal. Kein Buhlen um die wenigen Handgriffe. Was zu tun ist, wird mit der größten Bedächtigkeit getan. Ein Tankwagen mit Kerosin; ein Feuerwehrfahrzeug; ein vormals weißer Lada 2107 mit „Follow Me“-Schild auf dem Dach. Relikte aus längst verloren geglaubten Tagen, angenagt vom Zahn der Vergänglichkeit. Daneben, unter meterdicken Schichten aus Erde, Stein und Beton, der Schlund eines mächtigen Halbrunds, geschützt durch zwei Tore aus zweiundfünfzig Tonnen angerostetem Stahl: ein Bunker der russischen Armee, dreißig Meter lang, fünfzehn breit, gerade groß genug, um in Zeiten kommunistischer Herrschaft einer Kampfmaschine des Typs MIG 21 Raum zu bieten. Balaton Airport, keine drei Steinwürfe vom größten Binnengewässer Europas entfernt.

Zwei Dutzend Augenpaare werfen neugierige Blicke ins Innere der Kuppel und erspähen inmitten kyrillischer Wandschriften und morbidem Charme einhundertachtzig Zentimeter High-Tech pur: Delta-Wing III. Daneben eine Spezialweste mit Trägergurten, Marke Baumgartner Eigenbau spezial – maximale Ausrüstung auf minimalem Raum: zwei kleine

Auch Sauerstoff kann Stil haben

Sauerstoffflaschen mit Regulator, ganz in Gold; Notsender und Transponder als direkter Draht zum Radarschirm des Towers; eine Signalfarbpatrone für den Fall einer Wasserlandung; Höhenmesser; Rettungsmesser; dazu eine starre Rückenplatte aus Metall, auf der Delta-Wing III im Klicksystem einrastet. Wiederum daneben: Vollvisierhelm, Goretex-Handschuhe, Sprechfunk, Formel-1-Ohrstöpsel, Fallschirm und Thermokleidung – Unterwäsche samt Spezialanzug.

Die Minuten vor dem Start. Allerletzte Handgriffe an Flügel und Equipment bis zum allerletzten Moment, Montage der Minibordkameras, ein Schrauben und Feilschen um Millimeter. Tracy mustert jeden Kantenverlauf des Flügels. Prüfende Blicke, wie er sie vom ersten Tag an auf Felix geworfen hatte. Mit dem Heranreifen des Ärmelkanalprojektes war Felix' altes Vertrauen in seinen Lehrmeister neu erwacht. Im engsten Umfeld will er nur jene beiden Menschen als Berater und Helfer, deren Fachkenntnis er blindlings Vertrauen schenkt: Helmut Tucek und Tracy Lee Walker.

Versunken in sich selbst

Felix zwängt sich in seinen silberfarbenen Anzug. Um ihn herum der dreißigköpfige Begleittross – Heli; Tracy; ein Notarztteam für den Fall der Fälle, den keiner haben will; Piloten; vier, fünf Kameraleute; Fotografen und der Regisseur der Filmproduktionsfirma Action Concept. Ziel dieses Trainingslagers in Ungarn ist zweierlei: Testflüge unter authentischen Bedingungen, wie sie Felix auch am Kanal vorfinden wird. Und Filmaufnahmen für das Channel Crossing. Denn auch hier gilt wie wenige Wochen zuvor am Lake Powell in der Wüste von Arizona: Die Summe unterschiedlichster Kameraeinstellungen kann bei einem einzigen Flug unmöglich eingefangen werden. Daher werden

möglichst viele Shots vorher abgedreht. Was Felix' Leistung bei der eigentlichen Kanalüberquerung nicht im Geringsten schmälert, die Vielfalt der Aufnahmen jedoch entscheidend steigert.

Hektische Betriebsamkeit in und rund um den Bunker. Selbst die Männer unter dem Wellblechdach recken ein klein wenig die Hälse, als Vogelmann Felix an ihnen vorüber und zur Sky Van marschiert und in den Laderaum der Maschine klettert.

Das Abheben in der Sky Van, begleitet von einem kleinen Geschwader: zwei Hubschrauber, eine Cessna Caravan mit Gyroskop-Außenbordkamera und der Ungar Peter Besenyei in seiner Maschine. Besenyei ist dreifacher Kunstflugweltmeister und eine Koryphäe, wenn es um Tuchfühlung geht. Tuchfühlung derart, dass er an Felix heranpirscht und der Kameramann in seinem Cockpit hautnahe Aufnahmen von dessen rasantem Sinkflug einfangen kann.

Fünftausend Meter. Längst sind die Hubschrauber zurückgeblieben. Die Flugzeuge brechen aus letzten Wolkenbändern in grenzenloses Blau hervor. Unentwegt kreuzen Peter Besenyei und die Cessna vor der Nase der Sky Van. Dicht an dicht, nur ein, zwei Flügellängen, keine dreißig, keine zwanzig Meter entfernt.

Flapsige Sprüche sind fehl am Platz. Felix' Lockerheit weicht mit jedem Meter. Stattdessen eine Miene wie aus Stein. Letzte Checks, eine Minute vor dem Absprung. Heli kniet vor Felix auf dem in blauem Velours ausgeschlagenen Boden der Transportmaschine, prüft noch einmal das Equipment. Sauerstoff? Funk? Klettverschlüsse? Sitzt der Flügel?

Daneben ein Schild als Vermerk für Zaungäste: „Passagiere ohne Fallschirm bleiben bis zur Landung am Boden angeschnallt."

Nichts lieber als das.

Noch wenige Sekunden. Ein Dunst aus Schweiß und Stress schwängert den Raum. Pilot Thomas Lewetz klickt auf den Ventilatorknopf schräg über ihm. Kameramann Harry öffnet die Heckklappe des Frosches. Der tiefe Blick in den unendlich weiten Abgrund. Ohrenbetäubendes Knarren

40 Grad minus – extreme Bedingungen für alle

No Comment ...

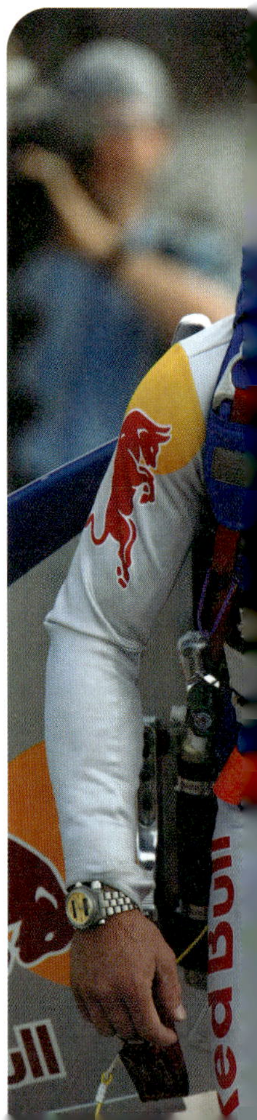

Felix vor dem und beim Absprung aus der Sky Van

der Propeller im Wettstreit mit dem Tosen der hereinbrechenden Luft.

Sechstausend Meter. Das Raumklima frischt merklich auf.

Felix ist in Position gegangen, das Gesicht dem Laderaum zugewandt, die Beine auf der Trittleiste unterhalb der Ladekante, die Hände an das Sicherungsseil geklammert. Das seitliche Spiel zwischen Flügelenden und Bordwand ist minimal. Nur ein paar Zentimeter auf jeder Seite. Absolute Präzision beim Absprung ist gefragt, will er nicht seitlich anschlagen und schon beim Start in größte Turbulenzen geraten. Bei hundertfünf Knoten, knapp hundertneunzig Kilometer pro Stunde Ausstiegstempo aus der Sky Van.

Ein kurzes, kaum merkliches Nicken. Ein tiefer Augenaufschlag als Zeichen höchster Anspannung. Ein letztes Mal Daumen und kleinen Finger zu einem „Hangloose" geformt. Und auf einmal wieder der freie Blick nach draußen. Blitzartig sind Mann und Flügel rücklings ins Nichts gehechtet, stürzen nach halber Drehung vorwärts Hunderte Meter schlingernd abwärts – und heben mit einem Mal, wie von Zauberhand geführt, an zu einem wahrhaften Ritt. Drei Jahre ist es her, dass es ihn erstmals gepackt hat, dieses Gefühl des echten Vorwärtsfliegens, damals beim Sprung aus dem Ballon über dem Salzburger Flachgau, den Prototypen der beiden Burschen aus München am Rücken. Einen eigenen Flügel wollten sie auf den Markt bringen, die Konstrukteure von Delta-Wing I, nachdem Red Bull ihnen die Idee mit einer fürstlichen Apanage abgelöst hatte. Eine Anfrage über eine fingierte E-Mail-Adresse hatte Felix Klarheit verschafft: Die beiden waren nirgendwo. Statt auf Wunsch sofort ein vergleichbares, flugtaugliches Gerät liefern zu können, hatten die beiden einen einzigen Leih-Flügel auf Lager. Ein Auslaufmodell, gebraucht und völlig zerkratzt. Vielleicht haben sie das Geld in schicke Autos und ein paar Computer umgesetzt, denkt Felix. Um so ein Produkt zu vermarkten, braucht man einen Opinion-Leader, ein Zugpferd. Einen wie mich, der allen Interessierten die Faszination des Produktes anhand seiner eigenen Erfahrungen vorleben kann. Auch wenn sie den Flügel nachher erst recht nicht zu beherrschen gewusst hätten, hätten sie ihn gekauft. Hätten die zwei gewusst, wie man das Spiel spielt, wären sie jetzt

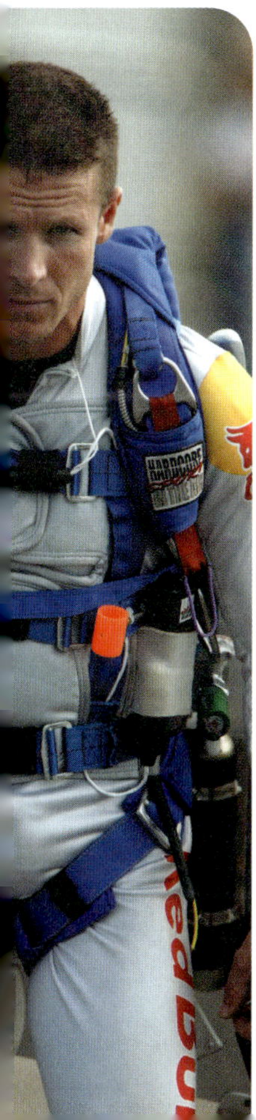

Die Sky-Van-Crew: Thomas Lewetz und Wuzi Wagner

mit dabei. So viel war jedenfalls klar: Von den beiden drohte keinerlei Gefahr einer Konkurrenz.

Nun packt es ihn also wieder, dieses Gefühl. Diesmal mit Delta-Wing III. Zweihundert, zweihundertzwanzig Kilometer pro Stunde. Hinweg über Wälder, Felder, See. Der Ritt des Höhenfliegers über die ungarische Tiefebene.

Wo höchste Anspannung angebracht ist, kehrt mit einem Mal die alte Lockerheit ein. Felix bewegt sich in seinem Element. Ein paar aufmunternde Handzeichen in Richtung der Bordkamera am rechten äußeren Flügelrand. Irgendwie muss ich mir doch die Zeit vertreiben, denkt er. Felix zieht die rechte Hand vom Griff an der Flügelunterseite vors Gesicht, Kontrolle des Höhenmessers. Kaum zu glauben, denkt er. Und plärrt in den Funk: „Das Ding fliegt, der helle Wahnsinn. Ich hab' erst Tausend Höhenmeter verbraucht – und bin schon eine Ewigkeit unterwegs."

Vorbei an Wolkenfeldern, die nicht und nicht über Felix hinwegtauchen wollen. Fünfzig Meter pro Sekunde sind es für gewöhnlich im freien Fall. Ohne Flügel. Er aber sinkt keine zwölf. Unglaublich, dieser Flug.

Eintausendfünfhundert Meter über Boden. Felix zieht den Fallschirm in voller Vorwärtsfahrt. Ein mächtiger Ruck, Hüfte und Beine schleudern empor, ein halber Salto rückwärts, beinahe in die Leinen des Schirmes. Wie bei den Dreharbeiten zum World Stunt Award. Erst dann die gewohnte Ruhe. Kreisen. Landen. Business as usual.

Stunden später das gleiche Szenario. Diesmal aber ist alles anders. Eintausendfünfhundert Meter, Felix öffnet den Schirm. Nichts. Er zieht noch einmal. Keine Reaktion. Der Schirm steckt unter der Flügelabdeckung fest.

Alarmstufe Rot. Notprogramm. Abtrennen des Flügels. Sekunden entscheiden über Leben oder Tod . Handgriffe, die sitzen müssen. Erst vor dem Abflug haben sie darüber gesprochen – Tracy, Heli und er. Bei Problemen handle wie folgt: Hauptschirm weg, Flügel weg, freier Fall, Reserve ziehen – release the main, release the wing, fall down, pull the reserve.

... einfach nur fliegen. Wo der Boden doch so fern ist

Felix trennt gleich den Flügel ab und behält den Hauptschirm. Es klappt, die Schirmleinen schälen sich frei, das Tuch über dem Springer stemmt sich gegen den freien Fall. Delta Wing III aber rast ungebremst der Erde zu. Der Rettungsschirm des Flügels hat sich verheddert. Mehr als tausend Meter in rasender Abwärtsspirale. Aufgezeichnet von der Bordkamera, die bis zum letzten Moment drauf bleibt. Bis zum Aufprall in einem Acker.

Mittwoch, 23. Juli 2003, 6.15 Uhr. Die Nachricht fegt als Lauffeuer über die magyarische Steppenlandschaft am Balaton Airport: Felix ist in Schwierigkeiten, er musste den Flügel abtrennen. Sekunden später Entwarnung – er hängt am Schirm und ist okay.

Nicht so Delta-Wing III: Der Aufprall hat Wirkung gezeigt an dem neun Kilogramm leichten Carbonflügel. Der Anfang vom Ende? Aus und vorbei der Traum für dieses Jahr? Ohne Flügel kein Trainingslager. Einen neuen bauen zu lassen hätte zumindest vier Tage gedauert . Ohne Trainingslager aber gab es keine Chance, den Zeitplan bis Ende Juli einzuhalten.

Ein Helikopter bringt den ramponierten Flügel zurück zur Basisstation im Bunker. Die erste Beschau lässt neue Hoffnung keimen: die eine oder andere Bruchstelle, aber bei weitem kein Totalschaden. Das lässt sich hinkriegen, vielleicht sogar noch am selben Tag. Keine Mühen dürfen gescheut werden, nichts darf unversucht bleiben.

Thomas Überall setzt sich mit dem „Patienten" in die nächste Maschine Richtung Salzburg zu Carbo Tech, ins weltweit einzige Spital für Delta-Wings. Von dort erfolgt nur Stunden später die erlösende Nachricht: „Der Patient kommt wieder auf die Beine. Wir legen Sonderschichten ein, können ihn soweit reparieren, dass Felix noch ein paar Tage damit fliegen kann, schicken ihn euch noch in der Nacht per Eilboten zurück an den Plattensee und bauen sofort einen neuen für die Kanalüberquerung."

Kein Ende des Trainings also, kein Verschieben des Überfluges, bloß eine Panne, wie sie bei Pionierprojekten dieser Art passieren kann. Stattdessen Sauerstofftests in neuntausend Meter Höhe. The show must go on.

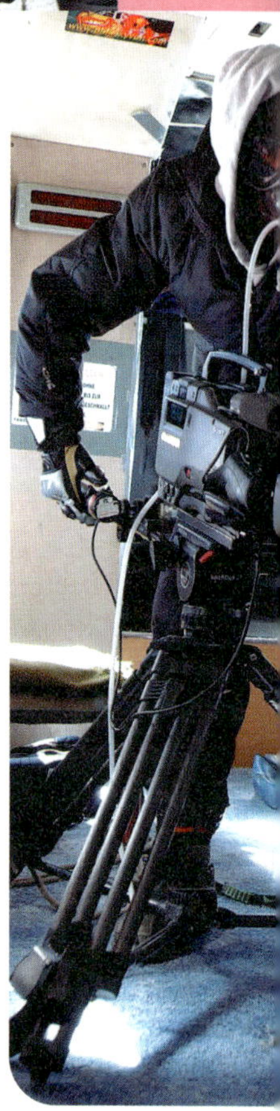

Der kleine Tod

Er kommt schleichend, mit jedem Atemzug. Unmerklich in der Verkleidung eines gleichmütig-seligen Zustandes, begleitet von leichter Beklemmung. Keiner gibt es zu, nur nicht anmerken lassen, wie sehr diese gottverdammte Höhe zusetzt. Achttausend Meter in einem Flugzeug ohne Druckkabine, die vorgesehene Flugzeit längst überschritten, der Sauerstoff zu Ende. Nur nicht zugeben, wie dreckig es dir geht. Stattdessen abheben, dahinsegeln und langsam wegturnen.

Felix springt früher als geplant. Ein Neuntausender sollte es werden, hier in Leer an der Nordseeküste Deutschlands, wo kurzfristig allerletzte Tests eingeschoben wurden, bevor es nach Calais gehen soll zum großen Showdown. Die Notlage seiner Freunde Helmut Tucek und David Unterberg zwingt ihn schon jetzt zum Exit. David war vor ein paar Jahren bei der Airshow in Wiener Neustadt für einen erkrankten Kameramann eingesprungen und ist seitdem dabei. Felix denkt an die erste Begegnung: David hatte sich vor ihm ins nasse Gras geworfen, um ihn aus tiefstmöglicher Position heraus zu filmen. Dann sprang er auf, schüttelte Felix' Hand und sagte: „Es ist mir eine Ehre, mit dir arbeiten zu dürfen." Ein Treueschwur auf unbegrenzte Zeit.

Heli und David liegen am Boden der Sky Van, wie durch einen mächtigen Schlag betäubt. Beide mehr drüben als herüben. Auch Thomas, der Pilot, kämpft mit dem Sauerstoffmangel, einzig seine Routine lässt ihn die brenzlige Situation meistern. Felix taucht blitzschnell ab. Im nächsten Moment sucht auch die Sky Van im radikalen Sinkflug den Weg nach unten. Fünfundvierzig Grad, fast schon ein Sturzflug.

Und gerade dabei das völlige Hochgefühl. David richtet sich auf, blickt zu Boden und sieht sich selbst. Seine Hülle, aus der er soeben ausgetreten ist. Fast schon schwerelos. Schweben im sauerstoffarmen Zustand. Ein kleiner Tod, denkt David. Bis der jähe Übergang der Maschine in den Horizontalflug seinen Astralleib zurückzwingt und den Körper vollends niederstreckt. Dreieinhalbfache G-Belastung, 245 Kilo Druck bei siebzig Kilo Eigengewicht. Der Overkill. Am-Boden-Dahinvegetieren, Ringen nach Luft, das Ende vor Augen.

David – der Mann der harten Einsätze.

Louis de Funès im Jahr 2003, heimlich aufgenommen per Hüftschuss

Erst ein paar Tage zuvor waren sie bei Tests im Flugmedizinischen Zentrum in Königsbrück. „Ein Sturzflug ist eine enorme Belastung. Noch dazu ohne Sauerstoff", warnten die Ärzte. Achtundvierzig Stunden danach keinerlei körperliche Anstrengung sind das Mindeste. Was sie hier tun, ist der Wahnsinn schlechthin. Statt zu pausieren, gehen sie ständig rauf und runter mit der Sky Van. Ein Flug nach dem anderen, denn die Zeit drängt. Die Folge: Selbst vor dem Einschlafen fliegen Heli und David im Bett weiter. Tagelang.

La Manche – Tagebuch eines Meilensteines

28. Juli 2003, Land: Frankreich. Provinz: Nord-Pas-de-Calais. Ort: Marck, ein verschlafenes Nest knapp außerhalb von Calais. Backsteinbauten, verwinkelte Gässchen, beinahe tägliche Regenschauer, vom Atlantik ans Küstenland getragen. Ein Flughafen, klein, dezent, unauffällig. Aber voller *Spirit*, denkt Felix. Name: *Aeroport Louis Blériot*.

Aufbauen des Equipments in einem Hangar, davor eine ausgemusterte Mirage der Luftwaffe. Business as usual. Wie zuletzt am Plattensee und in Leer auch. Ein paar Änderungen gilt es noch umzusetzen: Der Sauerstoff kommt wieder weg von Felix' Spezialweste, um Gewicht ab- und Bewegungsfreiheit aufzubauen. Im Fall einer Wasserlandung. Die Tests haben gezeigt: Sauerstoff braucht er nur bis viertausend Meter, Probleme sind kaum während des Flugs, eher beim Öffnen des Schirmes zu erwarten. Die Flaps am hinteren Ende des Flügels sind auf minimale Größe reduziert, gerade breit genug, um Stabilität zu garantieren. Ein Gurt an der Flügelunterseite soll Felix' Beine entlasten, damit er bis zum Schluss in aerodynamisch perfekter Haltung bleiben kann. Neu auch in der Ausrüstung: ein Transponder mit Funkantenne, damit der Tower Felix' Himmelsritt am Schirm hat. Und ein Notrufsender.

Dienstag, 29. Juli, 10.30 Uhr – Überraschungsbesuch: Französische Polizisten marschieren unvermutet vor dem Hangar auf, ein generalstabsmäßiger Einsatz. Vorne weg der Kommandeur, hoch dekoriert.

Von der ausgemusterten Mirage ... direkt auf die Kufen des Helikopters. Das Equipment: Kälteschutz und Sauerstoff

Des großen Auftritts kurzer Sinn: Er überreicht Felix ein Dokument der Unter-Präfektur von Calais: „ … *habe ich die Ehre, Ihnen mitzuteilen, dass es mir nicht möglich ist, für Ihren Wunsch, mit einem Spezialflügel aus Carbon den Ärmelkanal von Dover nach Calais zu queren und beim Cap Blanc-Nez zu landen, den geeigneten Platz zu reservieren. Die Sicherheitsbestimmungen werden für eine Veranstaltung dieser Art nicht erfüllt. Ich bitte Sie, Monsieur, den Ausdruck meines außerordentlichen Bedauerns zur Kenntnis zu nehmen.*“ (für den Unter-Präfekten die Generalsekretärin): Anne-Françoise ROBERT.

Louis de Funès 2003, denkt Felix. Er verbeißt sich mit Mühe ein ungläubiges Grinsen, macht bittere Miene zum heiteren Spiel. Bloß nicht losprusten. Stattdessen der Versuch einer Diskussion, vom Kommandeur abgewiegelt: „Ich bin nur der Briefträger.“ Spricht's, macht am Absatz kehrt und rückt mit seiner kleinen Kompanie ab.

„Hier nicht landen dürfen heißt also: weiterfliegen, umdrehen oder oben bleiben“, stellt Felix in den Raum. Gelächter. Dann Rückkehr zu den fieberhaften Vorbereitungen. Es gibt zu viel zu tun, um darüber ernsthaft nachzudenken. Des Rätsels Lösung folgt wenig später: Ian Ashpole von Flying Pictures hat alle Genehmigungen schriftlich, außer jener für die Landung in Frankreich. Hier gibt es bloß eine mündliche Absprache – von der man sich *von Amts wegen* solcherart distanziert. Für den Fall, dass *Ikarus aus Österreich* strauchelt.

Wie weit es doch nach Dover ist …

Mittwoch, 30. Juli, später Vormittag – die Wetterprognosen für den kommenden Morgen sind nahezu perfekt: Nordwestwind, aus 330 Grad kommend, genau in Felix' geplanter Flugbahn verlaufend, in neuntausend Meter Höhe etwa siebzig Knoten stark. Weiter unten immer noch zwanzig bis dreißig. Dazu beste Sicht, erst unter zweitausend Meter Wolkenbänder. Chancen wie diese auszulassen ist sträflich. Auch wenn das Zeitfenster bis Mitte August verlängert worden ist. Daher die Entscheidung: „Wir versuchen es.“

Klaus Holzapfel bei der Befeuerung des Landeplatzes

Anwerfen der gesamten Vorbereitungsmaschinerie für die letzten Stunden. Rettungsboot aus England und den Original „Medikopter"-Notarzthubschrauber anfordern, jedoch mit echtem medizinischem Personal aus Linz. Und einer Seilwinde an Bord, um Felix jederzeit auch aus der Luft aus dem Atlantik bergen zu können. Dazu die gesamte Medienwalze ins Rollen bringen, Pressetexte an alle wichtigen Agenturen.

Mittwoch, 30. Juli, später Nachmittag: Felix und die Crew nehmen *Spirit* auf am möglichen Landeplatz am Cap Blanc-Nez. Ein Obelisk als Kriegerdenkmal, in Stein gegossene Schiffsanker; zweihundert Meter Steilküste, beiderseits zum Meer flach abfallend; Aussichtsplattformen; Hundertschaften von Ausflüglern; Modellsegelflieger, die ihre kleinen Gleiter neben kreischenden Möwen im stürmischen Nordwind tanzen lassen. Der Blick nach drüben auf den Hauch einer Silhouette von Land, Dover ist weit. Vierunddreißig Kilometer auf dem Papier und vor Augen sind zweierlei. Ein gewaltiges Stück Weg, denkt Felix. Gekreuzt von Dutzenden, Zigtausende Tonnen wiegenden Ozeanriesen. Interviews, Filmaufnahmen und Foto-Shootings am laufenden Band. Der geplante Start hat medial bereits die Runde gemacht.

Mittwoch, 30. Juli, später Abend: Die vierzigköpfige Crew versammelt sich zur Schlussbesprechung mit Thomas Überall, der aus Salzburg angereist ist. Und Felix' besten Freund Robert Stasny als Überraschungsgast für den Ärmelkanalflieger mitgebracht hat. Letzte Checks, jeder weiß perfekt, was zu tun ist.

Ein Flug in die Geschichtsbücher

Donnerstag, 31. Juli, drei Uhr früh: Nicht alle haben Schlaf gefunden. Emsiges Treiben im Hangar bei gespenstischem Scheinwerferlicht. Akribisches Abchecken aller Einzelheiten. Felix kommt eine halbe Stunde später. Die Vorbereitungen, wie er sie kennt. Und doch ist alles anders. Belastung und aufgesetzte Ungezwungenheit bei der Suche nach dem passenden Gesichtsausdruck.

Von Dover nach Calais – Bilder, die um die Welt gehen

Fünf Uhr früh: Anziehen, Absprechen mit Tracy und Heli. Heli geht mit ihm hinauf, wie auch David und Wuzi, der Sohn von Pilot Thomas. Sonst niemand. Die geplante Höhe von 30.500 Fuß, rund 9500 Meter, zu erreichen, bringt die Sky Van ohnedies ans Ende ihrer Kapazität.

Fünf Uhr dreißig: Der Aufbruch. Ein paar Worte des Zuspruchs hier, aufmunternde Mimik und Gestik mit zusammengepressten Lippen da. Dutzende Journalisten säumen hinter Absperrgittern Felix' Weg zur Sky Van, die mit weit geöffneter Heckklappe am anderen Ende des Metallspaliers wartet. Beißender Kerosingestank und stürmisches Propellerschlagen liegen in der Luft. Felix klettert in den Bauch der Sky Van, letzte Bilder, der draußen wartenden Meute zugewandt. Abflug ins Ende der Dunkelheit.

Sechs Uhr: Immer noch schraubt sich die Sky Van über den Kreidefelsen von Dover empor. Unterdessen am Cap Blanc-Nez, dem erhofften Landepunkt, angespannte Stille, unterbrochen von den Funksprüchen, die Thomas Überall aus der Sky Van empfängt und über Lautsprecher an die Dutzenden Fernseh- und Zeitungsjournalisten weitergibt. Einige wie BBC und SKY übertragen sogar live im Frühstückfernsehen. Jede neue, noch so kleine Information lässt ein Raunen durch die Menge gehen.

Sechs Uhr sechs: „Noch eine Minute bis zum Sprung", knarrt die Stimme im Funk. Reporter, Kameraleute, Fotografen … sie alle halten den Atem an und starren gebannt in den erwachenden Morgen. Als ob sie ihn schon sehen könnten. „Noch dreißig Sekunden!"

9500 Meter – die Sky Van am Limit. Wie auch David. Seine Kamera ist bei minus 50 Grad eingefroren. Er zieht den dünnen Sauerstoffschlauch aus dem Mund, geht ans vordere Ende der Maschine, um das Ersatzgerät zu holen, macht ein, zwei Luftzüge und kippt um, liegt flach, bewusstlos da. Wuzi und Heli springen zu ihm hin, geben ihm abwechselnd aus ihren Schläuchen Sauerstoff. Bis David sich wieder fängt, die Kamera wie in Trance an sich reißt und weiterfilmt. Erinnerungen an den kleinen Tod von vor ein paar Tagen.

„Zwei Minuten Verzögerung", plärrt die Funkstimme über Dover. Ohne nähere Angaben. Auch Wuzi setzt der Sauerstoffmangel zu. Er scheitert

Eine Landung mit dreijähriger Vorlaufzeit ...

mehrmals daran, an Felix' Ausrüstung einen Verschluss zu schließen. Diese verdammte Höhe.

Der neuerliche Countdown. Felix geht in Position. Er muss springen. In wenigen Minuten läuft die Genehmigung der Behörden ab. Dann ist der Luftraum über dem Atlantik wieder gesperrt für Vögel, wie er einer ist. Was Felix nicht ahnen kann: Pilot Thomas steht kurz davor, die Mission abzubrechen. Zu gefährlich. Alle sind längst weit über dem vertretbaren Limit.

Sechs Uhr neun: „Noch zehn Sekunden … Exit. Er ist gesprungen!"

Applaus in Calais. Und wieder Schweigen in Calais. Knistern überall.

Felix hechtet rücklings aus der Maschine, fällt zwei-, dreihundert Meter und beginnt zu gleiten. 360 km/h schon zu Beginn. Was für ein Flug, denkt er. Was für ein Morgen. Wie gerne würde er jetzt neben einem Passagierflugzeug herfliegen. Nur er, Felix, und sein Flügel, sonst nichts. Vollkommene Euphorie.

Der Blick nach unten: Kaum merklich schiebt sich die dichte Wolkendecke unter Felix durch. Viertausend Meter Höhe. Unbeirrt hält er

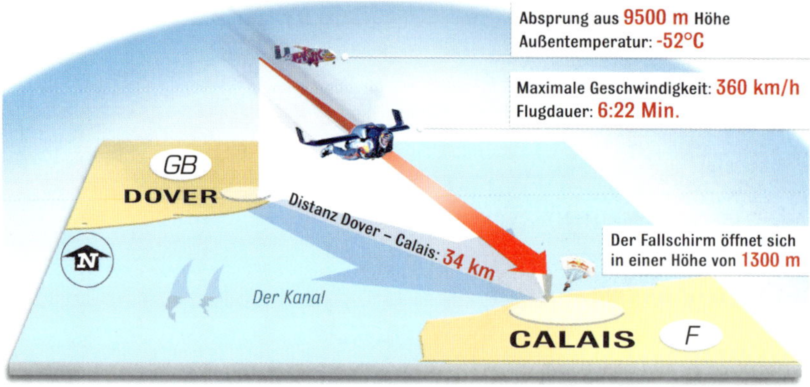

auf die Küste zu, plärrt in den Funk: „Hey, guys, I'm coming!" Raunen in Calais. Sollte er es tatsächlich schaffen?

Der Blick nach vorne: Da ist sie ja, die Pilatus PC 9, die ihm den Weg nach Frankreich weisen soll. Am Steuer Peter Görk mit Copilot Vern Nobles, der sich schon beim Stunt Award in LA als exzellenter Flieger präsentiert hatte und ihm nun über Funk die Richtung angab.

Felix denkt nur wenige Tage zurück – an Leer, an dieses unglaubliche Erlebnis bei seinem bisher einzigen Neuntausender-Flug. „Orientiere dich an der Sonne, Felix", hatte Thomas ihm geraten. „Sie kommt von links hinten." Ein ruhiges Dahingleiten in grenzenlosem Blau, der Natur so nahe wie nie zuvor. Minutenlang im freien Vorwärtsfall. Immer wieder der Check mit der Zungenspitze, ob der Sauerstoff noch fließt. In viertausend Meter geht er zur Neige, genau wie berechnet. Langsam nimmt die Luftdichte zu und mit ihr das Tempo ab. Die Wolkendecke rückt näher. Erstmals hat Felix eine Bezugsebene unter sich, um die Geschwindigkeit zu erahnen. 220 km/h werden es schon noch sein. Und auf einmal dieser mächtige dunkle Kreis schräg unter ihm, von der Sonne als Coronaschatten auf die Wolkendecke geworfen. Mitten drin: sein eigener Schatten. Unendlich lang anfangs, dann immer kürzer, je näher Felix auf ihn zustrebt. Bis er mit ihm eins ist und ins Wolkenweiß eintaucht. Unvergleichliche Glückseligkeit.

Auch jetzt ist alles wie in Leer. Bis auf den Coronaschatten der norddeutschen Abendsonne. „Tracy, give me a wind-check", funkt Felix. Weniger als erwartet, sagt die Antwort. Aber doch genug, wie es scheint.

Wieder ein Raunen in Calais. Er ist tatsächlich im Anflug.

Dann reißt es alle mit. „I'm on the right waaaaaay", plärrt Felix. Wieder Sekunden der Stille. Felix folgt der Pilatus ins Wolkenweiß, durchbricht den unteren Rand. Ein Piepsen im Ohr: Das Warnsignal für 1500 Meter. Bei 1200 kommt das zweite. So weit lässt er es nicht kommen. Felix zieht in voller Vorwärtsfahrt. Wuchtig reißt es ihn rücklings empor. Ein Fuß hängt fest, Felix hängt mit dem Kopf nach unten und beginnt zu trudeln. Höchster Alarm. Routine statt Panik. Mit flinkem Griff zieht Felix ein Messer

Genauso sehen Sieger aus ...

aus seiner Spezialjacke. Runterfallen darf es nicht, denkt er noch. Dann ein kräftiger Schnitt und er ist wieder frei, baumelt nach unten weg, geht in den gewohnten Schirmflug. Bloß sehr viel höher, als er es gewöhnt ist, am Schirm zu hängen.

Sechs Uhr fünfzehn: Der Schrei des Triumphes. „I can see you, I can see you all!"

Blitzartiges Emporblicken. Wo ist er?

„Vielleicht muss er weiter nach Paris", scherzt einer. Und lacht selbst am lautesten, voll Schaudern und Faszination.

Und ganz plötzlich taucht er auf, als kleiner Punkt erst, dann rasch anschwellend zu kräftigen Konturen. „Ich kenne ihn, er will eine Punktlandung vor unsere Füße setzen", sagt Thomas Überall. Seine Stimme zittert.

Minuten später die Landung, dreißig Meter vom Journalistentross entfernt. Felix kippt vornüber, verharrt knieend. Die Faust geballt in den Himmel über Calais gestreckt, nickt er mit breitem Grinsen in einen Halbkreis Dutzender Kameras, die Hand auf den Flügel aus blitzender Kohlefaser gestützt. Drei endlose Jahre der Vorbereitung liegen hinter ihm, die Szenerie, auf die er so sehnlich gewartet hat, vor ihm. Das stille Lächeln eines leisen Siegers ist es nach außen, das lautstarke Lachen eines brüllenden Triumphators nach innen. Bis sie mit ihm durchgehen, die grenzenlose Freude, die nachlassende Spannung. „Jaaaaaaa!!!"

Felix hat seinen Traum gelebt. Er ist der erste Mensch, der den Ärmelkanal im freien Fall überquert hat. Er hat ein Stück Geschichte geschrieben. Er weiß es, er genießt es, er atmet kräftig druch. Seine Augen suchen in der Menge nach den Gesichtern seiner Wegbegleiter, die ihm all das mit ermöglicht haben.

Tausend Fragen prasseln auf ihn ein. Und eine interessiert ganz besonders: „Ein Mensch fliegt über den Ärmelkanal, ganz ohne Antrieb – was, Felix, geht da noch drüber ...?"

Ein verschmitztes Lächeln huscht über das scharfkantige Gesicht: „Es gibt noch etwas, und das ist... streng geheim."

Robert Stasny / Red-Bull-Mann & langjähriger Freund

Felix' Umgang mit Niederlagen? Er sucht die Schuld im Umfeld und nicht bei sich. Niederlagen akzeptiert er nicht, sie sind vielmehr Antrieb, beim nächsten Mal besser zu sein
Felix' größte Schwächen? Frauen, Spiegel, Pünktlichkeit und das Eingeständnis von Fehlern. Zehn Prozent sind da schon wie eine Entschuldigung.
Felix' größte Stärken? Ehrgeiz und Zielstrebigkeit. Der Erfolg hat ihn positiv geformt – er wird noch genauer beobachtet und gibt sich noch mehr Mühe.
Felix' Erfolgsrezept? Ein bodenständiges Elternhaus. Und die Gewissheit, alles selbst erarbeitet zu haben. Gefühl und Verständnis für Kameraleute und Fotografen und ein Sensorium für richtige Umgangsformen zur richtigen Zeit. Das öffnet viele Türen.
Felix sieht mich als ... Bruder.
Was hat Felix, was ich nicht habe? Einen Porsche, mehr Frauen und das Problem, andere Meinungen anzuerkennen.
Was habe ich, was Felix nicht hat? Ein Firmenauto, die besseren Frauen und den besseren Schmäh.
Felix' Umgang mit sich selbst? Hart. Er kennt keine Schmerzen, unterdrückt alles.
Felix & sein Charakter? Gnadenlos egoistisch; gnadenlos perfektionistisch; gnadenlos eitel; rastlos; als Freund treu; manchmal aber sehr ungerecht;

Felix' Umgang mit Niederlagen? Schlecht. Er ist ein Gewinnertyp und verbirgt Enttäuschungen. Außer beim Ärmelkanal – da wäre für ihn auch eine Niederlage ein Sieg gewesen. Er hat gezeigt, dass er den Flügel beherrscht wie kein anderer.
Felix' größte Schwächen? Mitmenschen und der Umgang mit ihnen. Grenzenloser Egoismus.
Felix' größte Stärken? Er legt den Egoismus ab, wenn Menschlichkeit unabdingbar ist. Der Drang, alles durchziehen zu wollen. Andere schwelgen in Träumen, er lebt sie.
Felix' Erfolgsrezept? Ein Ziel vor Augen zu halten und zu verwirklichen. Ein Kampf ohne Rücksicht auf Verluste. „Geht nicht" gibt es nicht.
Felix sieht mich als ... treuen Gefährten, an dem er Dampf ablassen kann. Es schmerzt mitunter, aber ich weiß: Er kann nicht aus seiner Haut. Daher stehe ich zu ihm. Wir sehen viele Dinge gleich – das ist Zusammenhalt. Er braucht Partner, die denken und handeln wie er.
Was hat Felix, was ich nicht habe? Muskeln.
Was habe ich, was Felix nicht hat? Treue gegenüber Frauen.
Felix' Umgang mit sich selbst? Er schenkt sich nichts, jammert nie, selbst wenn er in der Luft Höchstleistungen vollbringt.
Felix & sein Charakter? Narzisstisch; zielstrebig; mittlerweile großzügig; witzig; gerecht wie ungerecht; sportlich; schnell; mutig; Improvisationstalent.

Helmut Tucek / Ballonfahrer & Lebensfreund